오늘 하루도 걱정 없이,

영어

일러두기

본문 중에 나오는 드라마, 영화, 신문은 〈 〉로, 잡지, 책 제목은 《 》로 표시해두었습니다.

오늘 하루도 걱정 없이,

영어

피유진 지음

서사원

**Education is not about
filling a bucket;
it's lighting a fire.**

서문

이 책을 펼쳐 들었다면 그 정도는 다르겠지만 모두 영어 공부에 관심이 있는 분들이라 생각합니다. 지금까지 적어도 한 가지 이상의 공부 방법을 실천해본 적이 있고, 또 적어도 한 권 이상의 영어 공부 관련 도서를 본 적이 있으리라 생각합니다. 이 책을 읽는 분들의 공통점은 '영어에 관한 관심' 단 하나일 뿐 그 이외 모든 요소는 차이점으로 가득합니다. 우리는 모두 상황도, 목표도 제각각입니다.

"목표가 왜 다르죠? 우리의 목표는 단 하나, '영어를 잘하는 것' 아닌가요?"라고 반문하실 수도 있지만, 목표는 모두 너비와 깊이가 다릅니다. 어떤 이는 열흘간의 해외여행을 재미있게 다녀오기 위한 정도의 실력을 원하지만, 또 다른 이는 박사 과정을 무사히 마치기 위한 실력을 원합니다. 어떤 공부든 공부하는 사람들을 한 명 한 명 잘 들여다보면 모두 상황도 제각각, 실력도 제각각, 성격도, 목표도 제각각입니다.

그런데 우리는 지금까지 어떻게 공부해 왔나요? 다수의 학생에게 효과가 있었던 '좋은 방법'이 적힌 책과 미디어를 보며 기성품을 기준으로 삼아 그 상자에 우리를 욱여넣으려고 애를 쓰는 모습, 낯익지 않으신가요? 어제의 내가 아닌 다른 사람과 나를 비교하고, 다른 누군가가 세워 둔 목표의 도마에 자신을 올리고 잔인하게 도마질하신 분들도 적지 않겠지요. 그렇게 우리는 자의 반 타의 반으로 오랫동안 영어 공부에 상처받아 왔습니다.

그래서 이 책을 쓰게 되었습니다. 이 책은 '이렇게 해라', '저렇게 해라', '그렇지 않으면 실패한다'라는 으름장을 놓기 위한 것도, 내가 했던 방법이 옳으니 '모두 나를 따르라'라고 큰소리를 치기 위한 것도 아닙니다. 또한 천문학적인 영어 사교육비를 줄이는 데 일조하겠다는 거창한 계획을 세운 것도 아닙니다. 다만 오로지 학습자 개인을 배려하여 영어로부터 오는 매일의 스트레스를 줄일 수 있도록 여러 갈래의 길을 제시하고자 합니다.

세상은 수많은 이야기로 가득 차 있습니다. 저는 이 책을 통해 저와 인연을 맺었던 많은 학생의 고민과 상처, 또 성공담을 나누어 보려고 합니다. 독자 분들은 그저 여러 가지 이야기를 들어보며 자기에게 맞는 방법을 적절한 시기에 사용해보시기만 하면 됩니다.

그럼 행운을 빕니다.

2020년 6월
피유진

책 사용법

책의 첫머리에는 학생들이 공통으로 갖고 있는 고민에 대해 다루었고, 바로 이어 여러 가지 학습 방법이 상세하게 나와 있습니다. 학습 방법을 먼저 읽어본 후 곧바로 실천해도 좋고, 평소 궁금했던 질문에 대한 답변이 수록되어 있는지 처음부터 순서대로 확인해봐도 좋습니다. 처음부터 끝까지 차례대로 읽지 않아도 되니 원하는 정보만 잘 선별하여 이용해주세요.

책에 담긴 그 어떤 내용도 절대적인 법칙이나 규칙이 아닙니다. 10년간 학생들과 소통하며 함께 찾은 나름의 방안이자 제안, 이야기, 조언일 뿐입니다. 특히 학습 방법 부분은 어떤 형태나 순서로든 변형할 수 있습니다. 여러 가지 정보가 책으로 엮여 출판되면 우리는 그 사실 자체로 권위가 부여된 것처럼 착각하기도 합니다. 하지만 조금 더 자유로운 시각과 자세로 이 책을 마주하셨으면 합니다. 언어 학습에 있어서 절대적 법칙은 단 한 가지, 꾸준히 실천하는 것뿐이라 생각합니다. 이 한 가지 법칙만을 마음에 간직한 채로 지금 내 상황에 맞는, 내 실력과 성격, 성향에 맞는 방법을 찾아 즐거운 배움의 시간이 되시기를 바랍니다.

차례

10년간의 기록, Q&A

10년간의 실험, 영어 학습 방법 총정리

A. 원서 읽기

Q&A

B. 원서와 오디오북

C. 정독과 속독 (영어 끊어 읽기, 직독직해, 속발음)

D. 영어 작문과 영어 일기

L. 영어 발음

M. 영어 문법

N. 영한사전, 영영사전

O. 영어 말하기

앞으로 3년

We are all different.
And that's okay.

우리는 모두 다릅니다.
하지만 괜찮습니다.

10년간의 기록, Q&A

학생들에게 자주 받았던 질문을 선정하여 실었습니다. 오프라인 수업을 통해 만났던 학생들을 비롯하여 온라인에서 메일, 쪽지, 댓글 등을 통해 상담해온 학생들의 질문까지, 지면이 허락하는 한 아주 사소한 질문까지 다뤄보았습니다.

학생들의 질문을 보다 보면 영어 공부에 마치 절대적인 방법이 있는 것처럼 느껴질 때가 있습니다. 언어 공부에 절대적인 방법이나 규칙이 존재한다고 믿는 순간 한정적인 규칙에 갇히게 됩니다. 물론 어떤 목표든 그것을 이루기 위한 기본적인 법칙은 있습니다. 예를 들어 다이어트 중이라면 몸을 움직여서 태운 칼로리보다 섭취한 칼로리가 많아서는 어떤 방법을 사용하더라도 체중을 줄일 수 없습니다. 그것은 불변의 물리 법칙입니다.

영어와 같은 언어 학습에도 절대적인 규칙이 있습니다. 많이 읽고 듣지 않고는 그 언어를 구사할 수 없습니다. 하지만 이 규칙 이외에는 어떤 규칙도 없습니다. 따라서 이 장은 Q&A라는 이름이 붙었지만 실은 학생들의 물음에 대한 정답을 말하는 공간이 아닙니다. 그보다는 비교적 오랫동안 열심히 영어를 가르치고, 읽고, 듣고, 말하고, 써온 사람으로서 질문에 대해 함께 고민해보고 이야기를 나누는 공간이라고 생각해주시면 좋겠습니다.

Q 영어 공부를 꽤 오래 했는데 아직도 말을 못 해요. 어떻게 해야 할까요?

고등학교 때 모의고사는 항상 1~2등급, 수능에서는 영어 2등급을 받았습니다. 대학교에 들어가서도 토익 점수는 금방 900점을 만들었는데… 아직도 말을 못 합니다. 토익 스피킹을 준비하면 말이 좀 늘까요? 오픽은요? 도대체 어떻게 해야 할까요?

질문만 보았을 때는 지금까지 공부해온 자료가 '영어 말하기'와 전혀 관련이 없어 보입니다. 하지만 질문자 분이 지금까지 시도했던 모든 공부법을 나열하지는 않았을 거라 생각하여 이 질문에 대한 답으로는 조금 더 거시적 관점에서 영어 말하기에 관해 이야기해보려 합니다.

1. 성격

외국어를 학습하기 시작한 후 본격적으로 말하기 시작하는 시기나 발전 속도가 학습자의 나이대에 큰 영향을 받는다는 사실은 많은 사람이 이미 알고 있습니다. 하지만 성격에 따라서도 말하기가 가능한 시기, 또는 말하기 실력이 향상되는 속도가 천차만별이라는 걸 알고 계신가요?

예를 들어 평소에 내성적인 성격을 가진 사람은 말하기 실력이 향상되는데 더 오랜 시간이 걸립니다. 반드시 말해야 하는 상황이 아닐 때 입을 굳게 닫고 있는 성향이 있다면 영어로 말을 시작하는 시기가 더 늦어질 수 있습니다. 그에 반해 평소에 적극적이고 타인과 대화를 즐기는 사람들은 영어 학습에 있어 말하기 기술을 더 빨리 익히게 됩니다.

2. 상황

성격뿐 아니라 현재 본인이 처한 상황도 말하기 실력을 크게 좌우합니다. 만약 한국에 거주하고, 주변에 한국어 이외 다른 언어를 구사하는 사람이 없다면 당연히 영어로 말하고 들을 기회가 현저히 줄어듭니다. 이런 상황에서는 아무리 적극적이어도 영어를 학습하기 어렵지요.

반면 해외여행을 가거나 단기, 장기로 유학을 가게 되는 경우 본인 의지와 전혀 상관없이 영어를 사용해야만 하는 환경에 놓이게 됩니다. 예를 들어 미국 교환 학생 겨울 프로그램으로 뉴욕에서 6개월 동안 지낸다고 생각해보세요. 기숙사가 열리는 첫날, 공항에서 내려 버스를 타고 학교로 갑니다. 양손에 짐을 잔뜩 들고 기숙사에 도착했는데 문도 잠겨 있고, 기숙사 안에 아무도 없다면 어떻게 해야 할까요? 시간은 점점 늦어지고, 뉴욕의 겨울은 한국만큼이나 춥습니다. 평소 내성적인 성향으로 말하기를 꺼리는 학생이라 하더라도 이런 긴급한 상황에서는 누군가에게 전화를 하거나 캠퍼스 내의 다른 사람에게 말을 걸어야만 하겠지요?

해외에 거주하다 보면 이런 비상 상황이 자주 발생합니다. 한국에만 있었다면 겪지 못할 일도 생기고, 그런 일이 방아쇠가 되어 우리의 입과 마음을 모두 열게 합니다.

3. 인풋

영어로 말하는 능력은 성격이나 상황뿐 아니라 인풋input의 양에도 영향을 크게 받습니다. 각자 지금 위치한 자리 앞에 항아리가 하나 있다고 생각해봅시다. 그 항아리는 나와 키도, 너비도 비슷합니다. 그 항아리에 '영어'라는 이름을 붙여주세요. 그리고 영어와 관련된 활동을 할 때마다 관련 물품을 항아리에 넣는다고 생각해볼게요. 저번 주에 원서를 한 권 봤다면 그 원서를 항아리에 넣습니다. 만약 넷플릭스로 드라마를 보며 영어를 배웠다면 그 드라마 대본을 항아리에 넣습니다. 또 외국 사이트에서 화장품을 직구하거나, 영어로 된 팝송을 듣거나, 영어로 된 잡지를 볼 때마다 항아리에 넣습니다. 이렇게 계속 항아리에 넣다 보면 언젠가 항아리가 가득 차겠지요? 그렇게 가득 찬 항아리에 계속 뭔가 집어넣으면 항아리가 넘쳐흐르게 됩니다. 이때 항아리가 넘쳐흐르는 것을 아웃풋output이라고 표현할 수 있습니다.

항아리가 넘칠 만큼 인풋을 가득 넣게 되면 어느 순간 저절로 말이 흘러나오고 글도 쓸 수 있게 됩니다. 어린아이들이 어릴 때는 잠자코 듣고만 있다가 어느 순간 갑자기 말을 많이 하기 시작하고, 글도 쓸 수 있게 되는 순간이 있습니다. 외국어 학습도 그와 크게 다르지 않습니다.

4. 평소 학습 성향

어떤 사람은 새로운 기기를 다룰 때 매뉴얼을 먼저 보고, 어떤 사람은 이것저것 만져보고, 눌러보면서 매뉴얼 없이도 사용법을 터득합니다. 이와 마찬가지로 새로운 언어를 배울 때 책을 보고 지식을 먼저 습득하는 것을 좋아하는 학생이 있는 반면 영어 회화책 한 권을 봇짐에 싸서 해외로 배낭여행을 다니며 실전 대화만을 통해 영어를 습득하는 학생도 있습니다. 특히 영어는 전 세계 약 4억 명이 모국어로 사용하고, 20억 명 이상이 구사하는 살아 있는 언어로 수학이나 생물 등의 과목을 공부할 때와는 전혀 다른 방법으로 학습할 수 있습니다.

말하기와 관련하여 위 네 가지 변수 이외에 다른 요소도 있을 거라 생각합니다. 한꺼번에 모든 변수가 충족된다면 가장 좋지만, 인풋이 충분하지 않더라도 상황에 따라 말하기 실력이 크게 느는 경우도 있고, 상황이나 인풋이 적절히 마련되지 않더라도 활발한 성격 덕분에 단기간에 말하기 실력이 향상되는 분들도 있습니다.

그렇다면 이제 질문자는 어떻게 해야 할까요? 제가 적어둔 네 가지 변수를 최대한 맞추려고 노력하면 됩니다. 타고난 성격에 맞는 학습 방법을 고르고, 2번부터 4번까지의 변수를 조절해보면 됩니다. 예를 들어 영어를 사용할 수밖에 없는 상황을 만들거나, 인풋을 최대한 늘리고, 장단기 해외여행을 계획해보거나 외국인 친구를 사귀어보는 것도 좋습니다.

Q 영어를 영어로 받아들여라?

어떤 유튜브 영상을 보니 '영어를 영어로 받아들여라'는 말이 자꾸 나오더라고요. 생각해보면 예전에 과외 선생님도 이 말을 하면서 혼내셨던 것 같아요. 이게 도대체 무슨 말인가요? 영어를 한국어로 해석하지 않으면 어떻게 무슨 말인지 이해할 수 있죠?

'영어를 영어로 받아들여라'는 말은 어쩌면 이상한 말입니다. '한국어를 한국어로 받아들여라'는 말과 같으니까요. '한국어가 한국어니까 한국어로 받아들이지. 그럼 뭐로 받아들여…?'라는 생각이 듭니다. 그렇다면 '영어를 영어로 받아들여라'는 말의 속뜻은 무엇일까요?

우리는 모국어인 한국어의 영향을 많이 받아서 영어나 다른 외국어로 적힌 문장을 볼 때 그 문장을 번역해서 보려고 합니다. 어순은 무시한 상태로 직역하는 경우가 대부분이지만 어순까지 아예 통째로 번역해서 모든 문장을 분석하려는 분들도 적지 않습니다. 그래서 영어로 쓰여 있는 문장을 영어 그대로 받아들여야 하는데 영어를 한국어로 한 번 바꾼 다음 이해하게 되는 겁니다. 조금 더 이해하기 편하게 단순하고 직관적인 예를 들어 설명해보겠습니다.

'나는 어제 눈을 동그랗게 뜬 불독을 봤어. 뭔가 불안해 보이더라.'

이 문장을 보면 어떤 이미지가 머리에 떠오르시나요? 불독의 표정이나 색깔, 크기가 조금 다를 수는 있지만… 이런 이미지가 떠오르나요?

자, 이제 생각해볼게요. 위와 같은 불독 이미지를 떠올리기 전에 한국어를 다른 언어로 바꾼 후에 불독의 모습이 머리에 떠올랐나요? 아니면 이미지가 곧바로 머리에 떠올랐나요? 한국어가 모국어인 분들은 바로 이미지가 머리에 떠올랐을 겁니다. 방금 우리는 문장을 보고 다른 언어로 변환하지 않고, 한국어를 있는 그대로 받아들여서 이미지로 전환하고 내용을 이해했습니다. 한국어를 한국어로 받아들인 거지요.

그러니 '영어를 영어로 받아들여라'는 뜻은 영어로 적힌 문장을 볼 때도 똑같이 하라는 뜻입니다. "I saw a bulldog with his eyes round open. He seemed disturbed."라는 문장을 봤을 때 한국어로 '나는 보았다 / 불독을 / 눈을 동그랗게 뜨고 있는. 그는 보였다 / 심란하게'라고 변환하는 게 아니라 일종의 이미지가 떠올라야 한다는 겁니다.

영어로 적힌 글을 봤을 때 한국어로 직역 또는 번역하는 게 아니라 일종의 이미지로 바로 떠올라야 비로소 영어를 영어로 받아들이고 있는 겁니다. 그리고 영어를 영어로 받아들여야만 빠르게 읽고 빠르게 이해할 수 있습니다. 평소에 영어로 적힌 글을 많이 읽고 듣지 않았다면 시험을 칠 때, 미국 드라마나 외국어 뉴스, 다큐멘터리와 같은 콘텐츠를 보고 들을 때 직독직해나 직청직해가 원활히 되지 않습니다. 학생들은 대부분 들은 내용을 한국어로 바꿔서 해석해보다가 이야기를 놓쳐버리곤 합니다.

하지만 자책할 필요는 없습니다. 공부하는 방법이 잘못된 게 아니라 영어가 외국어라 그런 거니까요. 외국어니까, 생소한 언어니까 당연히 듣자마자, 읽자마자 머리에 이미지가 바로 떠오르지 않는 겁니다. 모르는 단어나 어려운(이라고 적지만 사실 처음 봐서 어렵게 느껴질 뿐인) 문장 구조가 들어가 있으면 빨리 이해하기가 더 힘듭니다. 그래서 처음에 영어를 배울 때는 한국어로 하나씩 직역, 또는 번역해서 받아들이다가 영어로 적힌 글에 점점 더 익숙해지면 이 과정이 저절로 사라집니다. 저절로 이미지로 받아들여지고, 상황이 이해되고, 영어를 영어로 이해하게 되는 겁니다.

그러니 '영어를 한국어로 바꾸는 과정은 잘못되었으니까 무조건 영어는 영어로 받아들여야 해!'라고 억지로 생각하는 건 오히려 언어 학습에 감정적 장애물로 작용할 수 있습니다. 많이 읽고 많이 듣다 보면 나도 모르는 사이에 나아집니다. 지금 영어를 읽고 들을 때 한국어로 바꾼 후에 이해하는 습관이 있다면 독서와 듣기가 턱없이 부족한 상태라는 뜻이니 더 많이 읽고, 더 많이 들으면 됩니다.

특히 토익이나 토플과 같은 공인 영어시험을 대비하면서 이런 고민을 하는 분들이 아주 많습니다. '더 빠르게 읽고 이해하려면 영어를 영어로 받아들여야 하는데… 지문을 해석해서 한글로 적으면 안 되는 건가?'라는 고민을 많이 합니다. 게다가 지금 공부하고 있는 책이 어려우면 더욱 한국어로 의미를 옮기고 싶어집니다. 문장이 조금만 길어져도 해석이 잘 안 되고 또 듣기 시험에서 필기note-taking만 할라치면 내용이 다 지나가버려서 안 들리고, 답답한 나날이 계속됩니다.

그럴 때는 해석이 잘 안 되는 문장을 펼쳐놓고 천천히 한국어로 번역해봐도 괜찮습니다. 그리고 제대로 못 듣고 지나간 부분, 잘 안 들린 부분을 받아 적어서 한국어로 번역해봐도 괜찮습니다. 모국어의 힘을 이용하셔서도 괜찮습니다. 해석되지 않는 문장을 영어 그 자체로 받아들이려고 억지로 한국어를 피할 필요는 없습니다. 그러다 뜻도 제대로 모르고 대충 넘어간다면 오히려 '본 책은 많은데 실력이 제자리걸음'인 더 불행한 상황이 올 수도 있습니다.

공책에 번역해보거나, 직독직해해서 간단하게 한국어로 써보는 등 의미를 이해하려고 여러 가지 방법을 동원해도 됩니다. 모르는 문장 아래에는 한국어로 뜻을 꼼꼼히 적어보고 이해가 되면 넘어가면 됩니다. 그럼 괜찮습니다. 그래도 됩니다. 매일매일 많이 읽고 많이 들으면서 반복하면 어느새 일일이 의미를 한국어로 옮기는 과정이 상당히 지루해지는 때가 찾아옵니다. '이제 안 적어도 무슨 말인지 알겠어!'라는 순간이 저절로 오게 되니 '영어를 영어로 받아들여라, 한글로 해석하지 마라!'는 말, 너무 신경 쓰지 마세요.

Q 영포자입니다. 어디서부터 어떻게 시작해야 할까요? (워킹홀리데이 공부법)

24세 성인입니다. 지금까지 영어와는 담을 쌓고 살아왔습니다. 평소에 영어를 쓸 일도 없었고요. 군 복무를 마치면 워킹홀리데이로 호주에 가고 싶은데… 어디서부터 어떻게 시작해야 할까요?

워킹홀리데이(워홀)을 무사히 다녀올 실력을 목표로 삼고 계시는군요. 일단 워홀을 통해 어떤 일을 할지에 따라 공부 방법이 크게 두 가지로 나뉩니다.

1. 만약 워홀을 시작으로 해외 고등교육기관에 진학하거나, 사무직에 지원할 예정이라면 기간을 넉넉하게 잡고 기초부터 탄탄히 다져야 합니다. 워킹홀리데이가 앞으로의 여정에서 가벼운 발판이 되는 정도라면 영어 실력을 많이 쌓고 나갈수록 해외 생활을 편안하게 할 수 있습니다. 토플 점수를 기준으로 보면 최소 80점 정도(전 영역 골고루 20점)인 실력이라면 의사소통에 큰 장애가 없고, 또 학교 진학을 대비하기에도 크게 무리가 없습니다. 다만 지금 질문하신 분은 영어를 처음 시작하시니 다음 커리큘럼을 추천해드립니다.

기초 영문법 (《나 혼자만 알고 싶은 영어책(순한 맛)》) ➡ 기초 원서 읽기 ➡ 특훈 + 중급 영문법 + 중급 원서

- 자세한 원서 읽기 방법은 본 도서의 실험 A를 참고해주세요.(p. 85)
- 원서를 이용한 듣기 훈련은 본 도서의 실험 B를 참고해주세요.(p. 114)
- 자세한 스피킹 특훈 방법은 본 도서의 실험 H를 참고해주세요.(p. 207)
- 자세한 문법 학습법은 본 도서의 실험 M을 참고해주세요.(p. 295)

2. 반대로 여행, 저축 등을 목적으로 워킹홀리데이에 참여하는 거라면 간단한 여행 회화 정도만 연습한 후 실전에서 부딪혀보는 게 좋습니다. 영문법 공부보다는 여행 회화책을 위주로 특정 표현을 암기하는 게 더 효과적일 수 있습니다.《여행 영어 특급 패턴 101》(다락원)과 같은 여행 회화책을 골라서 간단히 학습해봅니다. 간단한 표현을 배운 후에는 미국 드라마나 전화 영어 등을 이용하여 학습을 확장해 나갑니다. 특히 전화 영어는 단기간에 영어 말하기 울렁증을 없애고 의사소통 기술을 배울 수 있어 적극적으로 권장합니다.

마지막으로 덧붙여 말하자면, '워홀을 위한 공부법'이라는 건 따로 없습니다. 언어 학습은 항상 장기적인 계획을 세우는 게 더 효과적입니다. 언 발에 오줌 누듯 짧게, 그때만 잠시 효과 있는 공부 방법을 선택하기보다는 재미있게 꾸준히 지속할 방법을 찾아 장기 계획을 세워 실천하기를 권합니다.

• 영어 말하기 연습 방법은 본 도서의 실험 O를 참고해주세요.(p. 344)

Q 토익, 토플, 텝스, 아이엘츠 등 영어시험 준비생인데 영어 회화부터 할까요?

교환 학생 프로그램에 참여하기 위해 영어 공인시험을 준비하고 있습니다. 그 전에 영어 회화부터 먼저 공부해야 할까요?

영어시험 준비 전에 영어 회화를 먼저 공부하려는 분들이 많습니다. 물론 먼저 기초 실력을 쌓아두면 시험공부를 더 편하게 할 수 있습니다. 하지만 무작정 영어 회화부터 공부하기보다는 현재 시험 준비 기간이 얼마나 남았는지 따라 다른 전략을 세워야 합니다.

1. 만약 공인영어시험까지 1년 이상 남았다면 다음 커리큘럼을 추천드립니다.

   기초 원서 읽기 ➡ 특훈 + 중급 영문법 + 중급 원서

   현재 실력에 따라 기초 원서 읽기 단계를 생략할 수 있습니다. 현재 영어 실력을 가늠하고 싶다면 본 도서의 실험 A(p. 85)와 C(p. 123)를 참고해주세요.

2. 만약 시험 준비 기간이 1년 미만이라면 문제집부터 고르는 게 좋습니다. 지금 준비하고 있는 시험을 대비하는 용도로 만들어진 문제집을 꼼꼼히 학습하면서 다른 영어 공부 방법을 병행합니다. 토플을 준비하고 있다면 토플 문제집으로, 아이엘츠를 준비하고 있다면 아이엘츠 문제집을 구매하여 공부합니다. 간혹 '영어 회화부터 배우는 게 정석이다!'라는 주장에 휩쓸려 너무 정석으로 가려다 문제 유형도 파악하지 못하고 시험장에 가는 웃지 못할 일이 벌어지기도 합니다. 그러니 지금 상황에 따라, 나에게 주어진 기간과 일일 학습 시간을 정확하게 파악하여 전략적으로 계획을 세우길 바랍니다.

Q 영어 회화를 위해서 미국 드라마로 영어 공부하는 수업(리얼 클래스 등)을 찾아서 듣는 건 어때요?

요즘 미국 드라마나 영국 드라마로 수업하는 인터넷 강의가 많더라고요. 최근에 선생님 블로그에서 리얼 클래스 리뷰도 봤어요. 이런 수업을 듣는 게 좋을까요?

요즘은 드라마나 만화 등 흥미로운 콘텐츠를 기반으로 한 영어 강의가 많습니다. 리얼 클래스를 비롯한 동종의 강의는 영어 회화 실력을 높이기 위해 꾸준히 학습해볼 만한 좋은 자료라고 생각합니다. 강의 사이트는 여러 종류가 있지만 주로 영상의 동일 구간을 반복해서 들려주거나, 발음을 알려주거나, 표현에 대한 설명을 해주는 방식으로 진행됩니다. 주로 영어에 대한 두려움이 많은 분에게 '공부가 아닌 척' 뇌를 속여 학습을 편하게 만드는 좋은 자료입니다.

다만 이런 강의는 장기적으로 영어 공부를 도와주지는 못합니다. 초보에게는 접근성을 높이고 심리적 장벽을 낮춰서 좋지만, 중급 이상이 되면 강의에서 제공하는 자료가 굉장히 부족하다는 느낌을 받게 됩니다. 다른 공부 자료와 달리 드라마나 영화, 애니메이션은 저작권료가 상당하므로 저작권료가 낮은 작품 위주로 제한적으로 제공되는 경우가 많습니다. 그래서 '재미있게 공부해보자!'라고 마음먹고 온 학생들이 흥미로운 콘텐츠 부재로 인해 오히려 지루함을 느끼는 경우도 적지 않습니다.

요즘에는 넷플릭스나 왓챠 등 스트리밍 앱의 콘텐츠 수도 적다고 느끼는 분들이 많습니다. 방대한 라이브러리를 자랑하는 스트리밍 앱에 비교하자면 학습용으로 제작된 드라마, 애니메이션 콘텐츠는 그 종류가 매우 적어서 학습자가 장기간 학습을 지속할 수 없게 합니다.

또한 드라마나 영화, 애니메이션 등을 교육 콘텐츠로 쓰다 보니 콘텐츠 제작자가 각 에피소드에 나오는 발음과 표현, 단어를 분석하고 오탈자를 점검해서 학생들에게 전달할 때까지 대기 시간이 꽤 깁니다. 넷플릭스를 이용하면 실시간으로 드라마와 자막을 비교하고, 영어 사전을 참고하여 표현을 배울 수 있지만, 교육용으로 제작된 콘텐츠는 별도의 제작 기간이 소요됩니다.

마지막으로 이런 종류의 콘텐츠는 기초 학습자에게 집중한 커리큘럼이 대다수이므로 중급 이상의 학습자가 보기에는 다소 쉽다고 느낄 수 있습니다. 운동으로 예를 들면 이런 프로그램들은 웨이트 트레이닝을 하기 전 러닝머신을 타는 것과 같습니다. 제대로 된 운동을 하려면 러닝머신 10분 후 더 강도 높은 운동으로 넘어가야 합니다.

정리해보면 말씀하신 사이트는 기초적인 내용을 가르쳐주고, 또 기초 습관을 잡아주니 초급자에게 적절하며, 중급자 이상이라면 다른 콘텐츠를 찾아서 보완하도록 합니다.

Q 해외 출장 전 어떻게 공부할까요?

토익은 915점, 교환 학생은 미국으로 6개월씩 두 번 다녀왔습니다. 평소에도 미국 드라마, 원서를 본 경험은 있는데 딱히 공부해본 적은 없어요. 제가 회사 출장(회계 세무)으로 캐나다에 몇 개월 나갈 예정인데 남은 6개월 동안 어떻게 공부하는 게 좋을까요? 또한 경제, 경영 관련 용어나 이슈를 알아야 할 것 같은데 인터넷 강의나 책 추천해주실 수 있나요?

토익 900점 이상에 교환 학생을 두 번 정도 다녀오셨다면 이제 영어 실력에 대해 고민하기보다는 상식과 전문 지식을 쌓고 견문을 넓히는 데 집중하셔야 합니다. 따라서 영어를 가르쳐주는 기본적인 인터넷 강의나 책보다는 회계, 세무 관련 잡지나 경제 잡지, 신문, 책 등 현재 몸담은 분야와 관련된 자료를 영어로 접하면 됩니다. 중급자인 질문자에게는 다음 잡지를 추천드립니다.

Time http://time.com/

《타임》지는 세계 최대 규모의 주간지이자 가장 영향력 있는 잡지 중 하나입니다. 신문이나 잡지로 영어 공부를 해보신 분들은 다들 한 번쯤은 들어본 이름일 겁니다. 경제, 정치, 문화, 과학, 예술 등 다양한 주제를 다룹니다.

The Economist https://www.economist.com/

1843년 영국에서 창간된 정통 경제주간지로 국내에도 많은 독자를 보유하고 있습니다. 정치나 경제에 관한 기본적인 배경지식이 필요하므로, 구글 검색을 통해 충분히 정보를 탐색해가며 꾸준히 보시길 권합니다.

1843 https://www.1843magazine.com/

《이코노미스트》의 창간 연도 1843년을 이름으로 따온 다소 가벼운 잡지입니다. 정
통 경제주간지인 《이코노미스트》와 달리 《타임》지처럼 문화, 예술, 과학 등 폭넓은
주제를 다룹니다. 앱과 웹사이트를 이용하면 모든 기사의 전문을 무료로 볼 수 있습니다.

Psychology Today https://www.psychologytoday.com/intl

《사이콜로지 투데이》는 미국의 유명한 심리학 전문지입니다. 전문지라는 수식이
붙지만 쉽고, 재미있게 읽을 만한 기사도 많이 올라옵니다. 잡지 한 권을 구매하는
게 부담스러울 때 웹사이트에서 마음에 드는 기사를 골라 인쇄하여 한 편씩 가볍게 볼 수 있
습니다.

　　해외에서 업무를 보게 될 예정이니 위 자료에 더하여 비즈니스 영어 회화와
이메일 작성 방법 정도만 추가로 알아두면 좋습니다.

- 잡지를 이용한 영어 학습 방법은 본 도서의 실험 I를 참고해주세요.(p. 229)
- 추천 비즈니스 영어 도서 1: 《비즈니스 이메일 영어표현사전》(케빈경 지음 | 다락원 | ISBN
  9788927700531)
- 추천 비즈니스 영어 도서 2: 《비즈니스 영어, 제가 한마디 해보겠습니다》(Aran Kim 지음 |
  알에이치코리아 | ISBN 9788925563510)

　　출장이나 컨퍼런스 등 일정이 잡힐 때마다 급하게 영어 공부를 시작하는 분
들이 있습니다. 항상 단기로 목표를 잡기보다는 평소에 영어로 된 콘텐츠를 가
까이 해보세요. 영어 공부만을 위해 CNN 기사나 뉴스를 잠시 보는 것보다는
'지금 중동에는 무슨 일이 일어나고 있는지', '실리콘밸리에는 어떤 신기술이

개발되고 있는지', '브렉시트 후 영국 분위기는 어떤지' 등 국제 정세를 파악하고 세상 곳곳에서 일어나고 있는 일을 살펴볼 수 있는 좋은 통로로 기사와 뉴스를 평소에 자주 이용해보세요.

원서 역시 마찬가지입니다. 평소에 관심이 있는 분야의 책을 원서로 읽으면 영어로 상식이 쌓이고, 또 관련 분야에 관한 이야기를 자연스럽게 영어로 할 수 있게 됩니다. 이미 중급 이상의 실력을 갖춘 분들은 이렇게 하루에 30분에서 1시간 정도, 자기 전에 가볍고 짧게 영어 공부에 꾸준히 신경 써주면 출장이나 해외 포럼 등 외부 일정이 생겨도 거뜬히 해낼 수 있습니다.

Q 선생님은 왜 패턴 책을 추천하지 않으시나요?

선생님 블로그를 일주일 내내 정말 꼼꼼히 살펴보았는데… 영어 패턴 책을 추천하지 않는 것 같아요. 혹시 이유를 자세히 알 수 있을까요?

일단 패턴 책에 대한 개인적 견해를 말하기 전에 '패턴 책'이 무엇인지 먼저 이야기해봅시다. 먼저 책 제목에 '패턴'이라는 단어가 포함되어 있으면 패턴 책이라고 생각하면 되고, 제목에 그런 표현이 없더라도 영어라는 언어에는 패턴이라는 게 있고, 패턴 몇 가지를 외우면 영어를 정복할 수 있다고 약속하는 책을 '패턴 책'이라고 통칭합니다.

'30일 안에 10kg 감량'이라는 광고 문구가 매력적인 것처럼 '영어는 100개 문장의 패턴만 알면 마스터할 수 있다'라는 광고 또한 정말 매력적입니다. 시간은 없고, 빨리 실력을 올리고 싶은 현대인들은 패턴 책 광고에 현혹되기 쉽습니다. 하지만 짧은 여행을 목적으로 몇 개 문장을 암기하는 상황을 제외하고, 영어 학습 전반에 패턴 책이 큰 효과가 있다고 생각하지 않습니다. 여러 가지 이유가 있으니 순번을 붙여 말씀드릴게요.

1. 학습자가 기대하는 결과와 패턴 책이 실제로 제공할 수 있는 결과는 크게 차이가 납니다. 과장 광고로 인해 다수의 학습자는 패턴 책 한두 권으로 영어를 '마스터'할 수 있다고 착각하게 됩니다. 학습자가 괜히 이런 기대를 하는 건 아닙니다. 책의 효과를 크게 선전했으니 기대하는 게 당연하지요. 하지만 패턴 책을 본다고 영어 회화가 해결되는 것도, 영어로 에세이를 쓸 수 있는 것도 아닙니다. 그저 패턴을 기준으로 분류된 문장을 많이 구경하는

것뿐입니다.

2. 언어 학습에 있어서 전후 문맥은 굉장히 중요합니다. 우리 뇌는 문자 그대로의 사실을 암기하는 것에 굉장히 취약합니다. 유사한 패턴에 자주 노출되고, 매일 훈련한다고 해도 문맥 없이 그저 외운 정보라면 아주 빠르게 잊힙니다. 뇌는 사실보다는 감정을 더 잘 기억합니다. 감정을 유발하려면 무미건조한 문장 조각이 아니라, 이야기 형식의 교육자료를 이용해야 합니다. 우리 뇌는 이야기를 들으면서 무의식적으로 등장인물이 어떤 상황에, 어떤 어조로, 어떤 단어를 써서 말하는지 기억합니다.

하지만 패턴 책은 문맥이 거의, 혹은 전혀 존재하지 않는 상황에서 단순한 법칙을 중심으로 문장을 배열해두고 암기하게 합니다. 만약 짧은 여행길에 오르기 전 단순히 몇 가지 문장을 암기해야 한다면 나름대로 효과적일 수 있습니다. 하지만 장기적 학습에는 큰 도움이 되지 않습니다.

3. 패턴 책을 외운 후에 오히려 머릿속이 뒤엉키는 현상이 발생하기도 합니다. 충분한 읽기와 듣기로 데이터를 쌓은 것이 아니니 자연스럽게 말이 나오지 않고 오히려 책에서 본 표현, 방금 외운 문장을 어떻게든 끼워 맞춰보려고 하는 바람에 혼란이 가중됩니다. 자연스러운 이야기 속에서 문장을 맛본 것이 아니라 법칙에 따라 만든 문장을 계속 반복하여 '암기'에 치중했기 때문에 외운 정보를 다시 끄집어내는 과정에서 오류가 발생하는 겁니다.

10여 년 전 처음 수업을 하기 시작했을 때 저도 패턴 책을 자주 사용했습니다. 가르치는 입장에서는 과제를 내주고, 암기한 내용을 검사하고, 또 진도를 정해서 수업을 진행하기에 패턴 책만큼 편리한 책이 없습니다. 하지만 학생들이 표현을 암기하는 데 집중하다가 암기한 표현이 뒤섞여 굉장히 이상한 문장을 만들어내기 시작하자 패턴 책을 이용하는 커리큘럼을 완전히 폐지했습니다. 자연스러운 문장을 자주 보면서 문법 규칙이 무의식적으로 머리에 자리 잡게 되면 명시적으로 문법 학습을 하거나 암기하지 않아도 어색한 표현과 자연스러운 표현을 구별해낼 수 있습니다.

하지만 패턴 책으로는 우리가 원하는 '자연스러운 언어 학습 효과'를 얻기가 힘들고, 암기한 문장에만 의지하여 프랑켄슈타인과 같은 괴상한 문장을 만들고도 어색한지 전혀 모르는 다소 위험한 현상이 생기기도 합니다.

패턴 학습을 통해 문장을 생성해낼 수 있다고 생각하는 건 컴퓨터의 학습 방식을 염두에 두고 사람의 학습 과정을 너무 단순화한 게 아닌가 하는 우려가 됩니다.

최근 10년간 국내 도서 외국어 분야 베스트셀러는 1위부터 20위까지 절반 이상이 패턴 책입니다. 얼마나 학습자들이 빠른 효과를 바라는지, 지름길을 찾아 헤매는지 잘 알 수 있는 모습입니다. 정석으로 가르치는 책들, 그리고 다양한 시도를 해보는 좋은 책들은 자리를 잡기 힘들고 정말 꼭꼭 숨어 있어서 열심히 찾아봐야 보입니다.

이렇게 임시변통에 불과한 학습서에 열광하는 소비자의 입맛이 시장을 결정하고, 결과적으로 그 시장에 소비자가 갇혀버리는 구조가 된 겁니다. 따라서 위와 같은 여러 가지 이유로 패턴 책을 추천하지 않습니다.

Q 공부만 하려고 하면 짜증이 나서 그냥 넷플릭스만 보게 돼요.

선생님, 저는 지난 3개월간 매일매일 단어도 외우고 미국 드라마 표현책도 5장씩 공부했습니다. 그런데 전혀 실력이 느는 것 같지 않아요. 미국 드라마 공부법 '특훈'이 올라와 있길래 보고 따라도 해봤는데… 쉐도잉이 원하는 만큼 되지도 않아서 짜증이 나더라고요. 그래서 그냥 한국어 자막으로 넷플릭스만 봅니다. 아무래도 전 안 되겠죠?

질문자는 이미 마음이 많이 지쳐 있군요. 이 물음에는 '3개월로는 안 되지 않을까요?'라고 답하고 싶습니다. 지금 당장 사람들이 많이 모인 시내로 내려가면 여기저기 영어 학원 간판을 많이 볼 수 있습니다. 텔레비전을 봐도, 웹브라우저를 켜도 수많은 영어 학습 콘텐츠 광고가 흘러나옵니다.

만약 3개월 공부로 영어 실력이 눈에 띌 만큼 느는 거라면 우리는 이런 광고의 홍수 속에 살지 않았을 겁니다. 쉽게 얻어지는 건 가치가 없고, 가치가 있는 건 절대 쉽게 얻을 수 없습니다. 그러니 몸과 마음을 잘 추스르고 3개월이 아닌 3년 동안 공부를 지속해봤으면 합니다.

그렇다고 당장 공부법을 바꾸거나 계획을 짤 필요는 없습니다. 지쳤을 때는 맛있는 밥을 먹고 편안하게 자는 게 가장 좋습니다. 며칠 동안 인생에서 영어 공부를 완전히 없애버리세요. 그리고 몇 주 후 다시 돌아오는 겁니다. 힘에 부칠 때는 '포기할까'라는 생각이 드는 게 당연하지만, 한걸음 뒤로 물러서서 지금 상황을 객관적으로 살펴보세요. 힘이 들 때는 쉬면 됩니다. 그만두는 게 아니라 잠시 쉬고 오세요.

가끔 '공부한다고 정말 될까요?'라고 자신을 문제 삼거나 공허한 질문을 던지는 학생들이 있습니다. 아마도 실제 실력이 얼마나 늘었는지 정확히 가늠해 볼 객관적 척도가 없기도 하고, 또 심리적으로 더 빨리 성장하고 싶은데 그게 마음처럼 되지 않으니 답답해서 이런 의문을 품는 게 아닌가 싶습니다. 그래서 조금 더 눈에 보이는 객관적 진실을 가지고 와서 답변해보려고 합니다.

이 상황을 조금 더 단순화해서 생각해봅시다. 예를 들어 우리가 하루에 1km를 걸을 수 있다고 가정합시다. 그리고 목적지는 1,000km 떨어져 있습니다. 이때 우리는 크게 둘 중 하나를 선택하게 됩니다.

1. 1,000km는 너무 멀다. 그러니 포기한다.
2. 언젠가 도착하겠지. 전진한다.

주로 첫 번째 옵션을 선택하는 학생들은 '아니, 언제 1,000km를 다 걸어?'라고 생각합니다. 문제는 하루에 걷는 1km가 힘들기 때문이 아닙니다. 1000일 동안 반복해야 한다고 생각하니 벌써 질리는 거지요. 계획을 세울 때는 장기적으로, 그리고 실천할 때는 단기적으로 생각하는 게 좋습니다.

목적지에 닿을 때까지 얼마나 가야 하는지 매일 계산하기보다는 묵묵히 하루를 제대로 살아내는 겁니다. 매일 정해둔 양을 해내기만 하면, 그렇게 꾸준히만 반복하면 언젠가 도착하게 되어 있습니다. 그러니 '공부한다고 정말 될까요?'라는 물음은 '매일 1km를 1000일 걷는다고 1000km를 걸을 수 있을까요?'라는 물음과 같습니다.

Q 영어 실력을 엄청나게 빨리 올리는 방법은 없나요?

6개월에서 1년 정도 영어 실력을 빨리 늘려야 하는 상황입니다. 다행히 초보는 아니고 토플 80점 정도는 나오는 자칭 중급자입니다. 영어 실력을 엄청나게 빨리 올리는 방법은 없나요? 뭐든 할 준비가 되어 있습니다. 어떻게 하면 6개월 안에 실력을 빨리 올릴 수 있을까요?

당연히 방법이 있습니다. 이는 다이어트와 아주 유사합니다. 빨리 살을 빼려면 어떻게 해야 할까요? 식단을 조절해서 1일 섭취 열량을 대폭 줄이고, 운동 시간을 엄청나게 늘려야 합니다. 그러면 빠르게 체중을 감량할 수 있습니다. 하지만 이 방법은 평소에 운동을 꾸준히 해온 사람들에게만 통합니다. 30년 동안 이렇다 할 운동 없이 숨쉬기를 운동이라 생각하고 살아온 분에게 이런 방법을 실천하라고 하면 신체가 심각하게 손상되거나 며칠 만에 다시 살이 배로 찌는 요요가 찾아옵니다.

빨리 뭔가를 해낼 방도는 있지만, 모두를 위한 건 아니라는 겁니다. 다행히 질문자 분은 이미 토플 80점 정도의 중급자이므로 실력을 빨리 올리는 방법을 사용해볼 만합니다. 6개월 안에 정말 눈에 띄게 실력을 올리고자 한다면 다음 3가지를 실천해보세요.

1. 주변 환경을 모두 영어만 사용하는 환경으로 만듭니다. 아주 사소하게는 핸드폰이나 컴퓨터 설정까지 영어로 변경합니다. 한국어를 구사하는 사람들과의 소통은 거의 차단하고 영어로만 말하는 상황을 만듭니다. 해외여행이나 연수, 워킹 홀리데이 등을 이용하여 해외에 닥기 거주하거나 국내라면 동호

회, 전화 영어 등을 통해 한국어를 읽고 듣고 말하는 시간을 거의 없앱니다.

2. 지금 내 수준에서 읽고 들을 수 있는 자료를 수집해서 하루에 8시간 이상 영어를 읽고, 듣도록 합니다. 책, 잡지, 영화, 게임 등 어떤 자료든 좋습니다.

3. 영어 공부 진도와 발전 상황을 점검해줄 친구나 선생님을 구합니다. 매주 1~2회 만나 읽었던 책이나 드라마, 시사 내용 등을 토론하고 공부하다 생긴 의문을 해결합니다.

　　이렇게 세 가지 정도를 6개월 동안 꾸준히 지킨다면 단기간에 비약적인 발전을 이룰 수 있습니다. 하지만 정상적인 사회생활은 포기해야 합니다. 매일 하루에 10시간 정도 공부한다면 친구를 만날 수도, 학교나 회사를 갈 수도 없습니다. 대신 영어 실력은 확실히 성장시킬 수 있습니다.

　　개인적으로는 이런 극단적인 방법을 추천하고 싶지는 않지만, 간혹 극단적인 방법을 물어보는 분들이 있어 답변드립니다. 천천히 꾸준히 공부하는 게 좋지만 정말 단기간 내에 바짝 실력을 올려야 할 때, 기본 실력과 충분한 시간, 의지가 있다면 이런 방법이 빛을 발할 때도 있습니다.

Q 영어 독학, 과연 그게 될까요?

저는 선생님 블로그에 들어와서 처음으로 이렇게 많은 분이 독학으로 영어 공부를 하고 있단 걸 알게 되었어요. 솔직히 좀 충격적이고, 또 저도 해보고 싶긴 한데… 영어 독학, 과연 그게 가능한 걸까요?

네, 가능합니다. 영어 독학은 '해도 되는지' 의문을 가질 게 아니라 영어를 공부한다면 반드시 정착해야 하는 마지막 정거장입니다. 물론 처음 공부를 시작할 때는 학원이나 인터넷 강의 등 각종 도움을 받는 게 좋습니다. 시작부터 홀로서기를 하려고 하면 너무 고될 수 있습니다. 하지만 자전거를 탈 때와 마찬가지로 언제까지나 보조 바퀴를 달고 다닐 수는 없습니다. 학원도 다녀보고, 여러 선생님에게서 배워본 후, 결국은 '영어 독학'이라는 마지막 상태에 이르러야 합니다. 영어 독학을 처음 해보신다면 다음 여섯 가지 사항을 고려하여 계획을 세워보도록 합니다.

영어 독학 방법 첫 번째

공부 방법은 절대 한 가지만 고수하지 마세요.

'미국 드라마 말고 뉴스로만 공부해도 되나요?' 혹은 '원서 말고 영어 기사로만 공부해도 되나요?'와 같은 질문을 하는 학생들이 많습니다. 여러 가지 방법을 시도해보기 귀찮고, 또 겁이 나서 공부 방법을 딱 하나만 정해서 돌진하려는 분들이 있습니다. 하지만 공부 방법은 한 가지만 고수하지 않는 게 좋습니다. 언어는 크게 총 네 가지 영역으로 나뉩니다. 읽기, 듣기, 말하기, 쓰기. 네 가지 영역을 모두 학습하려면 한 가지 방법보다는 원서 읽기, 단어 정리하고 암기하기, 미국 드라마 시청하기, 오디오북 듣고 따라 하기, 문법 공부하기, 팝송 즐겨듣기 등 최대한 많은 방법을 사용해야 합니다. 특별히 문법 시험이나 단어 시험을 앞둔 게 아닌 영어 회화를 위한 학습을 하고 있다면 드라마나 영화를 이용한 특훈(본 도서의 실험 H 참고, p. 207)과 원서 읽기, 잡지 읽기 등을 8할로, 문법 공부와 단어 암기를 2할로 배분합니다.

영어 독학 방법 두 번째

공부 방법이나 콘텐츠는 '내 마음'에 드는 것으로 고르세요.

문법 공부나 단어 공부뿐 아니라 드라마와 영화, 뉴스, 신문, 잡지 등을 골라서 공부할 때도 '나의 취향'을 가장 중요하게 생각해야 합니다. 영어를 잘하는 친구 아무개는 미국 시트콤 〈프렌즈〉를 보고 영어 공부를 했다는 말을 듣고 무작정 〈프렌즈〉를 선택하면 안 됩니다. 영어 독학은 장기적으로 꾸준히 실행할 수 있는 콘텐츠를 골라야만 성공할 수 있습니다. 내가 직접 살펴보고, 내 취향에 맞는 책과 미디어를 선정해야 비로소 기성품이 아닌 맞춤 공부 방법을 찾아낼 수 있습니다.

영어 독학 방법 세 번째

시험은 시험답게 대비해야 합니다.

평소라면 공부 방법을 마음대로 골라도 되지만, 시험 대비를 할 때는 철저히 시험 위주로 학습해야 합니다. 시험은 저마다 일종의 법칙과 훈련 방법이 있습니다. 어떤 단어장을 봐야 하는지, 어떤 문법책, 어떤 문제집을 풀어야 하는지 정해져 있으니 시험을 준비하고 있다면 시험에 맞는 커리큘럼을 따라가세요.

영어 독학 방법 네 번째

현재 수준을 정확히 파악해야 합니다.

많은 학생이 현재 수준보다는 목표에 더 몰입합니다. 지금은 간단한 단어밖에 모르는 초보지만, 원서도 자유롭게 읽고 싶고, 논문까지 볼 정도의 실력을 꿈꿉니다. 그리고 '목표'를 중심에 두고 계획을 세우는 바람에 처음부터 너무 어려운 책과 커리큘럼을 선택합니다. 하지만 아무리 바빠도 바늘허리에 실을 매어 쓸 수는 없습니다. 급한 마음을 잠시 내려놓고 현재 상황을 정확히 파악해보세요. 그리고 한 단계씩 올라가려면 어디서부터 시작해야 할지, 어떤 책을 봐야 할지 객관적으로 생각해봅니다.

특히 주변에서 영어를 잘하는 사람이 일방적으로 추천해주는 책이나 강의에 휘둘리지 않도록 조심하세요. 현재 수준에 너무 어려운 과정일 수 있고, 괜히 자존감이 다칠 수 있습니다. 그러니 잠시 목표는 잊으세요. 지금은 객관적으로 현실을 관찰할 때입니다.

영어 독학 방법 다섯 번째

광고와 진짜를 구별해야 합니다.

우리는 광고의 홍수 속에 살고 있습니다. 외국어 교육 시장도 예외가 아닙니다. 단기간에 언어를 정복할 수 있다는 모든 광고는 그저 광고일 뿐입니다. 너무 큰 의미를 두지 마세요. 특히나 혼자서 공부하는 분들은 각종 광고에서 말하는 학습 효과나 후기에 쉽게 현혹됩니다. 하지만 정말 단기간에 언어를 '마스터'할 수 있다면, 세계 여러 국가에서 매년 언어 학습에만 소비하는 천문학적인 교육비를 설명할 길이 없습니다.

어떤 방법을 고르든 차근차근, 천천히 갑니다.

차근차근, 천천히 가라는 말은 하루 공부량을 줄이라는 뜻이 아닙니다. 마음을 여유롭고 느긋하게 가지고, 장기적 전략을 세우라는 의미입니다. 적당한 스트레스는 일의 능률을 높여주지만, 언어 학습에 있어서 긴장감이나 스트레스는 최악의 결과를 안겨줍니다. 단어 암기나 문장 해석 속도 혹은 해석 능력이 떨어질 뿐 아니라 장기적으로는 우울증이나 자존감 하락 등 큰 문제를 일으키기도 합니다.

공부 방법을 고르고 계획을 세운 후 일주일 혹은 한두 달 안에 실력 변화를 바라면 안 됩니다. 매일 두세 시간씩 꾸준히 세 달 정도 공부하면 변화가 비로소 시작됩니다. 빠른 결과를 약속하는 방법보다는 오랫동안 지속하면서 서서히 효과가 보이는, 그래서 더 오랫동안 공부할 활력과 동기를 유발하는 방법이 좋은 공부 방법입니다.

Q 해커스 보카,
사람들이 다들 좋다고 해서 샀는데…

해커스에서 나온 《Vocabulary》라는 책을 매일 보고 있습니다. 주변에서 선배며 후배며 다 좋다고 해서 샀는데 진도가 잘 안 나갑니다. 일단 외울 단어도 너무 많고, 동의어에 예문까지… 좋은 책이라고 무조건 외우라고 해서 사긴 샀는데 너무 답답합니다. 어떻게 해야 할까요?

말씀하시는 해커스 보카는 토플 시험 기출 단어를 정리해둔 책입니다. 저를 포함한 수많은 학생이 각종 시험을 치르며 해커스 보카의 덕을 크게 봤습니다. 하지만 나에게 좋은 책이 꼭 남에게 좋은 책이라고 할 수는 없습니다. 또 지금 어렵고 힘든 책이 무조건 나쁜 책이라고 할 수도 없습니다. 우리 모두 선호하는 학습법이 다르고 현재 수준이 다르기 때문입니다.

현재 실력보다 더 높은, 어려운 과제를 직면했을 때 더 많이 배우고 빛을 발하는 학생이 있습니다. 어려운 과제를 해내는 과정 자체는 괴롭지만 한 걸음씩 나아가면서 일종의 쾌감을 느끼는 겁니다. 하지만 모든 사람이 이렇게 느끼는 건 아닙니다. 어떤 학생은 자기가 가진 실력보다 너무 어려운 과제를 주면 빠르게 포기합니다. 또 다른 학생은 이런 상황에서 자신의 무능함을 숨기기 위해 거짓말을 하기도 하지요. 학습법은 우리의 성격에 따라 다른 결과를 불러옵니다.

주변에서 추천해주는 책은 항상 참고만 하는 게 좋습니다. 추천해주는 사람이 비록 선생님이라도 말입니다. (그게 비록 저라도 말입니다.) 좋은 책은 추천을 받은 다음 직접 읽어보고 내 수준에 맞는지, 내가 평소에 선호하는 학습법에 부합하는지 확인해본 후 구매해야 합니다. 무턱대고 샀다가는 돈만 낭비하게 됩니다. 처음에는 한 권에 모든 것이 정리되어 있다고 광고하는 책을 보기보다는 여러 권이라도 친절하게 설명해둔 책을 고르는 게 좋습니다. 쉽고 이해하기 좋은 책으로 단계별로 학습하면 포기하지 않고 꾸준히 나아갈 수 있습니다.

책은 스스로 골라보세요. 책을 고르는 눈을 키우는 데에는 특별한 방법이 있는 게 아닙니다. 스스로에 대해 잘 알고, 그리고 직접 책을 골라본 경험이 많으면 됩니다. 직접 책을 골라본 경험이 없고, 또 자기에게 정말 필요한 것이 무엇인지 모르는 사람은 다른 이의 평가에 휩쓸려 책(비롯한 각종 서비스를)을 구매하게 됩니다.

Q 외국에 살아야 영어가 늘지 않을까요?

공부하다 보니 갑자기 드는 생각인데요. 이렇게 읽고, 듣는 양이 절대적으로 많아야 한다면 아예 외국에서 살아야 영어가 확실히 늘지 않을까요? 어학연수가 좀 비싸긴 해도 효과가 좋을 것 같은데… 어떻게 생각하시나요?

저도 한때 진지하게 이런 고민을 한 적이 있습니다. 몰입 학습immersive learning 이라는 말이 있지요. 뭔가를 배울 때 완전히 그 환경에 빠져들어서 몰입하게 되면 더 빨리 배울 수 있다는 이론인데, 언어 학습에도 적용해서 수학이나 과학 등을 영어로 가르치는 등 몰입 학습 이론을 주축으로 한 여러 교육 도구가 있습니다. 굳이 이런 전문적인 개념을 생각하지 않더라도 상식적으로 영어를 사용하는 국가에 거주하면 영어 실력이 더 빨리 늘 것 같다는 생각을 쉽게 할 수 있습니다. 그리고 실제로 어느 정도 그 말이 맞습니다. 매일 영어를 듣고, 말하는 곳에서 당연히 더 빨리 영어 실력이 늘겠지요.

하지만 영어 실력 향상 하나만을 위해 해외에 거주한다는 건 비용 대비 수익이 매우 낮은 느낌입니다. 혹시 유명 캐나다 드라마 〈김씨네 편의점〉을 보신 적이 있으신가요? 캐나다에 거주하는 한국계 이민자의 삶을 그린 드라마로 주인공은 제목에서도 알 수 있듯 '김씨네' 식구들입니다. 드라마에 등장하는 한국계 어머니와 아버지는 아주 제한적인 표현과 비문법적인 영어broken english를 구사합니다.

캐나다로 이주하여 30년 넘게 편의점을 운영하면서 해외에 아주 오래 거주하고 있는데도 원어민처럼 영어를 구사할 수 없다니, 맥이 빠지는 느낌이 드실 수도 있습니다. 하지만 해외 거주 경험은 영어 실력 향상의 정도와 정확히 정비례하지 않습니다. (특히나 성인이 된 후에 해외로 이주했다면 더 그러합니다.) 한국계 이민자들뿐 아니라 수많은 유학생도 영어 구사에 어려움을 많이 겪습니다. 물론 환경이 주는 영향을 완전히 무시하거나 배제할 수는 없겠지만 결국은 학습자가 얼마나 영어 학습에 열의를 가지고 임했는지가 실력을 결정하게 됩니다.

반드시 영어 공부가 목적이 아니라고 해도 해외 거주 경험은 그 자체로 아주 값진 경험입니다. 새로운 환경에 적응하고, 낯선 문화를 배우고, 또 새로운 친구들을 사귀면서 견문의 폭을 넓힐 수 있습니다. 중동 문제나 아프리카의 문제는 신문에서 글로만 읽으면 지식 쌓기에 불과합니다.

하지만 아랍 친구나 아프리카의 친구를 사귀어 이야기를 나누게 되면 멀고 추상적인 지식이 가깝고 구체적인 현실로 다가옵니다. 신문은 접어버리면 그만이지만 친구들과 나눈 이야기는 오래 기억 속에 남고 우리의 생각 회로를 완전히 변화시킵니다. 만약 질문자 분이 금전적 여유가 있다면 단순히 영어 학습을 목적으로 하기보다는 사고의 지평선을 확장할 목적으로 해외에 거주해 보기를 권해드립니다.

Q 왜 자꾸 작심삼일을 반복할까요?

선생님. 저는 살면서 끈기가 없다는 말을 정말 많이 들었어요. 꼭 영어에 국한된 건 아니고, 뭐든 배우면 길게는 한 달, 짧게는 3일 이상 지속하지를 못해요. 말 그대로 정말 작심삼일이에요. 그래서 영어 공부는 제대로 마음먹고 시작하기도 전에 두려운 마음부터 듭니다. 어떻게 해야 끈기 있게 계속할 수 있을까요?

우리 모두 적어도 한 번쯤은, 혹은 아주 자주 작심삼일로 뭔가를 해본 경험이 있을 겁니다. 먼저 작심삼일을 반복하는 이유에 대해서 생각해봅시다. 우리는 왜 작심삼일을 반복할까요? 마음을 먹은 후 사흘 정도밖에 공부를 지속할 수 없는 이유가 과연 무엇일까요? 우리가 작심삼일을 반복하는 이유는 주로 두 가지입니다. 첫 번째로, 우리는 하기 싫은 일을 할 때 사흘 이상을 버티기 힘들어합니다. 하고 싶지 않은 일이니 금방 포기하게 되는 겁니다. 두 번째로, 우리는 감당할 수 없을 정도로 부담스러운 계획이나 목표가 있을 때 빠르게 포기하게 됩니다. 싸움 혹은 도망fight or flight 중에 도망을 선택하는 거지요.

작심삼일의 이유를 알았으니 어떻게 하면 이 현상을 막을 수 있는지 어느 정도 답이 보이실 겁니다. 일단 영어 공부가 하기 싫은 일이 되어서는 안 됩니다. 억지로 학원에 가거나 인터넷 강의를 들으면서 영어 공부를 '재미는 없지만 해야만 하는 것'이라고 생각하면 금방 포기하게 됩니다. 더 재미있게, 더 흥미를 갖고 배우려면 남이 정해준 공부법보다는 스스로 맞는 학습법을 직접 찾아보면서 능동적으로 배워나가야 합니다. 또 영어 공부 계획은 담백하게 짜는 게 좋습니다. 일주일 혹은 한 달 만에 영어를 다 정복해버리겠다는 무리한 계획보다는 현실적인 계획을 짜도록 합니다. 평소 영어 학습을 꾸준히 해오지 않은 학생이라면 계획을 세울 때 '하루에 이 정도는 당연히 해야지'라고 과한 기준을 세우지 마세요. 그러면 무리한 계획을 세우고 쉽게 좌절하게 됩니다. 그 대신 '이 정도는 충분히 할 수 있을 것 같다'라고 생각되는 적당한 분량의 여유로운 계획을 세웁니다. 작은 계획과 목표를 하나씩 이뤄나가면서 사흘이 아니라 석 달, 3년 단위로 꾸준히 지속해 나가면서 목표를 더 높이고 공부량도 더 늘리도록 합니다.

세상에는 태생적으로 음악에 재능이 있는 사람, 미술에 재능이 있는 사람, 또 체육에 재능을 타고난 사람들이 있습니다. 저는 그런 부류의 재능과 '끈기'가 크게 다르다고 생각하지 않습니다. 끈기도 타고난다고 말하고 싶은 겁니다. '그 정도 열정도 없느냐', '왜 과제를 똑바로 하지 않느냐?'고 꾸짖는 선생님들도 있지만, 집중력과 끈기, 열정을 지속할 수 있는 능력 역시 일부 타고 납니다. 그럼 '타고 나지 못했으니 공부는 물 건너갔네요'라고 푸념하실 수도 있습니다.

하지만 잘 생각해보세요. 1%의 천재를 제외한 인류의 99%는 특별한 재능이 아닌 중간치 정도의 재능을 갖고 태어납니다. 그리고 중간치 정도의 재능을 갈고 닦아 나갑니다. 만약 끈기나 집중력을 타고나지 못했다면 끈기를 기르면 됩니다. 매일 일정량의 학습이나 암기를 지속해 나가면 나도 모르는 사이에 끈기가 길러집니다.

우리는 성인이 되면 비로소 부모님의 보호에서 벗어나 마음껏 자유를 누리게 됩니다. 부모님의 보호와 감시가 없거나, 혹은 아주 제한적으로 축소되었기 때문에 부모님의 역할이 완전히 사라졌다고 착각하기 쉽습니다. 하지만 그 역할은 사라진 것이 아니라 우리가 이어받은 것뿐입니다. 자유를 누릴 수 있는 이면에는 무거운 책임이 따릅니다. 성인이 되면 우리는 스스로 부모 역할을 해야 합니다. 지금까지 무리한 계획, 지루한 공부를 이어왔다면 이제 그 판을 완전히 갈아엎을 때가 온 겁니다.

• IQ, 재능, 환경을 뛰어넘는 끈기의 힘에 대해 알고 싶다면 다음 책을 추천합니다.

《그릿》(앤절라 더크워스 지음 | 원제 Grit | ISBN 9791186805398)

Q 영어를 '마스터'하려면 과연 몇 년 정도 공부하면 될까요?

기간이 얼마나 걸리는지나 알고 하면 덜 답답할 것 같아서 바보 같은 질문 이지만 여쭤보고 싶습니다. 도대체 몇 년 정도 공부하면 영어가 편해질까 요?

어떤 유명 광고에 따르면 '3개월'이면 원어민에 준하는 실력을 갖출 수 있다 고 합니다. 하지만 영어 공부를 해보신 분들은 알겠지만, 광고는 광고일 뿐 진 심으로 받아들이면 곤란합니다. 개인적인 이야기를 하자면 초등학교 5학년 때 영어 공부를 시작하여 하루에 적게는 1시간, 많게는 10시간을 투자하여 약 20 년간 꾸준히 영어를 공부해왔습니다. 번역가로 지난 10년간 일하면서도 지금 도 영어 공부는 손에서 놓을 수 없는 중요한 삶의 일부입니다. 대략 20년 정도 하루도 빠짐없이 영어 공부를 했지만, 지금 이 답변을 쓰고 있는 시점에도 영 어를 '마스터'했다는 생각이 들지는 않습니다.

아무래도 영어를 '마스터'한다는 개념은 너무 허황된 느낌입니다. 그렇다면 지금 영어 공부를 시작하는 분들이 '불편함 없이' 영어를 구사하려면 몇 년이 나 걸릴까요? 제가 굳이 숫자를 말하지 않아도 이미 1만 시간의 법칙에 대해 들어본 적이 있을 겁니다. 하루에 적어도 2~3시간을 투자하여 10년 정도 공부 한다면 큰 어려움 없이 영어를 구사할 수 있게 됩니다. 이제 막 공부를 시작하는 게 아니라 지금까지 공부를 열심히 해왔다면 더 짧은 시간이 남아 있겠지요.

만약 질문자 분이 공인영어시험 점수와 영어 실력을 동일시하는 분이라면 대답이 조금 달라집니다. 영어 실력이 완성되는 데 걸리는 시간과 영어시험을 준비하는 기간은 그 목표가 본질적으로 다르므로 소요 시간 또한 극명한 차이가 있습니다. 토익 900점 이상을 받겠다고 결심하면 늦어도 2, 3년 이내에 목표 점수에 도달하는 학생들이 많습니다.

그에 반해 토플이나 아이엘츠는 조금 더 힘든 시험이지요. 시험을 칠 때는 '묻는 말에 대답'만 하면 됩니다. 대답을 잘할수록 점수가 높습니다. 그리고 어떤 질문이 나올지 어느 정도 예상할 수도 있습니다. 하지만 일상 대화나 텔레비전, 신문, 업무 중 마주하는 영어는 시험과 달리 범위가 정해져 있지 않습니다. 그래서 자유도가 높은 대화나 문맥은 익숙해지는 데 오랜 기간이 걸립니다.

'편해지다'라는 말은 굉장히 주관적인 표현입니다. 영어 단어를 500개 정도만 알고 있더라도 해외에서 생활하면서 의사소통에 장애를 경험하지 못했다면 객관적인 영어 실력이나 시험 점수는 낮아도 영어를 이용한 소통을 편하다고 느낄 수 있습니다. 하지만 영어 단어를 수만 개 알고,《이코노미스트》잡지를 읽을 정도의 수준이 되더라도 평소에 마주하는 콘텐츠의 수준이 상당히 높다면 영어는 영원히 불편한 존재일 뿐입니다. 객관적 지표에 따라 편안한 감정과 불편한 감정이 생기는 게 아니라 지금 상황을 스스로가 어떻게 받아들이냐에 따라서도 두 감정으로 나뉠 수 있습니다.

그러니 질문하신 분은 '아, 언제 영어를 언제 마스터할 수 있을까?' 또는 '대체 언제 영어가 편해질까?'라는 생각보다는 '나는 지금도 영어가 편하다.'라는 생각으로 학습에 임하시면 더 편안하게, 또 긍정적인 마음으로 실력을 높일 수 있을 거라 생각합니다.

Q 영어 문법 공부는 어떻게 해야 할까요?

아자르 책을 추천받아 독학하고 있는데 진도가 잘 안 나가고 이해가 안 가는 부분이 많습니다. 게다가 내용이 방대하다 보니 지치는 경향이 있어, 문제만 겨우 푸는 것 같습니다. 이렇게 해도 공부가 되는 건지 잘 모르겠습니다. 다음 날 되면 전날 배운 것도 다 잊어버리는데요. 책을 바꿔야 할지, 공부법이 문제인지… 조언 좀 부탁드립니다.

말씀하신 아자르 책은 아주 유명한 문법 도서입니다. 아자르 시리즈와 더불어 Grammar in Use도 많은 학생이 사용하고 있습니다. 두 시리즈 모두 좋은 책이지만, 다수에게 좋은 책이라고 해서, 혹은 선생님들이 좋은 책이라고 판단한다고 해서 무조건 모든 학생들이 잘 받아들일 수 있는 건 아닙니다.

질문에 대한 직접적인 조언을 드리기 이전에 먼저 문법 공부가 왜 힘든지부터 이야기해봅시다. 문법책을 통한 문법 공부는 '규칙'을 학습하는 데 그 목적이 있습니다. 그래서 다소 딱딱한 내용이 대부분을 차지합니다. 최근에 출판된 문법 도서는 이야기나 대화 등을 첨부하여 흥미도를 높여보려는 시도가 있긴 하지만 학생들의 처지에서는 그마저도 억지스럽고 지루하게 느껴질 때가 적지 않습니다.

문법책이 재미없는 이유는 또 하나 있습니다. 바로 학생들이 궁금하지 않은 점, 그러니까 묻지 않은 걸 이야기하고 있기 때문입니다. 원서를 읽다가, 혹은 미디어에서 나온 표현이 어떤 문법 구조로 되어 있는 건지 직접 책을 뒤져서 그 부분만 읽는다면 학습 효과는 배가 됩니다. 하지만 문법책은 저자가, 혹

은 문법 학자가 정해둔 '배워야 하는 순서'에 따라 챕터가 나뉘고 자세한 내용
이 수록되어 있습니다. 시험을 대비하기 위해, 혹은 남들이 다 아니까 알아야
만 한다는 단순한 이유로 알고 싶지 않은 내용을 학습하게 됩니다. 그러니 문
법책만 보면 졸리고, 또 진도가 더디게 나가고, 이해하기 힘든 겁니다.

따라서 질문자 분은 아자르 문법 교재를 처음부터 끝까지 순서대로 풀어나
가기보다는 목차를 살펴본 후 평소 궁금했던 부분 위주로 선별적인 학습을 해
나가기를 바랍니다. 그러려면 평소 영어로 된 콘텐츠를 많이 접하고, 해석하지
못했거나 이해하지 못한 문장을 많이 만나야 합니다. 본 도서의 '10년간의 실
험' 부분을 참고하여 다양한 학습 계획을 세워보세요.

• 자세한 영어 문법 학습법은 본 도서의 실험 M을 참고해주세요.(p. 295)

Q 영어 실력을 높이기 위해 토플 공부를 해보는 건 어떨까요?

시험 점수는 딱히 필요 없지만… 영어 실력 상승을 위해 토플 공부를 해보려고 합니다. 일단 6개월 정도 후에 시험을 치려고 계획하고 있습니다. 괜찮은 생각인가요?

단도직입적으로 말하자면 나쁜 생각은 아닙니다. 하지만 단순히 영어 실력 상승을 위해 토플 공부를 시작하는 건 추천하지 않습니다. 기존에 토플을 준비해 봤던 수험생이거나, 혹은 토플 지문이 재미있다고 느끼는 아주 소수에 속하는 학생이 아니라면 토플 대비 중 영어를 포기하게 될 가능성이 더 큽니다. 토플에 출제되는 지문은 100% 비문학으로 평소에 신문 기사나 시사 잡지, 과학 잡지 등을 즐기는 분들이 재미있게 볼 확률이 높습니다.

하지만 제 경험에 따르면 그런 학생들조차 대부분 토플 지문보다는 소설이나 비문학 책, 잡지를 훨씬 재미있게 봅니다. 그러니 평소 자기가 어떤 종류의 글을 즐기는지 먼저 생각해본 후 결정합니다.

토플은 지루하다는 문제 이외에 또 아주 중요한 난관이 있습니다. 바로 금전적인 부담입니다. 토플 교재는 평균 2만 원에서 5만 원 정도입니다. 총 과목이 4개로 나누어져 있어서 한 과목씩 1권만 구매해도 벌써 10만 원이 소요됩니다. 게다가 모의고사는 1회에 약 5만 원, 실전 시험은 20만 원이 넘습니다. 그래서 토플은 학교나 회사 등에 반드시 제출해야 하는 상황이 아니라면 권하지 않습니다.

다른 시험들과 달리 아이엘츠나 토플은 말하기와 쓰기 영역이 있어서 영어 회화를 공부하는 학생들도 많이 고려해보는 시험입니다. 하지만 딱딱한 시험 보다는 더 빨리, 더 유연하게 실력을 늘릴 수 있는 다른 공부법이 많습니다. 여러 자료를 이용하여 재미있게 공부하는 방법은 본 도서의 '10년간의 실험' 부분을 참고해주세요.(p. 83)

Q 토익과 영어 회화를 둘 다 잡고 싶은데⋯ 어떤 것부터 시작해야 할까요?

대학교 졸업 조건에 토익 최저 점수가 있습니다. 아직은 1학년이지만 미리 준비해둬야 할 것 같은데⋯ 저번 달에 처음 시험을 쳤는데 450점이 나왔습니다. 교환 학생 갈 걸 생각하면 토플도 있어야 하더라고요. 영어 회화도 좀 해야 할 것 같고⋯ 일단 토익, 영어 회화 둘 다 잡으려면 어떤 것부터 시작해야 할까요?

토익 시험 준비와 영어 회화 학습 과정은 서로 공통점이 거의 없으므로 두 가지를 동시에 해내겠다는 생각보다는 현재 상황에 맞게 전략적으로 계획을 세우는 게 중요합니다. 질문자 분은 아직 대학교 1학년에 진학 중이고, 4학년이 될 때까지 여러 번의 방학과 여유 시간이 남아 있으므로 당장 시험을 준비하기보다는 영어의 기초를 탄탄히 하는 게 좋습니다. 현재 영어 실력을 토익 400~500점 정도로 가정했을 때 다음 커리큘럼을 추천해드립니다.

기초 영문법 《《나 혼자만 알고 싶은 영어책(순한 맛)》》 ➡ 기초 원서 읽기 ➡ 특훈 + 중급 영문법 + 중급 원서

- 자세한 원서 읽기 방법은 본 도서의 실험 A를 참고해주세요.(p. 85)
- 원서를 이용한 듣기는 실험 B를 참고해주세요.(p. 114)
- 자세한 특훈 방법은 본 도서의 실험 H를 참고해주세요.(p. 207)
- 자세한 문법 학습법은 본 도서의 실험 M을 참고해주세요.(p. 295)

만약 기초 영문법 교재와 기초 원서가 너무 쉽다면, 기초 단계를 생략하고 바로 중급 단계로 넘어가도 좋습니다. 토익 점수를 비롯한 공인 영어 점수만으로는 실력을 정확하게 파악하는 데 한계가 있으니 반드시 위에서 알려드린 커리큘럼을 순서대로 살펴본 후, 쉽다고 느끼는 부분은 빠르게 넘어가시기 바랍니다. 대학교 1, 2학년 때는 기본 영어 실력을 단단히 마련해둔 후에 3학년 전후로 본격적인 시험 공부에 돌입하면 됩니다.

지금부터 커리큘럼을 시작하여 중급 원서까지 매년 200쪽 전후의 책을 5~10권 정도 꾸준히 읽고 매일 30분~1시간 정도 특훈을 비롯한 쉐도잉 연습에 투자한다면, 토익 시험 대비를 위해서는 시험에 자주 등장하는 문법 내용이나 자주 쓰이는 구문을 암기하는 것 이외에는 크게 신경 쓰지 않아도 될 정도의 실력을 갖출 수 있습니다.

Q 알고 있는 문법인데 말할 때는 자꾸 틀려요. 문법 공부를 더 해야 할까요?

《해커스 그래머 게이트웨이 베이직》,《해커스 그래머 게이트웨이 인터미디엇》을 총 3번씩 봤습니다. 그런데도 말할 때 자꾸 틀리게 말하고, 글도 엄청나게 틀려서 첨삭을 받는데 스트레스가 심합니다. 문법 공부가 부족한 걸까요? 더 심화된 책을 봐야 하는 거라면 추천해주실 수 있을까요?

영어 회화 실력, 작문 실력과 의식적인 문법 지식의 유무는 서로 큰 관련이 없습니다. 우리가 문법을 공부하는 이유는 말을 더 잘하기 위해서, 혹은 글을 오류 한 점 없이 쓰기 위해서가 아닙니다. 그렇다면 문법 학습은 어떤 효과가 있을까요?

문법 지식을 많이 쌓으면 첫 번째로 의식적으로 글을 고쳐 쓸 때 어느 정도 오류를 수정할 수 있는 능력이 생깁니다. 급하게 써내려가는 글이 아니라 천천히, 문법 오류를 점검할 수 있는 정도의 여유가 있다면 글을 재점검할 때 내가 알고 있는 문법 지식을 사용하여 오류를 수정할 수 있게 됩니다. 한국어 맞춤법이나 문법, 단어를 학습하면 더 세련되고 정확한 한국어를 구사할 수 있는 것처럼, 영어 문법을 배우면 마찬가지 효과를 볼 수 있습니다.

두 번째로는 문법 공부를 하면 문법 시험 과목을 잘 치를 수 있습니다. 한국 교과 과정에 있는 여러 시험에는 문법과 관련된 사실을 물어보는 질문이 포함되어 있습니다. 그런 시험을 대비하기 위해서는 문법 공부를 겸해야 문제를 풀어나갈 수 있습니다. 문법책을 통해 의식적인 문법 지식을 쌓으면 위 두 가지 능력을 얻을 수 있습니다.

　반면 많은 학생이 생각하는 '말하고 글을 쓸 때 문법적으로 오류가 없어지는 능력'은 문법 공부를 통해 생기는 게 아닙니다. 지금 가지고 있는 학습 목표에 부합하기 위해서는 문법 공부보다는 영어 회화를 위한 원서 읽기, 드라마 쉐도잉하기, 전화 영어 등으로 커리큘럼을 변경하는 게 좋습니다.

• 문법과 관련하여 학생들이 흔히 하는 착각과 시행착오에 대해 알아보려면 본 도서의 실험 M을 참고해주세요.(p. 295)
• 말하기 학습 방법은 본 도서의 실험 O를 참고해주세요.(p.344)

Q 문법 혹은 영어 마스터라는 게 있나요?

문법 마스터라는 게 있나요? 선생님도 문법책을 보시나요?

두 가지 질문이 한꺼번에 있군요. 일단 '문법 마스터라는 게 있나요?'라는 질문에는 '있기도 하고 없기도 하다'고 말씀드리고 싶습니다. '마스터'라는 개념을 어떻게 받아들이는가에 따라 답이 달라집니다. 모든 것을 다 알고 있고, 더 배울 게 없는 단계를 마스터라고 생각한다면 문법 마스터라는 건 있을 수 없습니다. 지금도 매년 새로운 문법이 추가되고 기존 문법이 재정비되고 있습니다.

게다가 엄청난 양의 문법 내용을 모두 알고 있는 사람이 존재할 수 있는지도 의문입니다. 반면 모든 것을 다 아는 상태가 아니라 자신이 무엇을 모르는지 알고, 그 의문을 스스로 해결할 줄 아는 단계를 마스터라고 생각한다면 당연히 문법 마스터도 존재할 수 있습니다.

두 번째 질문에 대한 대답은, 네, 저도 봅니다. 맞춤법이나 띄어쓰기를 잊어버리듯 영어 문법도 반복해서 학습하지 않으면 잊어버릴 수 있습니다. 다만 예전에는 한꺼번에 문법 내용을 다 정리해둔 책을 봤다면 요즘은 조금 더 세분화된 책을 찾아서 봅니다. 예를 들면 한학성 교수님의 《영어 관사의 문법》또는 《영어 구두점의 문법》과 같은 책을 말합니다.

최근에는 미국에서 영어 선생님들 사이에서 꽤 인기 있었던 《Gwynne's Grammar》라는 책을 봤습니다. 라틴어 선생님이 쓴 책이라 책의 목차는 단순해도 꽤 깊이가 있는 책입니다. 이런 책 이외에도 각종 대학교 출판사(옥스퍼드나 캠브리지), 사전을 편찬하는 출판부 등에서 나오는 문법책을 눈여겨봅니다. 한국에서 번역되어 출판되는 영어 학습 도서는 개인적으로 학습할 목적보다는 학생들에게 추천할 목적으로 신간을 읽어보는 편입니다.

• 자세한 문법 학습법은 본 도서의 실험 M을 참고해주세요.(p. 295)

Q 영어 공부, 포기하면 편할까요?

학원, 인터넷 강의, 시원**, 야**과 같은 유명한 학원, 프로그램은 다 해봤습니다. 그런데도 늘 제자리걸음인 느낌입니다. 선생님께 이런 말씀드리기가 참 뭣하지만… 영어 공부, 포기하면 편할까요?

네, 포기하면 편합니다. 비단 영어 공부만이 아닙니다. 뭐든 힘든 건 포기하면 몸이 편하지요. 하지만 문제는 마음이 편하지 않다는 겁니다. 마음마저 편하다면 당장이라도 포기하면 됩니다. 당장 영어를 쓸 일도 없고, 뚜렷한 목표나 이유 없이 영어에 시간과 노력, 돈을 빼앗기고 있다면 당장 그만둬도 됩니다. 한 번 사는 인생 쓸데없이 괴로움에 몸부림칠 이유가 없지요.

아마도 질문자 분은 지금까지 여러 가지 공부법을 시도해보면서 빨리 실력이 늘지 않거나, 힘든 점이 있을 때마다 콘텐츠를 마구 바꿔가며 발가락만 살짝 담가 보는 식으로 이리저리 시도해보셨을 거라 짐작합니다. 새로운 광고라도 뜨는 날에는 또 당장 새로운 프로그램에 결제해서 부푼 마음을 안고 하루하루 공부하다 빨리 결과가 보이지 않으니 '이건 통하지 않는 방법이다'라며 버리셨을 거라 생각합니다. 그리고 곧이어 찾아오는 자책의 시간에는 학원, 선생님, 프로그램을 탓하기 시작하고, 결국 자기에게 문제가 있는 게 아닌가 하는 삐뚤어진 자아 성찰이 시작됩니다.

실패라는 건 정말 쓰디씁니다. 특히 어른들의 처지에선 더 그렇지요. 어릴 때는 자전거를 타면서 수십 번 넘어져도 웃으면서 일어날 수 있지만, 나이가 들면 실패는 더욱 무서워집니다. 다시 일어나지 못할까 봐 두려워집니다. 하지만 실패 자체가 나를 일어나지 못하게 막는 게 아닙니다. 두려움이 나를 막는 거지요.

저는 질문자님의 실패를 응원합니다. 실패를 상처가 아닌 다음 단계를 위한 거름으로 사용할 수 있기를 바랍니다. 광고에 현혹되어 단기간에 점수를 올려주거나 결과를 보장한다는 프로그램보다는 자기의 내면을 비라보고, 나에 대해 알아가는 시간을 가지고, 내가 선호하는 학습 방법을 연구하는 데 더 많은 시간을 쏟았으면 합니다.

제 블로그나 유튜브는 생각보다 찾기 힘듭니다. 광고도 전혀 하지 않고, 서로 쉬쉬하며 '나만 알고 싶은 블로그'라고 공개적으로 댓글 쓰는 분들이 많을 정도로 숨겨진 장소입니다. 그래도 이렇게 제 블로그에 들러서 대충 글만 읽고 나가는 게 아니라 질문하시는 걸 보면 마지막으로 도움의 손길을 바라는 게 아닌가 하는 생각이 듭니다. 그러니 아직 늦지 않았습니다. 포기하지 마세요.

Q 영어 회화를 위한 단어장을 추천해주실래요?

영어 회화 공부를 하고 있습니다. 시트콤 두 종류를 골라서 쉐도잉을 하고 단어를 정리하고 있는데 뭔가 부족하게 느껴져서 단어장을 하나 더 사야 하나 생각 중입니다. 어떤 단어장을 보는 게 좋을까요?

시험 대비가 아닌 영어 회화를 공부하는 분들도 단어장을 구매해야 하는지 자주 질문합니다. 서점 외국어 코너를 돌아보면 '영어 회화를 위한 단어장'이라고 이름이 붙은 교재가 많이 있습니다. 단어장을 보는 게 습관이 되어서인지, 혹은 학교에서 항상 영어 단어장 암기를 과제로 내줘서인지 모르지만, 단어장이 없으면 불안하거나 허전하다고 느끼는 분들이 많습니다. 그러나 시험 대비를 제외한 영어 회화 공부나 취미 영어 공부를 위해서는 단어장을 별도로 구매할 필요가 없습니다. 출판사나 저자가 나름의 규칙으로 정리해둔 단어장은 시험 대비를 위해 쓸모가 있을 뿐 영어 회화를 공부하기 위해 단어장을 암기한다는 건 다소 부자연스러운 느낌입니다. 게다가 단어장은 대부분 이렇다 할 문맥도 없으니 암기 자체가 굉장히 고통스럽고 지루하기도 합니다.

지금 질문자 분은 시트콤 쉐도잉을 통해 모르는 단어를 정리하고 계시는군요. 만약 지금 정리해서 암기하고 있는 단어가 부족하다는 느낌이 든다면, 단어장을 구매하기보다는 아예 다른 콘텐츠를 추가해보는 게 좋습니다. TED 강연이나 조금 난이도가 있는 드라마, 원서, 잡지, 영어 신문 등을 추가하여 단어를 더 많이 정리해보세요. 직접 만든 단어장만큼 좋은 단어장이 없습니다. 여러 자료를 이용하면 더 다양한 단어를 접할 수 있습니다.

Q 대학생 새내기입니다. 미리 영어 공부를 해두고 싶은데, 어떻게 시작해야 할까요?

이제 두 달만 있으면 대학교에 진학합니다. 대학에 가면 토익, 토플 등 영어가 필수라고 하는데, 어떻게 시작해야 할까요?

대학교에 진학하게 되면 토익이나 토플 등 공인영어시험을 여러 번 치르게 됩니다. 어떤 학교는 입학부터 토익 성적을 기준으로 교양 영어 수업의 반을 나누기도 합니다. 그래서 토익이나 토플을 당장 준비해야 하는지, 원서를 읽으면서 영어 공부를 해도 되는 건지, 시쳇말로 '멘붕'이 오기도 하지요. 대학교에 다니면서 토익이나 토플을 치러야 하는 시기는 평균 네 번입니다. 첫 번째는 입학식 직후 교양 수업을 결정하는 1학년, 두 번째는 교환 학생 프로그램에 신청하는 2학년과 3학년, 세 번째는 인턴이나 취업을 위한 4학년, 마지막으로 졸업 요건을 맞추기 위한 4학년 말, 이렇게 네 번입니다.

네 번의 시기 중 첫 번째는 가볍게 넘기셔도 됩니다. 낮은 반에 배정받는다고 해서 특별히 문제될 것이 없기 때문입니다. 정말 신경 써야 하는 시기는 2, 3학년 때입니다. 특히 미국, 영국, 캐나다 등에서 수학하는 교환 학생 프로그램은 토익이 아닌 토플, 아이엘츠 성적만 인정하는 학교도 있으므로 교내 웹사이트를 확인하여 내가 수학하고 싶은 학교는 어떤 시험 성적을 요구하는지 미리 알아두도록 합니다.

2학년과 3학년에 치게 될 시험이 정말 중요하긴 하지만 1학년 때부터 토익이나 토플 학원에 등록할 필요는 없습니다. 1년 정도는 원서나 잡지, 신문, 드라마, 전화 영어 등을 이용하여 기초 실력을 탄탄하게 마련하는 게 중요합니다. 많은 신입생들이 불안한 마음에 학교에 입학하기도 전에 토익 학원에 등록하거나 시험 대비용 문제집만 보는 경우가 많습니다. 하지만 영어 실력을 탄탄히 쌓아두면 토익, 토플 등 다양한 공인영어시험에서 모두 고득점을 받을 수 있습니다. 거꾸로 시험 준비만 하면 문제 유형이 바뀌거나 시험 종류가 바뀔 때마다 곤욕을 치릅니다.

만약 현재 질문자가 외국어고등학교나 국제고등학교 등 언어 교육에 특화된 학교를 졸업한 학생이거나 수능 영어시험에서 안정적으로 1등급을 유지했다면 이미 영어 실력이 마련되어 있을 가능성이 크므로 곧바로 시험 준비에 들어가도 됩니다. 하지만 수능 영어 기준으로 3등급 미만이었다면 기초 실력부터 탄탄하게 다지기 바랍니다.

• 수능 끝난 대학교 예비 신입생, 새내기들, 영어 공부 어떻게 미리 할까요? (토익, 토플부터 준비할까요? 영어 회화는 어떻게 준비하죠? 교환 학생 준비는요?)

   QR : https://youtu.be/TkK_-5LwLcQ

Q 동기 부여가 잘 안 됩니다. 어떻게 해야 할까요?

토플 점수 80점을 만들어야 하는데, 막상 공부하려고 하면 동기 부여가 잘 안 됩니다. 1년 후 교환 학생 프로그램에 지원하고 싶은데… 어떻게 해야 할까요?

과거에는 이런 질문을 받으면 먼저 교환 학생 프로그램에 지원하고자 하는 이유를 물었습니다. 그 이유 속에서 동기를 찾고, 그 동기를 이용해 동기 부여를 시켜줄 수 있다고 믿었기 때문입니다. 교환 학생 프로그램에 참여하려는 이유가 무엇일까요? 학생마다 다르겠지만 아마도 영어 실력을 늘리고, 새로운 친구들을 만나고, 새로운 환경에 적응하고, 타국의 문화를 배우고 타국의 대학에서 수학해보고자 하는 이유 등이 있을 거라 생각합니다. 공부해야 할 이유가 충분히 있으니 동기 부여도 되고, 공부는 저절로 되어야 하는데 막상 공부하려고 하면 집중이 잘 안 됩니다. 도대체 무엇이 문제일까요?

제 생각에 동기 부여는 너무 과대평가되었습니다. 오히려 동기 부여를 하는 과정 자체에 갇혀서 한 걸음도 앞으로 나아가지 못하기도 합니다. 요즘 많은 학생이 유튜브에서 동기 부여와 관련된 영상을 몇 백 개씩 '좋아요'를 눌러두고 다시 보고, 자기계발서나 동기 부여와 관련된 책을 사서 모으고 있습니다. 하지만 그런 영상은 몇 천 개를 봐도, 그런 책은 몇 천 권을 봐도 동기 부여가 실제로 되지는 않습니다.

목표를 세우고 출발할 수 있는 진정한 지혜가 누적되어야 하는데 되려 동기 부여 방법에 대한 피상적인 지식만 쌓이게 됩니다. 마치 연애를 글로만 배우는 것과 같다고 할까요. 동기 부여를 책과 영상으로만, 그러니까 실전 없이 배우게 되면 이론만 알게 될 뿐 실제로 무언가를 해낼 힘은 전혀 갖추어지지 않습니다.

생각보다 많은 분들이 '동기가 하나도 없어도 뭔가를 해낼 수 있다'라는 사실을 망각합니다. 대신 폭발적이고 자극적인 동기를 찾아서 헤맵니다. 거창한 목표가 있어야 시작할 맛이 나는 걸지도 모릅니다. 유명한 스티브 잡스의 전기나 대학 졸업식 연설을 여러 번 읽으면서 '애플에서 쫓겨난 후 넥스트NeXT와 픽사라는 회사를 세우고 사람이 완전히 변했다'라는 부분에만 집중해서 나에게도 이런 극적인 변화나 사건이 생기기를 오매불망 기다립니다. 하지만 그런 일이 일어날 확률은 복권이 당첨될 확률과 크게 다르지 않습니다. 결국 극적인 일이 일어나지 않으므로 아무것도 변하지 않은 상태로 동기 부여 영상 조회수만 올리고 있게 됩니다.

무언가를 이루기 위해서는 우직하고 꾸준한 노력만이 소용 있을 뿐입니다. 극적인 일이 주목 받는 이유는 그만큼 흔하지 않기 때문입니다. 한 번의 기적보다는 사소하고 꾸준한 노력이 현재를 조금씩 바꿉니다. 그러니 동기를 부여할 방법을 찾기보다는 행동을 먼저 해보세요. 행동 뒤에 동기가 따라오기도 합니다. 공부하고 싶은 마음이 생길 때까지 계속 기다린다면, 그 순간은 영영 오지 않을 수도 있습니다.

Q 영어를 '완벽'하게 구사하려면 어떻게 해야 하나요?

말할 때마다 틀리게 말할까 봐 두려워요. 이 두려움을 어떻게 극복할 수 있을까요? 영어를 완벽하게 구사하고 싶어요!

일단 영어를 완벽하게 구사한다는 생각부터 내려놓는 게 좋습니다. 언어를 완벽히, 오류 한 점 없이 구사하는 건 불가능합니다. (비록 원어민이라고 해도 말입니다.) 어떤 언어든 마찬가지지만 영어는 도구tool에 불과합니다. 어떤 언어든 언어 자체로는 그 어떤 의미도 담고 있지 않습니다. 인간의 삶이 녹아 있지 않은 언어는 그저 기호에 불과합니다. 상황과 등장인물이 있어야 비로소 언어가 의미를 가집니다. 문법적으로 완벽한 문장, 세련된 단어에 집착하기보다는 원활한 커뮤니케이션에 먼저 신경 써야 합니다. 내가 하는 말이 문법적으로 올바른지 점검하는 데 너무 집중한 나머지 대화의 주제를 잊거나, 상대를 배려하지 않은 말하기를 이어나가서는 안 됩니다.

두 번째로, 틀리는 걸 두려워할 필요는 없습니다. 우리는 그저 매일 공부해서 '덜 틀리는 상태become less wrong'가 되어가는 것뿐입니다. 한 번 배운 내용은 복습하여 다음에 다시 틀리지 않도록 신경 쓰고, 또 배우지 않은 것에 대해서는 당연히 틀릴 수도 있다는 생각을 해야 합니다. 애초에 우리는 너무 많이 모르고 틀리기 때문에 배우는 겁니다. 그러니 완벽한 영어를 구사하겠다는 불가능한 목표를 세워서 괴로워하지 마세요.

Q 팝송으로 영어 공부하는 건 어떤가요?

저는 음악 듣는 게 취미인데, 어떤 책에서는 팝송으로 공부하는 건 별로 도움이 안 된다고 해서요. 팝송으로 공부해도 될까요?

영어 학습법을 다루는 책에서는 투자한 만큼 결과가 나오는지에만 집착하는, 즉 정량적 평가에만 가치를 두는 주장을 심심찮게 찾아볼 수 있습니다. 하지만 학습에서 가장 중요한 것 중 하나는 학생들의 동기 부여와 흥미 유지입니다. 만약 음악을 즐겨 듣는다면 팝송의 가사를 출력해 즐겁게 공부하면서 동기를 부여하고, 또 다양한 표현과 단어를 배워볼 수 있습니다.

만약 지금까지 가사를 이해하지 못한 채 멜로디에만 의지해서 팝송을 들었다면, 이제 가사를 들여다볼 때가 왔습니다. 요즘은 영어 가사를 해석해주는 블로그 글이나 유튜브 영상이 많습니다. 음악을 즐겨 듣는다면, 그리고 영어 가사를 자세히 뜯어보고 싶다면 팝송을 이용해도 좋습니다. 가사를 인쇄해서 해석해보고, 단어를 찾아보는 단순한 방법뿐 아니라 가사에서 나온 표현을 이용하여 영작을 해보는 등 다양한 방법을 사용해볼 수 있습니다.

국내 음악 스트리밍 사이트는 해외 팝송을 다양하게 제공하지 않습니다. 대신 유튜브 또는 유튜브 뮤직을 이용하면 전 세계 아티스트의 음악을 한군데서 감상할 수 있습니다. 유튜브 뮤직 어플을 이용 중이라면 Colors와 BBC Radio 1 채널을 추천합니다.

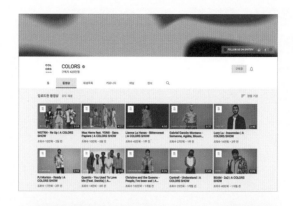

• 추천 유튜브 채널 1

Colors

https://www.youtube.com/channel/UC2Qw1dzXDBAZPwS7zm37g8g/videos

• 추천 유튜브 채널 2

Radio 1

https://www.youtube.com/user/bbcradio1/videos

Q 드라마나 영화를 쉐도잉한다고 영어 실력이 좋아질까요?

요즘엔 드라마나 영화 스크립트로 쉐도잉하는 방법이 뜨고 있는 것 같아요. 정말 드라마를 쉐도잉하면 영어 실력이 오르나요?

제가 블로그와 유튜브 영상에서 워낙 드라마와 원서를 통한 영어 학습 방법에 관해 자주 이야기하니 많은 학생이 다음과 같은 의문을 가집니다.

'과연 원서를 읽는다고, 드라마를 본다고 영어 실력이 오를까요?'
'도대체 어떻게 공부해야 영어를 잘할 수 있을까요?'
'TED 스크립트를 따라 읽으면 정말 영어로 말할 수 있게 되나요?'

뿐만 아니라 '이 문법책만 보면 초보자를 벗어날 수 있을까요?'라든지 '이렇게 3개월만 하면 토플 점수 10점 올릴 수 있나요?' 등 특정 도서를 보거나 특정 공부 방법을 선택해서 조금 지속하면 원하는 결과를 얻을 수 있냐는 질문을 많이 합니다. 하지만 이런 질문은 깊이 재고해볼 필요가 있습니다. 왜냐하면 저는 이런 질문이 아예 잘못되었다고 생각하거든요.

드라마를 보고, 영화를 쉐도잉하고, TED 강연을 볼 때, 그 목적이 오로지 영어 학습에만 있다면 어떤 자료를 이용하든 영어 실력을 높이는 데 실패할 확률이 높습니다. 혹시 주변에 영어를 잘하는 사람이 있다면 잘 살펴보세요. 아마도 그분들은 드라마와 원서, 여러 영상, 잡지 등 영어로 적힌 콘텐츠를 즐겨보는 분들일 겁니다. 취향에 따라 서로 다른 드라마를 고를 수 있고, 다른 팝송을 좋아하거나, 서로 다른 잡지를 구독할 수는 있지만 단 한 명도 영어를 공부해야 할 과목이라고만 느끼는 분은 없을 겁니다. 일명 이런 '영어 고수들'을 보고 많은 학습자는 '아, 영어를 잘하려면 드라마를 몇 개 보고, 원서는 이걸 읽고, 대화는 이렇게 연습해야 하는구나'라고 생각합니다. 그리고 '공부 계획'을 세웁니다. 요즘은 조금만 검색해봐도 영어를 공부하는 방법이 수만 개가 쏟아집니다. 방법은 정말 많고, 사람마다 다른 이야기를 들려줍니다.

많은 영어 학습법은 방법 자체만을 두고 보았을 때는 모두 달라 보입니다. 선생님들은 지금까지 가르쳐본 학생들을 기준으로 여러 가지 방법을 말할 겁니다. 만약 혼자서 영어 공부를 해서 실력을 많이 쌓은 분들이라면 지금까지 다녔던 학원이나 들었던 강의, 직접 실천해본 방법 등 여러 공부 방법을 공유할 겁니다. 하지만 이런 방법을 모두 귀 기울여 들을 필요는 없습니다. 학습자는 자유롭게 어떤 방법이든 골라도 됩니다. 한 방법이 다른 방법보다 절대적으로 우월하거나 열등하지 않습니다. 그저 다를 뿐입니다. 그래서 어떤 방법을 고르든 재미있게 오래 지속할 수만 있다면 영어 실력을 높일 수 있습니다.

공부 방법은 이렇게 다양한 데 반해 성공하는 영어 학습의 내적 동기는 정확히 하나로 일치합니다. 바로 흥미입니다. 영어 실력을 높이려면 공부 방법보다 흥미와 꾸준함이 더 중요합니다. 드라마를 보더라도 내가 정말 좋아하는 이야기를 들려주는 작품, TED 강연을 고르더라도 내가 정말 감명 깊게 봤던 강의를 골라서 영어 학습 콘텐츠로 활용한다면 단지 영어 공부를 위해 억지로 드라마나 강연을 고르는 경우와는 장기적으로 봤을 때 크게 실력 차이가 있을 수밖에 없습니다.

아직 자막이 만들어지지도 않은 드라마를 그저 다음 내용이 궁금하다는 이유만으로 사전을 찾아가며 영어 자막으로 볼 수 있는 강렬한 흥미가 뒷받침되어야 합니다. 이미 영어 공부는 안중에도 없고 다음 이야기가 궁금해서 사전을 찾고 대사를 해석하는 것일 뿐인데 그 즐거움 안에 영어 공부가 녹아들어 있는 겁니다.

반면 드라마로 공부하는 방법을 검색해서 방법론적으로 접근한다면 어떨까요? 이야기에 집중하기보다는 공부를 위해 드라마 스크립트를 인쇄해서 사전을 켜고, 형광펜을 붙잡고 전투 태세에 돌입하게 될 겁니다. 그러니 당연히 재미도 없고 고될 뿐입니다. 사흘도 못 가서 포기하게 되고, 원래 재미있던 드라마에도 흥미를 잃게 됩니다. 그러다 또 다른 공부법이 나오면 잽싸게 따라 해봅니다. 항상 혹시 나만 모르는, 남들만 아는 기똥찬 영어 공부법이 있을 거라고 믿거든요.

하지만 또 사흘, 일주일 안에 포기합니다. 원서를 고를 때도 남들이 읽는 유명한 책을 사서 꾸역꾸역 읽다가 단어만 조금 정리해두고, 책의 앞부분만 여러 번 본 다음 책장의 장식으로 꽂아 둡니다. 그래서 오히려 공부하려다가 공부가 더 안 되는 아이러니한 상황이 벌어집니다.

수단과 목적이 같으면 놀이, 수단과 목적이 다르면 노동이 됩니다. 영어를 어떤 방식으로 배울지는 전적으로 우리에게 달려 있습니다. 마음을 어떻게 먹느냐에 따라 아주 쉽게 노동이 놀이로 전환될 수 있습니다. 영어를 공부로 접근하지 않고, 내가 흥미를 느끼는 분야의 자료나 이야기를 영어로 읽고 듣는다고 생각하는 게 좋습니다. 내가 좋아하는 작품은 무엇인지, 흥미를 느끼는 분야는 어떤 것이 있는지 잘 생각해보세요. 언어를 효과적으로 배우려면 일종의 거품bubble을 형성해야 합니다. 언어로 버블을 만들고 그 버블 안에서 살아야 합니다.

처음 영어를 배우는 분들이라면 드라마를 하루에 한두 편 시청하고, 원서를 하루에 열 쪽 정도 읽는 것으로 얇고 작은 버블을 형성할 수 있습니다. 영어를 마주하는 시간이 늘어나면서 지금까지 읽은 원서가 30권이 넘고, 대사를 달달 외우는 드라마의 에피소드가 10개가 넘는다면 그 버블은 점점 두꺼워집니다.

만약 매일 직장에서, 혹은 생활을 위해 영어를 써야 하고, 외국인 친구와 매일 대화하면서, 한국어보다 영어를 쓰는 날이 더 많다면 이 버블은 거의 깨질 수 없는 상태로 단단해집니다. 하지만 지금 많은 영어 학습자들은 이 버블을 아주 얇게 만든 후 사흘, 일주일 간격으로 터뜨려버립니다. 새롭고 기발한 공부 방법이 나오면 시도해봤다가 금방 포기하기를 반복합니다. 버블이 오래 지속될 환경이 조성되지 못하는 겁니다.

흥미롭지 않은 건 우리 곁에 오래 두기 힘듭니다. 본능적으로 우리는 좋아하고 즐거워하는 것으로 주변을 채우려고 합니다. 그러니 영어가 내 주변에 오래 머물기를 원한다면 영어를 배우는 과정이 즐거워야 합니다. 새로운 단어를 알아가는 게 즐겁고, 책이나 영상이 들려주는 이야기가 흥미롭고, 그 이야기를 읽고 들으며 희로애락을 느낄 수 있어야 합니다. 만약 드라마로 영어를 공부하겠다고 결정했다면, 어떤 작품을 고를지, 또 어떤 마음가짐으로 쉐도잉할지 잘 생각해보시기 바랍니다.

10년간의 실험, 영어 학습 방법 총정리

학생들과 지난 약 10년 동안 함께 실천해봤던 여러 가지 영어 학습 방법을 소개합니다. 실패로 돌아갔던 수많은 방법은 완전히 배제하고, 많은 학생에게 좋은 결과를 안겨주었던 소중한 자료만 모았습니다. 앞으로 소개해드릴 실험은 10가지가 넘습니다. 알려드린 방법을 모두 실천할 필요는 없으며, 책에 나오는 방법을 글자 그대로 따라 할 필요 또한 없습니다.

언어 학습이 특히 어려운 이유는 정해진 공식이 없기 때문입니다. 영어 학습은 '이 책을 읽고, 저 책을 읽고, 이걸 듣고, 저걸 연습하면 영어로 말할 수 있게 된다.'라는 일종의 정해진 알고리즘이 없습니다. 게다가 타고난 성격이나 학습 성향, 집중력, 언어 능력, 끈기 등 여러 요소에 의해 결과가 다양하게 나타납니다.

한마디로 원하는 결과를 얻기 위해 정확히 어떤 방법을 써야 하는지는 직접 해보기 전까지 알 수 없습니다. 이런 상황이라면 정말 '실험'만이 의미가 있을 뿐입니다. 현재 실력이나 상황, 개인 성향에 따라 선호하는 방법이 다를 수 있으니 실험 A에서 O까지 참고하여 맞춤형 학습법을 만들어보길 바랍니다.

All life is an experiment.
The more experiments you make
the better.

- Ralph Waldo Emerson

인생은 실험의 연속이다.
더 많이 실험할수록
더 나아질 수 있다.

– 랄프 왈도 에머슨

A

원서 읽기

원서 읽기는 정말 유명한 학습 방법이지만 실제로 학생들이 혼자서 해보기가 참 힘듭니다. 문장을 제대로 해석하는지 확인해주는 선생님이 없거나, 스스로 책을 고를 능력이 없는 경우에는 학원이나 과외를 통한 원서 읽기 커리큘럼에만 매달려야 하는 상황이 생기기도 합니다. 실험 A에서는 서점에서 책을 고르는 방법부터 책을 읽은 후 활동까지 상세하게 알아봅니다.

A reader lives a thousand lives before he dies.
- George R. R. Martin

책을 읽는 사람은
천 개의 삶을 산다.

– 조지 R. R. 마틴

원서 읽기를 시작하는 3단계

첫 번째 할 일

영어 원서 고르기

먼저 책을 골라봅시다. 원서를 고를 때는 두 가지를 고려해야 합니다. 첫 번째는 현재 나의 영어 수준에 맞는 책인지 확인해야 하고, 두 번째는 흥미로운 책인지 확인해야 합니다. 학생들은 모국어로 쓰인 책을 고를 때는 흥미를 크게 반영하는 반면 원서를 고를 때는 고급스러운 문장이나 외울 만한 단어가 포함되어 있는지, 유명한 책인지를 먼저 살핍니다. 하지만 처음 원서를 읽거나, 원서를 많이 읽어본 경험이 없다면 (원서 총 독서량이 200페이지 이상의 책 10권 미만이라면) 고급스러운 문장이나 문체, 수상작 등을 기준으로 삼기보다는 단순히 흥미를 충족시킬 수 있는 정도의 내용을 고르는 게 좋습니다.

원서를 고를 때는 서점 웹사이트에 들어가서 원서 베스트셀러 리스트를 참고하거나, 직접 서점에 나가서 책을 펼쳐서 확인해봅니다. 친구나 지인에게 책을 추천받는 것도 좋지만 직접 서점에 나가서 책을 펼쳐서 스스로 읽어보고, 표지도 만져보고, 책을 손에 쥐었을 때의 감촉도 느껴보는 걸 추천합니다. 직접 고른 책은 오랜 시간 애착을 두기에 좋고, 이렇게 형성된 애착은 영어 공부에도 긍정적인 영향을 줍니다. 만약 원서를 읽어본 경험이 거의 없다면 도서 리뷰를 참고하거나 원서 베스트셀러, 스테디셀러 목록을 참고해보세요.

• **왕초보(영포자)를 위한 원서 고르는 방법**

QR 코드 : https://www.youtube.com/watch?v=Q2fi1AXpqmE

책이 내 수준에 맞는지 판단하기

서점 원서 코너에서 마음에 드는 표지를 발견하면 일단 책을 펼쳐서 살펴보세요. 초보자는 100쪽 미만, 중급자는 200~300쪽의 책이 적당하며, 영어 고급 사용자는 400쪽이 넘어가는 책도 괜찮습니다. 내가 고른 책이 내 영어 실력에 부합하는지 알고 싶다면 첫 5~10페이지를 직접 읽어보세요. 제가 제시하는 기준은 다음 세 가지입니다(개인적으로 이미 기준을 가지고 있다면 그 기준을 적용해도 좋습니다). 아래 세 가지 기준에 따라 책을 골라 봅니다.

- **기준 1**: 첫 5~10페이지를 읽어보았을 때 사전의 도움이 있다면 내용을 절반 이상 이해할 수 있고, 책의 내용도 충분히 흥미로운 것 같다. ➡ 이 책은 구매해도 좋습니다.
- **기준 2**: 첫 5~10페이지를 읽어보았을 때 사전의 도움이 있어도 50% 미만으로 이해할 수 있고, 번역서와 함께 비교하니 어느 정도 문장 해석과 의미 파악이 가능하다.
  ➡ 이 책은 구매해도 좋습니다.
- **기준 3**: 사전, 번역서를 모두 사용해도 너무 어려운 문장이나 이해되지 않는 문장이 많다.
  ➡ 이 책은 다음을 기약하세요.

이제 읽어봅시다!

원서 역시 한국어 책을 읽듯 천천히 읽어 나가면 됩니다. 모르는 단어가 나왔을 때 즉시 사전을 찾고 싶다면 사전을 찾고, 그냥 넘어가고 싶다면 살짝 표시만 해두고 넘어가세요. 독서 중 특별히 유의해야 할 점은 없으니 재미있게 읽어 나가면 됩니다. 만약 그냥 읽어 나가는 것보다 더 적극적으로 학습하고 싶다면 다음의 '독서 노트 만들기'를 참고해주세요.

독서 노트 만들기

책을 골랐다면 이제 책을 펴서 내용에 집중하면서 읽어 나갑니다. 이해가 잘 안 되는 문장이 있다면 사전을 찾아도 좋습니다. 만약 대충 짐작한 후 해석하고 넘어가도 불편하지 않다면, 모르는 단어를 만났을 때마다 사전을 찾지 않고 삽화나 전후 맥락을 고려하여 내용을 추측해도 좋습니다. 반면 꼼꼼히 해석하고 싶다면 사전과 번역본을 비교해가며 읽어도 됩니다.

독서가 끝나고 난 후에는 독서 노트에 기록합니다. 처음 독서 노트를 시작한다면 두꺼운 공책보다는 얇고, 금방 사용할 수 있는 50~100쪽 정도의 공책을 추천합니다. 얇은 노트를 사용하면 금방 한두 권을 채울 수 있어서 진도가 빨리 나가는 듯한 기분 좋은 착각에 빠질 수 있습니다. 독서 노트에는 책 제목과 저자의 이름을 적고 간단히 줄거리 요약을 합니다. 줄거리 요약이 귀찮고 벅차다면 1~2줄 정도로만 요약해도 좋습니다. 아직 영어 작문이 서툴거나 두렵다면 줄거리 요약은 한국어로 합니다. 줄거리 아래에는 책을 읽으며 찾았던 단어나 표시해두었던 단어, 문장을 정리해서 적습니다.

단어를 정리해둘 때는 단순히 단어만 적기보다는 해당 단어가 등장했던 문장까지 기록해둡니다. 계속 책을 읽어 나가면서 10권, 100권에 이르기까지 꾸준히 독서 노트에 기록합니다. 처음에는 기본적인 단어나 표현이 정리되어 있겠지만 시간이 흐르면서 책의 수준이 높아짐에 따라 어려운 문장까지 담기게 됩니다. 이렇게 노트로 직접 정리하면 지금까지 공부했던 역사를 한 번에 살펴볼 수 있고, 스스로 실력 향상을 점검할 수 있게 됩니다.

- 자세한 단어 암기법은 본 도서의 실험 K를 참고해주세요.(p. 259)

- 초급, 또는 중급 학습자는 펜으로 직접 작성하는 종이 노트로, 고급 학습자는 컴퓨터로 작성하는 에버노트를 추천해드립니다. 책이 두꺼워질수록 정리해야 하는 단어나 문장이 길어지므로 손목 건강을 위해 적절히 컴퓨터를 활용해주세요. 다음은 에버노트를 사용하여 원서 독서 노트를 만든 예시입니다.

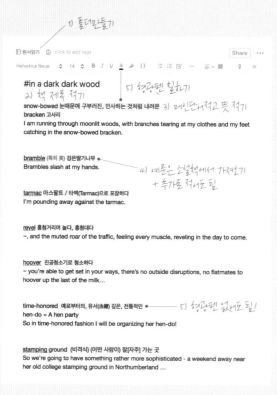

- 추가로 손쉽게 단어 정리할 수 있는 툴로는 Quizlet(퀴즈렛, 플래시 카드 단어 학습 도구) 또는 네이버 사전의 '단어장 저장' 기능이 있습니다. 퀴즈렛과 네이버 사전의 자세한 기능은 본 도서의 실험 K를 참고해주세요.(p. 259)

- 바른독학영어 퀴즈렛 클래스: https://quizlet.com/class/3460131/

아마존 킨들 사용하기

1. 아마존 킨들 접속하기

https://www.amazon.com/Kindle-eBooks/b?ie=UTF8&node=154606011

한국에 전자책 전문 서점 교보 ebook, 리디북스 등이 있다면, 미국에는 아마존에서 서비스하는 킨들이 있습니다. 킨들은 전자책 리더기를 뜻하기도 하지만, 아마존의 전자책 서점 킨들 스토어Kindle Store를 뜻하기도 합니다. 만약 원서 구매 비용이 부담되거나 모바일, 전자기기로 원서를 구매하고 싶다면 아마존 킨들을 사용해보세요. 킨들 스토어에서 판매하는 전자책은 실제 종이책보다 저렴합니다. 게다가 안드로이드, iOS, PC 모두 지원하므로 킨들 애플리케이션만 내려받으면 어느 기기에서나 이용할 수 있습니다.

2. 킨들 스토어에서 도서 구매하기 예시

(1) 아마존 킨들 웹사이트에 접속한 후 구매를 원하는 도서를 선택합니다.

(2) 도서마다 모두 제공하는 옵션(전자책Kindle, 오디오북 서비스Audiobook, 양장본Hardcover 등)이 다릅니다. 사진에 나오는 도서는 Kindle / Audiobook / Hardcover 등의 옵션을 제공합니다. 전자책을 구매하려면 가장 처음 옵션인 'Kindle'을 선택한 후 결제 버튼을 눌러 신용

카드 정보를 입력합니다. 한 번 입력해둔 신용카드 정보는 저장되어 '1초 결제Buy now with 1-Click'가 가능해집니다.

3. 킨들 언리미티드 Kindle Unlimited

아마존 킨들에서 시행하는 정액제 서비스로 한 달에 약 10달러를 결제하면 책을 무제한으로 대여해서 읽을 수 있습니다. 2020년 기준 킨들 언리미티드에는 백만 권 이상의 책이 포함되어 있습니다. 고급 학습자에 해당하는 분 중 열독binge reading을 즐기는 분이라면 이용해볼 만합니다.

4. 킨들 모바일 애플리케이션 Kindle App

전자책답게 사용 편의성을 고려하여 PC, Mac, Android, iOS 모두에서 사용할 수 있습니다. 모든 전자책 서비스가 공통으로 제공하는 형광펜, 책갈피, 책 내부 검색 서비스 등이 제공됩니다.

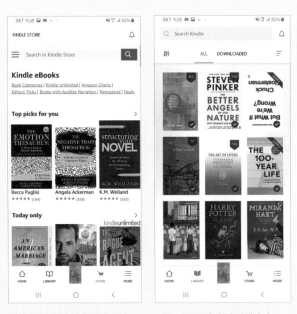

라이브러리에서 책 한눈에 보기   킨들 스토어에서 책 검색하기

형광펜을 표시한 부분은 노트북에
자동 정리

노트북에 정리된 단어로 자동 플래
시 카드 생성

아마존 오디오북 서비스 오더블과 킨들의 만남. (Whispersync가 지원되는 책으로 구매) 원서를 읽으면서 오디오
북을 동시에 들을 수 있습니다. 성우가 현재 읽고 있는 부분은 화면에 회색 하이라이트로 표시됩니다. 가운데 사
진의 두 번째 줄을 보면 성우가 읽고 있는 부분인 'Oh, so you were listening.'에 하이라이트가 되어 있습니다.

초보 학습자를 위한 추천도서

초보 학습자는 특히 첫 책을 고르기 힘들어합니다. 책을 고르는 방법과 학습 순서에 관한 설명을 들은 후에도 어떤 책으로 시작해야 할지 결심이 서지 않습니다. 아래에는 초보 학습자들이 지금 바로 골라서 읽어 나갈 수 있는 원서 시리즈를 수록했습니다.

1. 옥스퍼드 북웜 시리즈 Oxford Bookworms Series

https://bit.ly/2WgDsPT

옥스퍼드 북웜 시리즈는 옥스퍼드 대학교 출판부에서 제작한 읽기 교재로 초급에서 고급 학습자 모두 재미있게 읽을 수 있는 흥미로운 소재로 가득합니다. 고전, 현대소설, 추리소설, 논픽션 등 다양한 장르로 구성되어 있어 취향에 맞게 고를 수 있습니다. 스타터Starter 레벨부터 레벨 6에 이르기까지 총 7개의 단계로 구성되어 있으며 처음 원서를 읽는다면 스타터, 레벨1, 레벨 2 중 하나를 골라 시작하면 됩니다. 어떤 레벨이 적합한지 모르겠다면 서점에서 옥스퍼드 북웜 교재의 내부를 살펴보거나 옥스퍼드 사이트에서 '미리 보기' 버튼을 눌러 도서 내부를 확인할 수 있습니다.

2. 펭귄 북스 시리즈 Penguin Books Series

펭귄 북스에서 출판하는 리더스 시리즈는 Penguin readers 시리즈, Penguin Young Readers 시리즈, Penguin Active Reading 시리즈 등이 있습니다. 시리즈마다 여러 단계로 나뉘어 있으며 단계가 올라갈수록 내용이 길어지고 단어나 표현의 수준이 높아집니다.

(1) 펭귄 리더스 시리즈 Penguin Readers Series

레벨: 스타터starter **~ 레벨 7**

특징: 펭귄 리더스 시리즈는 최근 출간된 책이나 유명한 책의 간추린 버전이 많이 포함되어 있습니다. 공식 홈페이지는 별도로 미리 보기를 제공하지 않지만, 아마존에서 책 제목을 검색하면 일부 미리 보기가 가능합니다.

Penguin Readers Level 1: A Christmas Carol
ISBN-10: 0241375215
찰스 디킨스의 《크리스마스 캐럴》
구두쇠인 에브니저 스크루지가 유령들을 만나면서 크리스마스의 진정한 의미를 깨닫게 되는 이야기

Penguin Readers Level 3: Wonder

ISBN-10: 0241397898

영화 《원더》의 원작소설

선천적 안면기형을 갖고 태어난 열 살 소년 주인공 어거스트. 헬멧 속에 자신을 숨기고 살던 소년이 처음으로 평범한 학교에 진학한 후 벌어지는 평범하지 않은 이야기

Penguin Readers Level 4: Me Before You

ISBN-10: 024139791X

영국의 작은 시골 마을 카페에서 6년째 웨이트리스로 일하고 있는 스물여섯 살 루이자. 카페 폐업으로 인해 하루아침에 백수가 되고 만다. 백수 생활을 전전하던 루이자는 엄청난 시급을 준다는 조건에 이끌려 사지 마비 환자를 6개월간 돌보는 일을 시작한다. 환자는 택시 사고 이후에 사지가 마비된 젊은 사업가 윌 트레이너. 오만한 남자와 엉뚱한 여자의 만남. 조용히 삶을 정리하려던 남자의 생애 마지막 6개월이 송두리째 흔들린다.

Penguin Readers Level 7: Originals

ISBN-10: 0241397979

세상을 변화시킨 독창적인 리더는 어떻게 사고하고 행동할까? 저자는 이 물음에 대한 답을 구하기 위해 정치, 경제, 스포츠, 엔터테인먼트 등 다양한 분야를 연구한다. 체제와 전통에 순응하지 않고, 대세에 흔들리지 않으면서 새로운 아이디어를 담은 의견을 개진하는 오리지널스만의 비결은 과연 무엇일까?

(2) 펭귄 영 리더스 시리즈 Penguin Young Readers Series

https://www.penguin.com/static/pages/youngreaders/levels/

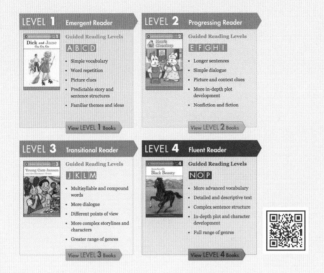

레벨: 레벨1 ~ 레벨4

특징: 유아, 어린이 학습용 도서이며 옥스퍼드나 펭귄 시리즈보다 훨씬 난이도가 낮습니다. 부모님이 자녀 교육을 위해 구매하는 경우가 많아 국내에서도 편하게 도서를 구매할 수 있습니다. 아이와 함께 영어 공부를 하거나, 아주 쉬운 책으로 시작하고 싶다면 추천합니다.

펭귄 영 리더스는 어린이용으로 독서에 부담은 적은 편이지만 성인이 읽기에 다소 지루할 수 있습니다. 반면 옥스퍼드 북웜 시리즈나 펭귄 리더스 시리즈는 실제 성인용 도서를 요약해둔 버전이 많아 성인이 읽기에도 적합합니다. 시리즈마다 다루는 작가나 도서가 다르니 충분히 검색해보고 고르도록 합니다.

• 펭귄 북스나 옥스퍼드 대학교 출판부 이외에도 Scholastic사의 Scholastics Readers

시리즈, National Geographic Learning의 Graded Readers 시리즈, Cambridge U.Press의 Cambridge Discovery Education Interactive Readers 시리즈, Cambridge English Readers, Cambridge Storybooks, Cambridge Experience Readers 등 다양한 리더스 도서가 있습니다.

(3) 로알드 달Roald Dahl 동화

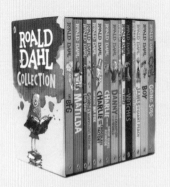

로알드 달은 1900년대 후반 영국 소설가입니다. 미국 어린이들이 가장 좋아하는 작가로 손꼽힌 적도 있을 만큼 해외에서, 또 국내에서도 인기가 많은 작가입니다. 작가의 이름은 다소 생소할지라도 '찰리와 초콜릿 공장' 또는 '마틸다'라는 영화 제목은 들어본 적이 있을 겁니다. 로알드의 동화는 전형적인 권선 징악을 주제로 하며, 어린 아이들이 한눈에 이해할 수 있는 과장된 묘사가 가득합니다.

아이들은 비교적 집중할 수 있는 시간이 제한적이므로 동화는 성인용 도서보다 훨씬 더 흥미진진한 요소가 많습니다. 따라서 더욱 흥미로운 읽기 활동을 해야 하는 초급 학습자에게 적합합니다. 또 로알드 달의 동화는 유명한 시리즈인 만큼 대부분 한국어로 번역되어 있습니다. 혼자서 읽다가 막히는 부분은 언제든 번역본을 참고해볼 수 있습니다.

• 초보를 위한 영어 원서를 더 알아보고 싶다면 – 영어 원서, 도대체 뭐로 시작하죠? (완전 초보, 영포자를 위한 영어 공부 가이드)

QR : https://youtu.be/Q2fi1AXpqmE

중급 학습자를 위한 원서 고르기 TIP

중급 이상의 원서(윔피키드나 해리포터)를 읽을 수 있다면 난이도는 크게 고려하지 않고 목차를 비롯한 첫 몇 페이지만 읽어본 후 마음에 드는 원서로 구매합니다. 중급 학습자를 위해서는 책을 고르는 기준보다 신간이나 베스트셀러, 스테디셀러를 비롯하여 독자들의 리뷰를 많이 볼 수 있는 웹사이트를 몇 개 소개해드립니다.

1. 교보문고 영어 도서 검색 http://www.kyobobook.co.kr

빨리 배송받을 수 있는 원서를 찾는다면 국내의 온라인 서점 사이트를 이용합니다. 온라인 서점 사이트의 '외국 도서' 탭에 들어가서 관심 있는 분야를 클릭하고 책을 찾아보세요. 예를 들어 교보문고 온라인 서점에 접속하면 상단에 국내도서, 외국 도서, ebook, 웹 소설, 기프트 등 여러 탭을 볼 수 있습니다. 그 중 '외국 도서' 탭을 클릭하면 '문학', '인문/사회', '유아/아동/청소년' 등 여러 분야로 나눠집니다. 여러 분야 중 관심 있는 분야를 클릭해서 접속합니다. 접속 이후에는 베스트셀러와 신상품, 스테디셀러 등을 볼 수 있습니다.

2. 굿리즈 Goodreads https://www.goodreads.com

영어로 된 페이지를 읽는 데 거리낌이 없고, 많은 독자들의 리뷰를 보고 싶다면 goodreads 사이트를 추천해드립니다. 책에 대한 리뷰를 모아둔 대표 사이트로 방대한 양의 리뷰가 포함되어 있습니다. 유명한 책은 리뷰만도 1,000개가 훌쩍 넘어 책을 구매하기 전에 참고해보기 좋습니다. 다른 사용자의 리뷰를 볼 수 있다는 말은 나도 리뷰를 쓸 수 있다는 뜻이기도 합니다. 책을 읽은 후 영어로 리뷰를 쓰면 영작 공부도 함께 할 수 있습니다. 또한, 관심 있는 책을 20권 이상 선정하면 취향에 맞는 책도 추천해줍니다. 친구 추가 기능을 이용하면 현재 친구들이 읽고 있는 책에 대한 업데이트도 볼 수 있으니 책벌레를 위한 최적의 웹사이트라고 할 수 있습니다.

3. 아마존 킨들 Amazon Kindle https://www.amazon.com/Kindle-eBooks

아마존 킨들 웹사이트에는 최신 도서, 베스트셀러나 스테디셀러에 대한 정보뿐 아니라 책에 대한 리뷰도 꼼꼼히 적혀 있습니다. 만약 국내 웹사이트에서 찾은 원서에 리뷰가 충분히 게시되어 있지 않을 때는 동일한 책을 굿리즈나 킨들에 검색해서 도서 리뷰를 확인할 수 있습니다. 국내 전자책 사이트에서는 원서를 전자책의 형태로 제공하는 경우가 거의 없으므로 모바일 기기나 컴퓨터 등을 이용하여 원서를 읽고 싶다면 킨들에서 전자책을 구매하도록 합니다.

4. 뉴욕타임스 베스트셀러 리스트 New York Times Bestseller List

하버드 리뷰 Harvard Review

https://www.nytimes.com/books/best-sellers

http://www.harvardreview.org

요즘 미국 국내에서 핫한 책이 궁금하시다면 뉴욕타임스 베스트셀러 리스트나 하버드 리뷰 등의 웹사이트를 참고해볼 수 있습니다. 두 사이트는 책을 판매하기 위한 사이트가 아니므로 책 표지를 클릭하면 결제 페이지가 아닌 전문가가 작성한 도서 리뷰 페이지와 연결됩니다. 새로운 책을 추천받기 위해서 이 사이트를 이용해보는 것도 좋지만 이미 책을 읽은 후에 전문적인 의견을 읽어보기 위한 목적으로 사용할 수도 있습니다. 두 사이트에 게재되는 리뷰는 굿리즈의 사용자 리뷰보다 자세하고 수준도 높습니다.

Q&A

Q. 소설, 비문학 중 무엇을 읽어야 할까요?

A. 텍스트를 고를 때는 단행본, 월간 잡지, 소설, 비문학 등 가리지 않고 다방면으로 알아보는 게 좋습니다.

처음부터 원서를 읽기 부담스럽다면 비교적 짧은 기사나 20~30쪽 정도의 단편이 모인 단편집을 고르는 게 좋습니다. 다만 영어 초 · 중급자는 시사나 상식을 다루는 비문학 도서보다는 소설을 고르도록 합니다. 경제, 정치면 기사나 과학적 사실 등을 적어둔 책은 잘못 해석하게 되면 잘못된 정보를 받아들이게 되니 다소 위험할 수 있습니다. (물론 번역된 기사나 도서를 항시 참고한다면 이 문제를 어느 정도 해소할 수 있습니다.)

Q. 원서, 계획을 세워서 독하게 일정을 짤까요?

A. 평소 학습 습관에 따라 계획을 짜면 됩니다.

개인적으로는 시험을 대비할 때를 제외하고는 빡빡한 일정을 선호하지 않습니다. 책을 읽고 싶으면 읽고, 읽기 싫으면 다른 활동을 하는 편입니다. 그러나 영어 공부를 하기로 했다면 좋든 싫든 1일 최소량은 정해두는 게 좋습니다. 예를 들어 잠자리에 들기 전 원서를 30분 보고 잔다거나, 매일 짧은 기사 1편을 해석한다거나, 매일 오디오북을 1시간 듣는 등 매일 실천할 수 있는 계획을 짜서 실행해보세요.

원서를 이제 막 읽기 시작한 분들은 '야망'보다는 '현실'에 초점을 맞추어 아주 가볍게 계획을 짜는 게 좋습니다. 주로 처음 원서를 읽는 학생들은 야심차게 1일 1권을 계획으로 세우지만, 그것보다는 1주일 1권, 2주일 1권 정도로 아주 여유롭게 계획을 세우길 바랍니다. 그리고 시간이 더 주어진다면 계획하신 것보다 더 읽어 나가셔도 됩니다. 장대한 계획량을 채우기 위해 허덕이는 것보다 단순하고 작은 계획을 넘치게 달성하는 게 정신건강에 이롭습니다.

원서를 읽을 때는 '재미있게' 또 '꾸준히' 읽어야 합니다. 만약 첫 10쪽까지 읽어보고 흥미로워서 샀는데 뒤로 갈수록 너무 재미가 없다면 다른 책으로 바꾸셔도 됩니다. '과연 이 책을 다 읽지 않고 다른 책을 봐도 될까?'라는 의문이 들 때면 한국어로 된 책을 볼 때와 같은 기준을 적용하시면 됩니다. 정말 많은 학생들이 '책은 끝까지 봐야 한다'라는 일종의 사명감을 느끼고 있습니다. 그래서 책을 읽다가 그만두고 다른 책으로 바꾸게 되면 스스로 뭔가를 포기했다거나 실패했다는 생각을 하기도 합니다.

하지만 세상에 반드시 읽어야 할 책은 없습니다. 그리고 모두에게 다 이로운 책도 없습니다. 책을 읽으면서 지금 내가 읽기에는 너무 어렵다고 생각하면 다음을 기약하며 책을 접어 책장에 꽂아 두고, 책 내용이 너무 재미없고 지루하다면 바로 다른 책으로 넘어갈 수 있는 결단력을 가질 수 있길 바랍니다.

Q. 원서를 읽을 때 사전을 찾아도 되나요?

A. 네, 사전을 이용하고 싶다면 마음껏 이용하세요.

사전에서 단어를 찾는 활동 자체는 전혀 문제될 게 없습니다. 다만 텍스트를 읽으면서 내가 너무 자주 사전을 뒤적이는 건 아닌지 스스로 판단해볼 필요가 있습니다. 한 페이지에 모르는 단어가 10~20개가 넘고, 아예 해석이 안 되는 문장도 너무 많다면 지금 읽기에 적합한 책이 아닙니다. 현재 본인의 영어 수준과 지적 수준 모두에 부합하는 책을 골라야 합니다. 만약 아주 재미있는 책을 골랐는데 너무 자주 사전을 찾아야 해서 힘들다면 다음을 기약하는 게 좋습니다. (그러나 언제나 예외가 있기 마련입니다. 스파르타식 공부를 즐기는 분들은 번역서를 함께 보며 모든 문장을 번갈아 비교하며 완독하는 분들도 있습니다!)

Q. 책에 나온 모르는 단어는 다 외워야 하나요?

<u>A. 외우고 싶으면 외우고, 별로 외우고 싶지 않으면 외울 필요 없습니다.</u>

시험을 대비하고 있거나 수업에서 책을 읽고 단어 시험을 봐야 한다면 단어를 암기해야 하지만, 혼자서 재미있게 즐기는 활동이라면 그럴 필요가지는 없습니다. 모르는 단어를 사전에 찾아보고, 그 뜻을 안 후에 책 내용을 다 이해하게 되었다면 그 정도로 만족해도 좋습니다. 단어를 정리해서 암기하면 다음 책을 읽을 때 조금 더 편해지는 효과가 있긴 하지만 단어 암기 자체가 큰 스트레스로 다가온다면 단어 암기는 쉬어가도 됩니다.

반면 열심히 찾아본 단어를 정리 및 암기하고 싶다면 위에서 설명해드린 독서 노트를 만들면 됩니다. 독서 노트에 적힌 단어는 시간이 날 때마다 한 번씩 훑어보세요. 반드시 알아야 하는 단어는 이번에 읽은 책에서만 나오는 게 아니라 다음 책, 그리고 그 다음 책에도 나오게 됩니다. 굳이 시간을 내어 시험 대비를 하는 것처럼 단어를 외우지 않아도 됩니다. 독서 활동은 책을 읽으며 감동하고, 즐기고, 재미를 느끼고, 때로는 분노를 느끼는 굉장히 사적이고 은밀한 취미입니다. 그러니 이야기를 즐겁게 보셨다면 그 이상으로 글을 뜯어보거나 해부해야 한다는 의무감은 느끼지 않아도 됩니다.

Q. 끊어 읽기가 중요하다고 하던데… 혼자서도 잘 끊어 읽을 수 있나요?

A. 네, 혼자서도 천천히 해나갈 수 있습니다.

영어 독해 수업이나 직독직해와 관련된 책을 본 적이 있다면 아마 '끊어 읽기'라는 말이 어떤 의미인지 잘 알고 계실 겁니다. 혹시 모르는 분들 위해 짧게 설명해드리자면 'There was something about that angry face, something about the wetness of the air, the smell drifting into the empty room.'이라는 문장을 'There was something / about that angry face, / something about the wetness / of the air,/ the smell/ drifting into the empty room.' 이렇게 의미 또는 품사 단위로 끊어 읽는 것을 '끊어 읽기'라고 말합니다.

글을 읽을 때는 의미상 끊어 읽기가 아주 중요합니다. 잘못 끊어서 읽게 되면 '아버지가 / 방에 / 들어가신다'가 '아버지 / 가방에 / 들어가신다'로 의미가 완전히 바뀌어버립니다. 그래서 학생들은 잘못 끊어 읽는 것이 두려워서 학원에서 끊어 읽기 수업을 듣거나, 아예 영어로 된 글을 읽는 걸 포기하기도 합니다. 끊어 읽기는 '전치사 앞에서 끊어라', '접속사는 세모를 친다', 'ing가 나오면 그 앞을 끊는다' 등 수많은 법칙이 있고 이 법칙은 때로 유용하게 사용할 수 있습니다. 그렇다면 우리는 이 법칙을 다 외운 다음, 글에 적용하는 방식으로 글 읽기를 공부해야 할까요?

이 의문을 해결하기 위해서는 우리가 모국어인 한국어로는 어떻게 끊어 읽기를 배우고 습득하게 되었는지 생각해볼 필요가 있습니다. 우리는 특별한 품사나 단어 앞, 혹은 뒤를 끊어서 의미 단위로 파악해야 한다고 명시적으로 배우지 않습니다. 일단 한국어는 띄어쓰기를 잘 보면 문장 내 의미를 쉽게 파악할 수 있기도 하고, 또 한국어가 모국어라면 고등교육과정을 거치며 수많은 글을 읽게 되므로 기본적인 독해 실력이 생깁니다.

그렇다면 영어는 의미상 잘 끊어 읽으려면 어떻게 해야 할까요? 먼저 제가 위에서 이미 설명해드린 '끊어 읽기 법칙을 외운 후 적용'하는 방법이 있습니다. 하지만 법칙은 휘발성이 강하고 응용할 수 없다는 한계가 있습니다. (학생들이 지루해하는 건 두말할 것 없지요.) 그래서 제가 생각하는 좋은 끊어 읽기 훈련법은 다음 세 단계로 비교적 간단합니다.

1) 현재 수준에서 읽어낼 수 있는 짧은 문장이 나오는 책을 많이 읽습니다.

2) 1번 수준의 책에 익숙해지면 단계를 높여서 조금 더 수식어가 붙은 복잡한 문장을 읽습니다.

예를 들어 'Tom didn't want to do anything rashly because he knew what shock or surprise could do to a probable suicide.'라는 길고 복잡한 문장부터 해석하려고 하기보다는 더 단순한 버전인 다음과 같은 문장을 차례로 많이 만나야 합니다.

'Tom didn't want to do anything.'

'Tom didn't want to do anything rashly.'

'Tom didn't want to do anything rashly because he knew something.'

'Tom didn't want to do anything rashly because he knew what shock or surprise could do.'

3) 2단계를 수행하면서 현재 수준에 맞는 문법책을 골라 병행합니다.

위 세 단계를 꾸준히 하면 혼자서도 직독직해 실력을 향상시킬 수 있습니다. 혼자서 글 읽기 연습을 할 때 학생들은 '틀리게 해석하면 어떻게 하지'라며 굉장히 불안해합니다. 하지만 이런 불안감을 해소해드리고자 개인적인 이야기를 좀 해보려고 합니다. 지금은 정확히 시기가 기억나지 않지만 저는 초등학교 6학년, 중학교 1학년 즈음 '해리포터 시리즈'를 처음 원서로 접하게 되었습니다. 당시 해리포터, 반지의 제왕 등 영국 작가들의 판타지 소설이 대유행이었고 그중 '해리포터'는 단연 베스트셀러 1위에 빛나는 작품이었습니다. 호기롭게도 당시에 저는 그 시리즈를 원서로 사서 봤습니다. 해리포터 원전을 읽어보신 분들은 알겠지만, 책에 나오는 해그리드의 대사는 사투리를 소리 나는 대로 옮겨두어서 영어가 서툰 사람들은 거의 이해하기 힘듭니다.

예를 들어보면 한국 소설의 극 중 인물이 부산 출신이고, 그 인물이 말하는 대사를 부산 사투리 그대로 옮겨 썼다고 생각하시면 됩니다. 그래서 '아닌가 보네'라는 뜻을 가진 '아잉가배'가 책에 적혀 있다고 보시면 됩니다. 그래서 당연히 저는 해그리드 대사는 거의 이해하지 못했고 나머지 부분도 저만의 소설을 써가면서 봤습니다. 그렇게 중고등학교 시절을 거쳐 해리포터 시리즈를 모두 읽었습니다. 물론 그사이 단어장도 외우고, 학교 시험도 대비하고, 미국 드라마도 자막 없이 보는 나날이 계속되었지요. 그러다 문득 고등학교 1학년이 되어서 다시 1권을 읽어보고 싶어졌습니다. 주말 하루 시간을 내서 해리포터 1권을 가지고 소파에 앉았는데, 그때 생각을 하면 지금도 소름이 돋습니다. 제가 초등학교 6학년 때 읽었던 내용이랑 너무 달랐습니다. 결국 번역판을 빌려와서 비교해보니 고등학생이 되어서야 비로소 정확히 해석하게 되었다는 걸 알았습니다.

그래서 제가 드리고 싶은 말은… 좀 잘못 끊어 읽으면 어떻습니까? 소설에 나오는 내용을 조금 잘못 안다고 큰일 나는 것도 아닙니다. 그리고 모든 문장을 잘못 읽는 게 아니라 몇몇 문장을 오역하는 정도라면 아주 심각한 수준은 아닙니다. 그러니 모든 문장을 처음부터 완벽히 해석해야겠다고 생각할 필요는 없습니다. 그런 건 번역가가 고민해야 할 문제입니다. 영어를 소통의 도구로 쓰려는 학생들은 그저 재미있게, 꾸준히 보다 보면 어느 날 '유레카의 순간'이 오게 됩니다. 막혔던 문장이 읽히고, 외계어로 보였던 원서가 눈에 들어오기 시작합니다. 그러니 그날까지 힘내세요!

Q. 독서를 통한 끊어 읽기는 영어 실력이 완성되기까지 너무 오래 걸리지 않나요?

A. 맞습니다. 시간이 오래 걸립니다.

위에서 말한 방법은 학생들이 지루함을 느끼지 않고 재미있게 끊어 읽기를 '습득'하게 된다는 장점이 있지만, 단점 역시 분명히 존재합니다. 많은 문장을 읽으려면 정말 많은 시간을 투자해야 합니다. 그래서 단기간에 결과를 보기 어렵습니다. 하지만 이 방법 이외에는 언어를 학습하는 뾰족한 대안이 없습니다. 그나마 희망적인 사실은 지금 당장 200페이지 책을 한 권 읽는 데 걸리는 시간과 1년 후 같은 수준에 같은 양의 글을 읽는

데 걸리는 시간과 수고는 확연한 차이가 있다는 겁니다. 책을 한 권, 한 권 더 읽어 나갈수록 다음 책을 읽을 때 소모하는 에너지나 시간이 훨씬 더 적게 듭니다. 지금 수준을 기준으로는 한 달에 한 권을 겨우 읽었다면, 1년 후에는 적어도 같은 기간에 같은 난이도의 책을 2~3권, 혹은 더 어렵고 긴 내용의 책을 읽을 수 있게 됩니다.

Q. 제가 좋아하는 책은 1900년대 초반에 쓰인 아주 오래된 책인데… 혹시 이 책으로 공부해도 될까요?

A. 네, 해도 됩니다.

출판된 지 오래된 책은 현대에 잘 쓰이지 않거나 사라진 영어 표현이 나오기도 합니다. 그렇다고 해서 클래식이 의미가 없는 건 아닙니다. 좋아하는 책으로 영어 공부하면서 다른 책도 겸하면 괜찮습니다.

Q. 처음 읽을 때 완벽히 해석이 안 되는 상황입니다. 원서를 처음부터 끝까지 읽고 나서 번역본을 읽어야 하나요. 아니면 원서를 문장 단위로 해석하면서 번역본과 비교하며 읽어야 하나요?

A. 어떤 방식이든 상관없습니다.

주로 짧은 원서(50~100페이지)라면 모두 읽은 후 번역본을 대조하여 확인해보고, 100페이지 이상의 원서라면 챕터별로 확인해보는 걸 추천드립니다. 주로 학생들은 다음 순서로 학습하고 있습니다.

1) 원서 읽기 → 번역본 읽기 → 원서 다시 읽기

2) 번역본 읽기 → 원서 읽기 → 번역본 읽기 → 원서 다시 읽기

3) 원서와 번역본 동시에 읽기(1개 문장 혹은 1개 문단 비교 대조)

4) 원서와 번역본 동시에 읽기 → 원서 다시 읽기

다양한 방법이 있으니 원하는 방법으로 골라서 학습하면 됩니다.

Q. 원서를 낭독하면서 읽어도 되나요?

A. 네, 낭독하면서 읽어도 좋습니다.

큰 목소리로 낭독하면서 읽어도 좋고, 작게 속삭이면서 해도 좋습니다. 편한 대로 읽으면 됩니다. 특히 초보 학습자라면 크게 읽으면서 정확히 발음하는 연습을 동시에 할 수 있습니다.

Q. 번역서가 여러 권일 때는 어떻게 하나요?

A. 번역서 서평 및 검색을 통해 결정합니다.

유명한 작품은 많은 번역가의 손을 통해 세상에 여러 번 태어납니다. 주로 작품상 등을 받은 문학이나 클래식이 그러합니다. 번역서가 여러 권일 때는 주로 두 가지 이유가 있습니다. 첫 번째는 여러 번 번역될 가치가 있는 책인 경우, 두 번째는 이전 번역 작품의 출판 연도가 너무 오래되었거나 이전 번역 작품이 오역이 많아 번역가가 대체된 경우입니다. 전자의 경우 번역가의 해석과 문체에 따라 여러 분위기의 작품을 즐길 수 있지만, 후자의 경우 오역이 많은 책으로 공부하게 될 수도 있으니 특별히 조심해야 합니다.

Q. 번역본을 봐도 이해가 안 돼요. 어떻게 해야 하나요?

A. 이유에 따라 다른 조치를 취해야 합니다.

만약 번역본이 잘못된 경우나 심하게 의역이 되어 있어서 공부에 적합하지 않다고 판단된다면, 다른 번역본으로 대체하거나 모르는 부분을 다른 방식(주변에 물어보거나 파파고 번역기 참고 등)으로 해소해야 합니다. 하지만 번역본에는 문제가 없고, 원문이 너무 어려워서 이해가 되지 않는다면 지금 읽기에는 너무 어려운 책일 수 있습니다. 다음을 기약하고 조금 더 쉬운 책을 골라보면 됩니다.

Q. 원서에 나오는 문장을 직접 번역해서 노트에 적으면서 해야 하나요?

A. 원서를 읽을 때는 노트에 번역하지 않고 한국어 책을 읽듯 이야기를 이해하는 데 집중해야 합니다.

번역가가 되기 위해 훈련하고 있는 게 아니라면 일일이 모든 문장을 한국어로 번역할 필요가 없습니다. 내용이 이해되는 선에서 빠르게 읽어 나가면서 모르는 단어나 표현을 줄 긋고 넘어가도록 합니다.

Q. 영어 원서를 읽기 전에 어떤 영어 단어장을 보면 좋을까요?

A. 영어 원서를 읽기 위해서 먼저 봐야 하는 단어장은 없습니다.

어떤 작품을 보게 될지도 모르는 상황에서 미리 단어를 외운다는 건 합리적인 대책이 아닙니다. 게다가 미리 단어장부터 외우고 원서를 볼 수 있다면 준비 단계에서 이미 많이 지치고 질릴 수 있습니다. 마음에 드는 원서를 골라서 읽어 나가면서 모르는 단어는 직접 찾고, 매일 찾은 단어를 외우면 됩니다. 모르는 단어가 없는 상태에서, 완벽하게 준비된 상태에서 원서를 보기 시작하겠다는 마음을 먹기보다는 일단 마음에 드는 책을 펼쳐서 먼저 시작해보세요.

Q. 조금 바보 같은 질문일 수도 있는데요. 책을 읽다가 내용이 지루하면 어떻게 하죠? 좋은 책이면 그래도 끝까지 읽어야 하나요?

A. 세상에 절대적으로 좋은 책은 없습니다.

나에게 좋은 책이 타인에게는 나쁜 책일 수 있고, 내가 감명 깊게 봤지만 타인은 아무런 감흥을 느끼지 못하는 책도 있을 수 있습니다. 또한, 지금 내가 지루하다고 느끼는 책이지만 5년, 10년이 지나고 보면 전에 느끼지 못했던 책의 진가를 보게 되는 예도 있습니다.

혹시 전광용 소설가의 1962년작 《꺼삐딴 리》라는 소설을 읽어보신 적 있으신가요? 제가 학교 다닐 때 위 소설의 일부가 교과서에 나온 적이 있습니다. 소설의 내용은 지루하기 짝이 없었지만, 오직 시험 문제를 풀기 위해서 시대상과 이야기 속에 숨겨진 의미를 외웠던 기억이 있습니다. 비단 '꺼삐딴 리'뿐 아니라 많은 한국 문학을 재미없다고 여겼던 때였습니다. 고등학교를 졸업한 후 한동안 한국 소설을 잊고 지냈는데, 대학교 도서관을 돌아다니던 중 '꺼삐딴 리'라는 제목을 단 낡은 소설책을 발견하게 됐습니다. 공강 시간이 길어서인지, 아니면 그날 도서관 냄새가 좋아서인지는 몰라도 왠지 모르게 그 책에 손이 갔습니다. 출제자가 마음대로 발췌한 소설 일부를 보는 것도 아니었고, 시험을 칠 일도 없었기에 편하게, 또 재미있게 처음부터 끝까지 읽어내려갔습니다.

이렇게 유년 시절에 만났던 지루한 책이 시간이 조금 흘러 만났을 때 흥미로운 책으로 변모한 경험을 해본 분들이 있을 겁니다. 많은 학생이 학교에서 '교재'를 보던 습관을 버리지 못해서, 지루하고 재미가 없는 책을 만나도 무조건 끝까지 읽어내야 한다고 생각합니다. 하지만 책을 볼지 말지는 우리가 결정하면 됩니다. 지루하다면 갖다 버려도 되고, 아니면 책장에 다시 꽂아 두고 다음을 기약해도 좋습니다.

Q. 원서의 난이도는 어떻게 평가하나요?

A. 렉사일 지수를 참고하거나 직접 읽어서 판단합니다.

영어 원서의 난이도를 여러 가지 기준으로 평가해둔 렉사일이라는 지수가 있습니다. 렉사일 지수는 총 2가지로 렉사일 독자 지수(사람)와 렉사일 텍스트 지수(책)가 있습니다. 학생들이 테스트를 통해 얻게 되는 것이 렉사일 독자 지수입니다. 예를 들어 880L점을 받았다면 그 학생의 렉사일 독자 지수는 880L점입니다. 미국 내 다수의 시험, 평가 프로그램이 시험 점수와 함께 렉사일 독자 지수를 부여하고 있습니다.

반면 렉사일 텍스트 지수는 메타메트릭스 개발사에서 책이나 신문 기사, 글 등을 분석하여 책이나 글에 점수를 매긴 것입니다. 예를 들어 해리포터의 렉사일 지수가 880L이라고 적혀 있다면 렉사일 '텍스트' 지수가 880L이라는 뜻입니다. 국내 서점 중에는 YES24에 접속하면 렉사일 지수에 따라 책이 잘 분류되어 있습니다.

• 렉사일 지수에 따른 도서 분류

http://www.yes24.com/24/Category/Display/002001042

하지만 이 지표를 모든 상황과 경우에 적용할 수는 없습니다. 책을 고를 때는 렉사일 지수는 참고만 하되, 직접 첫 5~10페이지를 읽어보세요. 그리고 다음 세 가지 기준에 따라 책을 고르면 됩니다.

- **기준 1:** 첫 5~10페이지를 읽어보았을 때 사전의 도움이 있다면 내용을 절반 이상 이해할 수 있고, 책의 내용도 충분히 흥미로운 것 같다.

  ➡ 이 책은 구매해도 좋습니다.

- **기준 2:** 첫 5~10페이지를 읽어보았을 때 사전의 도움이 있어도 50% 미만으로 이해할 수 있고, 번역서와 함께 비교하니 어느 정도 문장 해석과 의미 파악이 가능하다. ➡ 이 책은 구매해도 좋습니다.

- **기준 3:** 사전, 번역서를 모두 사용해도 너무 어려운 문장이나 이해되지 않는 문장이 많다. ➡ 이 책은 다음을 기약하세요.

B

원서와 오디오북

·

오디오북은 듣기뿐 아니라 읽기, 말하기, 글쓰기 등 다양한 영역에 활용할 수 있는 좋은 자료입니다. 실험 B에서는 아마존 오디오북 서비스인 오더블을 이용하여 영어를 공부하는 방법을 소개합니다. 오디오북을 이용한 학습 방법을 이용하면 영어 발음과 연음에 빠르게 익숙해질 수 있습니다.

There's so much that you can learn
when you just listen.

그저 듣기만 해도
많은 것을 배울 수 있습니다.

오디오북을 통해 발음 익히기

책 한 권을 모두 담은 오디오북 한 권의 재생 시간은 짧게는 2시간, 길게는 16시간이 넘어갑니다. 한두 권만 처음부터 끝까지 듣더라도 꽤 많은 단어의 발음과 연음을 익힐 수 있습니다. 오디오북은 여러 용도가 있지만 단연 듣기 학습용으로 가장 많이 사용되고 있으리라 생각합니다. 듣기 실력을 높이려면 과연 어떻게 해야 할까요?

듣기 실력을 향상시키려면 먼저 각 단어의 발음을 알아야 합니다. 첫 번째로는 단어의 단독 발음을 많이 들어봐야 하며, 두 번째로는 한 단어가 문장 속의 다른 단어와 상호작용하여 발음이 다소 달라지는 현상(연음)까지 많이 들어봐야 합니다. 계속 많이 듣다 보면 단어의 발음을 의식적으로 외우려고 노력하지 않아도 머리에 자동으로 저장됩니다. 예를 들어 apple이라는 단어는 단독으로는 /애플/이라고 발음하지만, 문장 속에서는 다른 발음으로 둔갑할 수 있습니다. 'I saw an apple on the pavement.'라는 문장에서 apple은 정확히 /애플/이 아니라 앞의 an과 합쳐져서 /어내플/이라고 발음됩니다. 또 'Do you want some apples?'라는 문장에서 apples는 앞의 some과 합쳐져서 /써매플스/라고 발음됩니다.

듣기 훈련용으로 나온 얇은 책과 짧은 MP3 파일을 이용하는 것도 좋지만, 내 취향에 맞는 원서를 골라서 오디오북으로 학습하면 그 효과는 배가 됩니다. 또한, 한 작가의 작품을 여러 권 보게 되면 유사한 단어나 문장 구조가 자주 등장하여 의식하지 못한 사이에 발음과 연음, 단어의 의미를 기억할 수 있습니다.

오디오북을 사용하는 이유

언어 학습의 주요 영역은 크게 총 4가지입니다. 읽기와 듣기, 말하기와 쓰기로 문법과 단어는 여기 4개 영역에 포함되는 것으로 봅니다. 오디오북을 활용하면 위 4개 영역 중 어떤 영역을 향상시킬 수 있을까요? 주로 학생들은 듣기 실력이 오를 거라 생각합니다. 물론 그 말도 맞습니다. 듣기 활동이니 당연히 듣기 실력이 오릅니다. 하지만 오디오북을 제대로만 활용하면 4개 영역을 모두 갈고 닦을 수 있습니다. 이번 편에서는 오더블을 이용하여 어떻게 영어 실력을 향상시킬 수 있는지 영역별로 자세히 살펴봅시다.

첫 번째로 오디오북은 영어 듣기 능력을 향상시켜줍니다. 언어는 크게 음성 언어spoken language와 문자 언어written language로 나눕니다. 원활한 커뮤니케이션을 위해서는 음성 언어 실력과 문자 언어 실력 모두를 높여야 합니다. 오디오북이나 듣기 파일을 이용하지 않고 활자로만 언어를 공부하게 되면 대화를 통한 소통이 불가능해집니다. 반면 원서를 읽으면서 오디오북을 동시에 보게 되면 각 단어의 발음이나 연음을 저절로 습득하여 발화하는 데 사용할 수 있고, 더불어 해설자의 숙련도에 따라 풍부한 감정이 전달되기도 합니다.

두 번째로 오디오북은 말하기 실력에도 큰 영향을 끼칩니다. 딱딱한 글이 아닌 소설 오디오북을 이용하여 쉐도잉을 하게 되면 더 재미있게 말하기 연습을 장기간 지속할 수 있습니다. (자세한 쉐도잉 기법은 본 도서의 실험 G를 참고, p. 197) 또한 소리 내어 읽었던 문장들이 머리에 박혀 실제로 커뮤니케이션에 자연스럽게 사용되기도 합니다. 억지로 암기하는 문장은 의식의 단계에만 머물러 있다가 금방 사라지지만 재미있게 '습득'하고 음미했던 문장은 무의식의 단계로 이동합니다. 따라서 흥미로운 콘텐츠를 골라서 열심히 따라 읽으면 발음과 말하기 실력을 한꺼번에 잡을 수 있습니다.

세 번째로 오디오북은 속독에도 도움이 됩니다. 현재 직독직해를 할 수 있는 분들은 오디오북의 배속을 적절히 조절하여 속독까지 훈련할 수 있습니다. 자세한 속독 공부법은 본 도서의 실험 C를 참고해주세요.(p. 123)

네 번째로 오디오북은 성우의 역량에 따라 이야기를 더 생동감 있게 전달해줍니다. 특히 소설을 읽을 때 흰 종이 위에 검은 글씨를 보며 홀로 상상력을 동원할 때와 성우의 연기가 가미된 목소리를 함께 들을 때 문학 감상의 품질이 다를 수밖에 없습니다. 익숙하지 않은 언어에 사람의 목소리가 더해지면 문장이나 단어 하나하나에 얽매이기보다는 이야기가 전체적으로 전하고자 하는 분위기를 파악할 수 있게 됩니다.

아마존 오더블 사용하기

오더블Audible은 아마존에서 서비스하는 온라인 오디오북 서점입니다. 아마존 웹사이트에서 전자책(킨들)과 오디오북(오더블)을 동시에 구매하면 두 파일이 자동으로 동기화되어 원서와 오디오북을 한 권의 책처럼 볼 수 있습니다.(반드시 Whispersync가 지원되는 책으로 구매해야 합니다.)

• 아마존 Whispersync 도서 살펴보기

  https://www.amazon.com/b?ie=UTF8&node=5744819011

[1] 아마존 오더블 접속하기

https://www.amazon.com/audible-audiobooks/b?node=2402172011

아마존 킨들과 오더블이 모두 설치된 기기에서 킨들 앱을 켜면 해당 페이지에 맞는 오더블 파일이 재생됩니다. 하단에 오디오북이 표시되며 우측 아래에 재생 버튼을 볼 수 있습니다. 해설자가 읽어주는 부분이 본문에 하이라이트로 표시됩니다.

(2) 아마존 오더블 정액제 Audible Membership

아마존 오더블에서는 오디오북 정액제 서비스를 시행하고 있습니다. 멤버십에 따라 한 달에 1개 또는 그 이상의 크레딧credit을 받아 오디오북을 구매할 수 있습니다. 첫 달은 무료로 이용할 수 있고, 정액제 비용은 기본 멤버십 기준 매달 약 15달러(1 크레딧)입니다. 크레딧 한 개에 오디오북 한 권을 구매할 수 있습니다. 오디오북은 20달러가 넘는 상품이 많으니 정기적으로 오디오북을 구매할 예정이라면 정액제를 신청해두는 게 좋습니다. 만약 한 달에 2~3권을 읽는 자녀를 위해 신청하신다면 플래티넘 정액제를 추천드립니다.

- 크레딧은 누적할 수 있지만 6개월 안에 사용해야 합니다.
- 마음에 들지 않는 오디오북은 다운로드 및 재생 후에도 환불 가능합니다. (크레딧으로 돌려주니 다른 책을 구매할 수 있습니다.)
- 정액제를 가입해두면 다른 오디오북을 추가로 구매할 때 30% 할인된 가격으로 결제됩니다.

• 위 가격 정책은 변동될 수 있으니 아마존 웹사이트에서 최신 정보를 참고하세요.

아마존 오더블 UI   오더블 주행 모드

오더블 배속 조절 수면 시간 설정

[3] 아마존 오더블의 기능 살펴보기

(1) 주행 모드: 주요 버튼을 크게 만들어서 자동차 주행 중에도 사용하기 편한 UI를 제공합니다.

(2) 공유 버튼: 지금 듣고 있는 책, 또는 진행 상황을 공유할 수 있습니다.

(3) 추가 기능: 북마크 보기, 버튼-프리 모드, 플레이어 셋팅 변경, 유사한 책 추천받기, 다른 책
으로 교환하기 등의 추가 기능을 제공합니다.

(4) 되감기, 재생 및 정지, 앞으로 감기 버튼: 현재 재생 중인 파일을 앞, 뒤로 30초씩 감을 수
있습니다.

(5) 배속 조절: 오디오북의 재생 속도를 조절할 수 있습니다. 안드로이드 앱 기준 최저 0.50x에
서 3.50x까지 다양하게 속도를 조절할 수 있습니다. (안드로이드와 iOS에 차이가 있을 수 있습

니다.) 원서를 읽고 있는 초·중급자 학습자는 오더블과 원서를 함께 이용하는 게 좋습니다. 오디오북을 겸하여 학습하면 정확한 단어의 발음 및 연음을 배울 수 있고, 읽기 속도도 향상시킬 수 있습니다. 오디오북을 처음 이용한다면 1배속보다 낮은 0.7~0.8배속부터 시작하여 속도를 점점 올려봅시다.

(6) 챕터: 도서의 전체 챕터를 보여줍니다.

(7) 수면 시간 설정: 잠들기 전에 설정해두고 자면 정해진 시간이 지난 후 자동으로 재생이 종료됩니다.

(8) 북마크(책갈피): 종이책과 마찬가지로 북마크 기능을 지원합니다.

C

정독과 속독 (영어 끊어 읽기, 직독직해, 속발음)

•

직독직해는 문장이나 구절을 읽는 즉시 바로 해석하는 것을 말합니다. 실험 C에서는 정독과 속독에 관한 이야기를 다룹니다. 정독과 속독은 단기에 이룰 수 있는 목표가 아닙니다. 하지만 장기적인 계획을 세우고 꾸준히 읽어 나가면 매년 더 발전한 내 모습을 발견할 수 있습니다. 정독과 속독을 연습할 때는 단순히 끊어 읽기 기술이나 법칙을 외워서 사용하는 데만 집중하지 않도록 유의합니다. 글은 세상을 들여다보는 창입니다. 문장을 마음대로 난도질하기보다는 문장이 담고 있는 의미에 집중해봅시다.

Read with intention.

작가의 메시지에 귀 기울여 보세요.

직독직해는 어떻게 연습할까?

글을 읽을 때 학생들은 "어떻게 하면 직독직해를 더 빨리, 더 잘할 수 있죠?"라고 자주 묻습니다. 특히 시험을 준비하고 있는 수험생들은 영어 문장을 읽자마자 의미가 곧바로 해석되는 특별한 훈련이 있는지 궁금해합니다.

인터넷 서점에 '영어 직독직해'라고 검색하면 정말 많은 도서가 나옵니다. 주로 직독직해의 법칙, 예를 들어 '전치사 앞에서 끊어 읽기' 혹은 '관계사 앞에서 끊어 읽기' 등을 알려주거나 중고교 시험 예상 문제, 신문 사설 등으로 끊어 읽기를 훈련하는 책들입니다. 직독직해 훈련 도서에는 문장을 법칙에 따라 빠르게 끊어 읽으면 직독직해가 가능해지고, 문제도 더 빨리 풀고 책도 더 빨리 읽을 수 있다고 되어 있습니다. (과연 법칙을 외우는 게 좋은 걸까요? 조금 더 아래에서 이야기해봅시다.)

단기간에 시험을 대비하기 위해서는 효율적인 방법처럼 보이지만 이런 책들은 치명적인 단점이 있습니다. 바로 책에 실어둔 콘텐츠가 너무 지루하다는 겁니다. 고루하고 딱딱한 신문 기사나 연설문을 발췌해서 맥락도 없이 토막을 내놓거나, 시험용으로 제작된 지문만을 대상으로 하거나, 저작권이 만료되었을 정도로 오래된 책으로 끊어 읽기를 훈련합니다. 그래서 직독직해 교재는 구매한 후 책장의 장식이 되는 경우가 허다합니다.

학생들이 직독직해를 잘 못하는 이유는 단지 끊어 읽는 방법을 몰라서가 아닙니다. 그보다는 독서 부족으로 인한 현상입니다. '직독직해'라는 제목이 붙은 책을 보면 문장을 끊어 읽는 공통적인 규칙이 아주 많이 나와 있습니다. 그러나 어떤 법칙도 마찬가지지만 실제 문장에 적용해보지 않으면 무용지물입니다. 그렇다면 어떻게 직독직해를 연습해야 할까요?

첫 번째 할 일

텍스트 준비

현재 수준에 맞는 텍스트를 준비합니다. 어떤 텍스트도 괜찮습니다. 잡지, 원서, 드라마 대본 등 글자라면 다 됩니다. 자료를 구할 때는 반드시 내가 충분히 이해할 수 있는 정도, 혹은 그보다 살짝 수준이 높은 문장이 담긴 텍스트를 고릅니다. 사전의 도움이 있다면 70~80% 이상 이해할 수 있는 정도의 문장이 있는 흥미로운 글을 골라주세요.

- 본 도서의 실험 A, I 등을 참고하여 알맞은 자료를 골라보세요.(p. 85 또는 p. 229)

두 번째 할 일

꾸준한 훈련

직독직해를 훈련할 때는 앞서 일련의 규칙을 암기하는 경우가 많습니다. 예를 들어 '전치사 + 명사로 된 구간 자르기', 'What/which/that/who 등 관계대명사, 접속사가 나오는 구간 자르기', '주어와 동사 구분하여 자르기', to+동사가 나오는 구간 자르기' 등 여러 법칙을 기준으로 문장을 끊어 읽습니다. 어떤 강의에는 '부사는 문장 성분에 들어가지 않으니 해석할 필요가 딱히 없다'라는 무시무시한 말이 나오기도 합니다. 하지만 이런 법칙 암기와 적용은 다음과 같은 이유로 절제하여 사용하도록 권합니다.

1. 흔히 정석으로 알고 있는 단순한 법칙 암기는 생각보다 굉장히 고됩니다. 개연성이나 전후 맥락이 없으므로 지속해서 훈련하지 않으면 법칙을 금방 잊어버리게 됩니다.

2. 현재 학습자의 수준에서 이해할 수 있는 범위를 넘어서는 길고 복잡한 문장이 나오면 법칙을 적용하기 힘들고, 해석이 꼬여버린다는 단점도 있습니다.

3. 학습자가 자신감을 잃게 될 수 있습니다. '법칙만 외우면 모든 게 해결된다'라고 생각했는데 새로운 문장을 만날 때마다 예외 규칙이 발생하거나 문장을 잘못 끊어서 해석이 수월하게 되지 않을 때, 학생들은 굉장히 실망이 큽니다.

4. 글이 전달하고자 하는 이야기를 즐길 수 없게 됩니다. 끊어 읽기와 문장 성분에 집착하면 작품 감상이 힘들어집니다. 아래 글은 현진건 작가의 소설 '술 권하는 사회'입니다. 다음 글을 품사에 맞춰 끊어 읽는다고 생각해 보세요.

"아이그, 홀로 바느질을 하고 있던 아내는 얼굴을 살짝 찌푸리고 가늘고 날카로운 소리로 부르짖었다. 바늘 끝이 왼손 엄지손가락 손톱 밑을 찔렀음이다. 그 손가락은 가늘게 떨고 하얀 손톱 밑으로 앵두빛 같은 피가 비친다.

그것을 볼 사이도 없이 아내는 얼른 바늘을 빼고 다른 손 엄지손가락으로 그 상처를 누르고 있다. 그러면서 하던 일가지를 팔꿈치로 고이고이 밀어 내려놓았다. 이윽고 눌렀던 손을 떼어보았다. 그 언저리는 인제 다시 피가 아니 나려는 것처럼 혈색이 없다 하더니, 그 희던 꺼풀 밑에 다시금 꽃물이 차츰차츰 밀려온다.

보일 듯 말 듯한 그 상처로부터 좁쌀 낟 같은 핏방울이 송송 솟는다. 또 아니 누를 수 없다. 이만하면 그 구멍이 아물었으려니 하고 손을 떼면 또 얼마 아니되어 피가 비치어 나온다.

인제 헝겊 오락지로 처매는 수밖에 없다. 그 상처를 누른채 그는 바느질고리에 눈을 주었다. 거기 쓸만한 오락지는 실패 밑에 있다. 그 실패를 밀어내고 그 오락지를 두 새끼 손가락 사이에 집어올리려고 한동안 애를 썼다. 그 오락지는 마치 풀로 붙여둔 것같이 고리 밑에 착 달라붙어 세상 집혀지지 않는다. 그 두 손가락은 헛되이 그 오락지 위를 긁적거리고 있을 뿐이다.

"왜 집혀지지를 않아!"

그는 마침내 울 듯이 부르짖었다. 그리고 그것을 집어줄 사람이 없나 하는 듯이 방안을 둘러보았다. 방안은 텅 비어 있다. 어느 뉘 하나 없다. 호젓한 허영(虛影)만 그를 휘싸고 있다. 바깥도 죽은 듯이 고요하다.

시시로 퐁퐁 하고 떨어지는 수도의 물방울 소리가 쓸쓸하게 들릴 뿐. 문득 전등불이 광채(光彩)를 더하는 듯하였다. 벽상(壁上)에 걸린 괘종(掛鍾)의 거울이 번들며, 새로 한 점을 가리키려는 시침(時針)이 위협하는 듯이 그의 눈을 쏜다. 그의 남편은 그때껏 돌아오지 않았었다.

아내가 되고 남편이 된지는 벌써 오랜 일이다. 어느덧 7~8년이 지났으리라. 하건만 같이 있어본 날을 헤아리면 단 일년이 될락말락 한다. 막 그의 남편이 서울서 중학을 마쳤을 제 그와 결혼하였고, 그러자 마자 고만 동경(東京)에 부급한 까닭이다.

거기서 대학까지 졸업을 하였다. 이 길고 긴 세월에 아내는 얼마나 괴로왔으며 외로왔으랴! 봄이면 봄, 겨울이면 겨울, 웃는 꽃을 한숨으로 맞았고 얼음 같은 베개를 뜨거운 눈물로 덥히었다. 몸이 아플 때, 마음이 쓸쓸할 제, 얼마나 그가 그리웠으랴!

하건만 아내는 이 모든 고생을 이를 악물고 참았었다. 참을 뿐이 아니라 달게 받았었다. 그것은 남편이 돌아오기만 하면! 하는 생각이 그에게 위로를 주고 용기를 준 까닭이었다. 남편이 동경에서 무엇을 하고 있나? 공부를 하고 있다. 공부가 무엇인가? 자세히 모른다. 또 알려고 애쓸 필요도 없다.

어찌하였든지 이 세상에 제일 좋고 제일 귀한 무엇이라 한다. 마치 옛날 이야기에 있는 도깨비의 부자(富者) 방망이 같은 것이어니 한다. 옷 나오라면 옷 나오고, 밥 나오라면 밥 나오고, 돈 나오라면 돈 나오고… 저 하고 싶은 무엇이든지 청해서 아니되는 것이 없는 무엇을, 동경에서 얻어가지고 나오려니 하였었다.

가끔 놀러오는 친척들이 비단옷 입은 것과 금지환(金指環) 낀 것을 볼 때에 그 당장엔 마음 그윽히 부러워도 하였지만 나중엔 '남편이 돌아오면…' 하고 그것에 경멸하는 시선을 던지었다.

시험 대비 등을 이유로 수준에 맞지 않은 긴 문장을 바로 해석해내야 하는

긴급한 상황에 놓여 있다면 법칙을 이용하는 수밖에 없습니다. 하지만 보다 장기적인 계획을 세울 수 있는 상황이라면 제한적인 법칙에 기대기보다는 수준에 맞는 글을 읽으며 주기적으로 수준을 높여 정독, 다독을 거듭하여 읽기 실력을 높이도록 합니다.

직독직해 테스트

현재 내 수준이 어느 정도인지, 어떤 책으로 읽기 활동을 시작해야 할지 전혀 가늠되지 않는다면 아래 테스트를 통해 책을 추천받을 수 있습니다. 아래 테스트는 옥스퍼드 출판사 시리즈인 Oxford Bookworms Series의 단계를 기준으로 합니다. 자유롭게 텍스트를 고르기 힘든 분들을 위해 제작했습니다.

> • Oxford Bookworms Series에 관한 자세한 정보는 본 도서의 실험 A를 참고해주세요.(p. 85)

(1) Starter 레벨

사전의 도움이 있을 때 아래 문장을 이해할 수 있다면 Oxford Bookworms Series Starter 레벨로 시작하시면 됩니다.

- She's not innocent!
- He must stay in this prison for fifty years!
- Suddenly the gate opens.

(2) Level 1

사전의 도움이 있을 때 아래 문장을 이해할 수 있다면 Oxford Bookworms Series Level 1 로 시작하시면 됩니다.

- In April 1921 four ships left Africa and sailed to America.
- There were only a hundred and fifty men on the boat, and they wanted to find

a new world in the west.

(3) Level 2

사전의 도움이 있을 때 아래 문장을 이해할 수 있다면 Oxford Bookworms Series Level 2 로 시작하시면 됩니다.

- One day a letter arrived for her from a very wealthy man who lived in France.
- He was planning to get married in the fall, and he did not want to leave his beautiful wife.

(4) Level 3

사전의 도움이 있을 때 아래 문장을 이해할 수 있다면 Oxford Bookworms Series Level 3 으로 시작하시면 됩니다.

- They had been partners in New York for many years, and excellent men of business they were, too.
- Sometimes people who were new to the business called him Mike, and sometimes Mark, but he answered to both names.

(5) Level 4

사전의 도움이 있을 때 아래 문장을 이해할 수 있다면 Oxford Bookworms Series Level 4 로 시작하시면 됩니다.

- He grew the beets in the gardens and the herbs which were used for cooking or for making medicines.
- We were always working near the poppies, whose flowers could make very strong medicines to take away pain or to help a man sleep.

(6) Level 5

사전의 도움이 있을 때 아래 문장을 이해할 수 있다면 Oxford Bookworms Series Level 5
로 시작하시면 됩니다.

- But because Jack demanded money from her, and sometimes beat her, she decided to run away.
- Just before I was born, when they heard that my mother was expecting a baby, they came to visit her at the house in Berlin.

(7) Level 6

사전의 도움이 있을 때 아래 문장을 이해할 수 있다면 Oxford Bookworms Series Level 6
으로 시작하시면 됩니다.

- There was something about those wrinkles, something about the grayness of the hair, the weak smile spreading across the face.
- Tom did not want to do anything rashly because he knew what shock or surprise could do to a probable suicide.

위 테스트 문장에서 단계별로 어떤 차이점이 보이나요? 단계가 올라갈수록 문장이 점점 길어지고 형태가 다양하게 변하는 게 보이나요? 낮은 레벨에서는 적은 수의 단어로 문장이 구성되고, 동사는 주로 현재형을 사용합니다. 또 when, whose, which와 같은 문장을 길게 이어주는 표현도 등장하지 않습니다. 하지만 레벨이 높아질수록 다양한 단어와 표현이 등장합니다. 따라서 직독직해의 비밀은 단순히 법칙 암기에 있는 게 아니라 점점 길어지는 문장에 '적응'하는 데 있습니다.

레벨 6에서 나온 문장을 다시 한번 봅시다.

Tom didn't want to do anything rashly because he knew what shock or surprise could do to a probable suicide.

이 문장은 아래와 같은 구조적, 의미적 발달 과정을 거친다고 볼 수 있습니다.

Tom didn't want to do anything.

Tom didn't want to do anything rashly.

Tom didn't want to do anything rashly because he knew something.

Tom didn't want to do anything rashly because he knew what shock or surprise could do.

Tom didn't want to do anything rashly because he knew what shock or surprise could do to a probable suicide.

첫눈에는 굉장히 길고 복잡해 보이는 문장이라도 이렇게 단순하게 나눌 수 있습니다. 현재 실력에 맞는 글을 자주, 많이 읽으면서 여러 가지 표현을 습득하게 되면 문장을 수식하는 여러 미사여구가 달라붙은 긴 문장을 보게 되더라도 이해하기에 큰 어려움이 없어집니다. 반면 긴 문장을 읽어낼 실력이 없는 상태에서 문장을 수식하는 요소가 많이 포함된 문장을 법칙만을 이용해 해석해야 한다면 굉장히 힘들어집니다.

(1) Tom didn't want to do anything rashly because he knew what shock or surprise could do to a probable suicide.

(2) Tom didn't want to do anything rashly /because he knew /what shock or surprise could do /to a probable suicide.

지금 당장 시험이 코앞에 닥친 게 아니라면 (1)번과 같은 문장을 보면서 무턱대고 (2)번처럼 자르는 훈련을 받을 필요가 없습니다. 당장 법칙이 적용 가능한 문장이 나오면 그 문장은 해석할 수 있지만, 조금이라도 모습이 달라지면 바로 해석할 수 없게 되고, 해석이 안 될 때마다 자꾸 '또 새로운 법칙이 있나?' 하고 헤매게 됩니다. 게다가 평소에 해석하던 문장보다 길이가 더 길어지거나 표현이 추가되면 글을 읽을 때 눈이 글을 따라가면서 곧바로 의미가 이해되는 게 아니라 잘라서 해석하느라고 똑같은 문장을 몇 번이고 반복해서 읽게 됩니다. 긴 문장도 한 번에 해석하려면 문장을 읽는 힘과 배경지식을 서서히 키워야 합니다.

직독직해를 넘어 속독으로

이미 직독직해가 수월하게 되는 분들은 속독을 훈련해보도록 합니다. 만약 '내가 직독직해를 넘어 속독을 훈련해볼 실력이 되는 걸까?'라는 생각이 드시는 분들은 아래에서 간단한 테스트를 해보세요.

- 준비물: 타이머에 1분을 설정한 후 시작하세요.
- 과제: 아래에 나오는 내용을 최대한 빨리 읽습니다. 전문을 읽는 데 시간이 얼마나 소요되는 지 적어둡시다.
- 소요 시간: _____ 분 _____ 초 (날짜: _____. ___. ___)

- -

It May Not Be Your Fault that You Can't Lose Weight. Here's Why.

If you're like most people, you took the optimism and opportunities that come with a new year and thought about improving your eating and exercise habits with the aim of weight loss and improved health. Perhaps, you even made a firm commitment to "get in shape" or "lose X amount of weight" in 2020. But now, as January slips away, you may find yourself grappling with the familiar realization that this new year's resolution feels less than resolute.

It's not your fault that you can't lose weight.

In fact, there are scientific explanations for why weight loss is incredibly difficult — in fact, nearly impossible, for some. The bottom line is that you are essentially fighting your own body when you try to lose weight; both your psychology and your physiology are working against you. We'll explain — but our point is not to induce despair; be sure to read to the end for ideas regarding how to reexamine your relationship with food, your body, and health to feel your best in 2020.

출처 : "It May Not Be Your Fault that You Can't Lose Weight. Here's Why," Psychology Today, Posted Jan 21, 2020, accessed Jan 23, 2020, https://www.psychologytoday.com/us/blog/smart-people-don-t-diet/202001/it-may-not-be-your-fault-you-can-t-lose-weight-heres-why

- -

속독 훈련 방법을 말하기 전에 속독이 잘 안 되는 이유, 즉 글이 빨리 읽히지 않는 이유에 대해서 먼저 이야기해봅시다. 글은 왜 빨리 읽히지 않을까요?

첫 번째 이유는 위에서 이야기했던 직독직해가 되지 않기 때문입니다. 시간을 충분히 줘도 해석되지 않는 문장이 빨리 읽힐 리 만무합니다. 글을 읽을 때 눈이 글을 따라가면서 곧바로 머리에 의미가 그려지는 게 아니라, 영어를 공식처럼 보고 전치사 뒤에 끊고, 관계사 뒤에 끊고, 이렇게 해부하다 보면 내용 이해가 느려집니다. 간혹 영어 문장을 일일이 번역해서 이해하는 습관이 있는 분들은 문장을 뒤에서부터 해석해서 앞으로 오느라 문장 하나를 해석하는데도 꽤 오랜 시간이 걸립니다. 그러면 글을 빨리 읽어 나가기 힘듭니다.

두 번째 이유는, 글이 익숙하지 않은 문체로 쓰였거나, 모르는 단어 혹은 표현이 많이 등장했을 때 속독이 불가능해집니다. 평소 해리포터와 같은 청소년 판타지 소설을 즐겨 보는 학생에게 《이코노미스트》에 나온 논설을 읽으라고 한다면 어떨까요? 속독은 고사하고 직독직해도 힘들어집니다. 이렇듯 단순히 문장의 구조나 표현, 난이도 차이로 인해 속독할 수 없거나, 문체가 달라져서 글을 읽는 속도가 떨어지기도 합니다.

속독할 수 없는 세 번째 이유는 속발음을 하기 때문입니다. 보통 우리는 말하는 속도와 글을 읽는 속도가 유사합니다. 책을 빨리 읽는 분들은 속발음을 하는 습관이 없습니다. (*속발음 : 작게 소리 내 글을 읽는 습관) 눈으로 빠르게 읽어 나갈 때는 입으로 소리 내 읽는 것보다 훨씬 더 빨리 정보를 처리하게 되지만, 속발음을 하는 습관이 있으면 글을 읽는 속도가 현저히 떨어집니다.

속독이 힘든 마지막 이유는 배경지식의 부재입니다. 배경지식이 부족하면 아는 단어, 익숙한 문체로 쓰인 글이라도 이해하기 힘들 수 있습니다. 미국의 세금 정책에 대해 전혀 아는 바가 없다면, 그게 관해 써둔 논설을 읽을 때 글쓴 이의 의도를 파악하기 힘듭니다. 내용 파악이 힘들면 똑같은 문장을 읽고, 또 읽게 됩니다. 배경지식을 많이 필요로 하면서, 단어나 표현도 어려운 글이라면 글의 중반까지 읽어도 내용 파악이 되지 않아 다시 첫 문장으로 돌아가야 하기도 합니다. 이런 경우 속독이 힘들어집니다.

속독이 힘든 이유는 (1) 직독직해가 안 되는 경우, (2) 문체나 표현이 익숙하지 않은 경우, (3) 속발음을 하는 습관, (4) 배경지식 부재, 이렇게 총 네 가지로 요약해볼 수 있습니다. 그렇다면 우리는 여기에 적힌 네 가지 단점을 모두 고친 후 속독 훈련에 들어가야 할까요?

그렇지 않습니다. 제가 제일 처음 보여드렸던 발췌문(It May Not Be Your Fault that You Can't Lose Weight. Here's Why)을 1분 전후(최대 1분 30초 이내)로 읽어내실 수 있다면 속독 훈련을 시작해도 됩니다. 속독 훈련을 꾸준히 하다 보면 위 네 가지로 꼽혔던 문제들이 하나씩 저절로 해결되는 걸 느낄 수 있습니다.

속독 훈련 방법

이제 속독 훈련 방법에 대해서 알아봅시다. 아래 속독 훈련법에서는 오디오북을 적극적으로 활용하게 됩니다. 만약 본 도서의 실험 B를 아직 읽지 않으셨다면 먼저 확인해주시기 바랍니다.(p. 114)

첫 번째 할 일

텍스트 고르기

속독 훈련을 위해 먼저 아래 네 가지 기준에 따라 텍스트를 고릅니다.

  (1) 내 수준에 맞거나 혹은 아주 조금 더 어려운 텍스트를 고릅니다. 원서를 처음 고른다면 본 도서의 실험 A를 먼저 확인한 후 선정합니다.

  (2) 추리소설이나 공포 소설, 로맨스 소설, 역사 소설 등 개인 취향에 맞는 흥미로운 책이어야 합니다. 추천도서나 필독 도서보다는 내가 판단했을 때 흥미로운 텍스트를 고릅니다.

  (3) 오디오북이나 MP3 파일이 있는 텍스트인지 확인합니다.

  (4) 짧은 기사나 TED 영상보다는 한 권의 책으로 엮인 작품을 고릅니다. 한 권의 책을 선택해야 속독 훈련 시 흐름이 끊기지 않고 긴 글을 수 시간 동안 읽는 훈련을 할 수 있습니다.

두 번째 할 일

오디오북 구매

책을 고른 후에는 오디오북을 구매합니다. 책 자체에 MP3 파일이 포함되어 있다면 따로 구매할 필요는 없으며, 책과 오디오북이 별도로 판매되고 있다면 오더블 웹사이트 등 오디오북 전문 사이트에서 구매하도록 합니다. 만약 오더블을 이용 중이라면 앱을 설치하여 속독 훈련을 위한 보다 편안한 환경을 조성해줍니다.

훈련 시작

아래 단계를 따라가며 속독을 훈련합니다.

(1) 책을 펴고 오디오북을 준비합니다. 오디오북을 1배속으로 재생한 후 귀로 들으면서 눈으로 책에 있는 활자를 따라갑니다.

(2) 이때 모르는 단어나 표현, 바로 해석되지 않는 문장은 빠르게 연필로 표시합니다. 한 페이지에 모르는 단어가 5개 미만이어야 다소 편하게 읽을 수 있습니다.

(3) 1배속으로 들으면서 바로 해석이 안 되는 부분이 있다면 오디오를 멈추는 게 아니라 30초 되감기 하여 다시 듣습니다. 오디오는 반드시 멈춰야 하는 순간이 오기 전까지 절대 임의로 멈추지 않습니다. 30초를 되감아서 다시 위로 올라가서 눈으로 따라 읽으면서 내려옵니다. 그리고 방금 해석이 되지 않았던 구간을 다시 봅니다. 잘 해석이 되면 넘어가고, 해석이 계속 원활히 되지 않으면 다시 되감습니다.

(4) 서너 번 되감았는데도 계속 동일 구간이 해석되지 않는다면 오디오를 멈추고 천천히 해석합니다. 그리고 다시 오디오를 켜서 듣습니다. 이렇게 네 단계를 거쳐 책을 계속 읽어 나가면 됩니다.

(5) 1배속이 충분히 적응되어서 오디오북 성우의 목소리보다 내 눈이 더 빨리 움직인다면 배속을 조정하세요. 1.2, 1.3배속 등 원하는 만큼 속도를

높이도록 합니다.

- 속독 훈련 주의 사항: 속독 훈련을 배우고 나면 학생들이 읽고 싶은 모든 책에 이 훈련을 적용하려고 합니다. 하지만 내가 읽고 있는 '모든 원서'에 이 훈련을 적용할 필요는 없습니다. 이야기나 문체를 천천히 음미하면서 읽고 싶은데 무작정 1.5배속으로 켜서 속독에만 집중하면 작품을 즐기기 힘듭니다. 하루에 30분 또는 1시간 동안 속독 훈련을 하겠다고 계획했다면 그 시간 동안만 속도를 높여서 듣고 읽으면 됩니다. 그리고 나머지 시간에는 오디오북을 켜놓고 읽거나 묵독하는 등 자유롭게 읽도록 합니다.

Q. 속독 훈련 전에 책을 미리 읽고 해도 되나요? 모르는 단어를 미리 찾고 하는 게 좋을 것 같아서요.

A. 네, 미리 책을 읽어본 후 하셔도 됩니다.

책을 미리 읽어보고 단어나 표현을 다 찾아서 암기한 후에 속독 훈련을 해도 되고, 처음 읽는 책을 바로 속독 훈련에 사용하셔도 됩니다. 훈련이 어느 정도 익숙해지고 읽는 속도가 올라가면, 단어를 미리 찾지 않고 바로 새 책을 속독 훈련에 사용해보세요.

Q. 직독직해를 먼저 할 수 있어야 직청직해가 가능한 건가요?

A. 그렇지 않습니다.

직독직해가 가능해야만 직청직해가 가능하다는 건, 사람이 문자 없이는 소통할 수 없다는 말과도 같습니다. 하지만 우리는 기호를 배워 소통하기에 앞서 소리(말)로 먼저 소통합니다. 모국어라면 듣고 해석하는 능력을 읽고 해석하는 능력에 앞서 터득하게 됩니다. 하지만 모국어가 아닌 외국어는 듣는 능력보다 읽는 능력이 먼저 생기기도 합니다. 그 이유는 바로 듣기보다 읽기에 훨씬 더 많은 시간을 투자했기 때문입니다. 만약 읽기 실력이 아니라 듣기 실력을 향상하고 싶다면 영어를 듣는 시간을 절대적으로 많이 확보해야 합니다.

Q. 속발음을 하는 습관이 있습니다. 속독하려면 이걸 고쳐야 한다고 하던데… 어떻게 하면 고칠 수 있나요?

A. 많이 읽다 보면 저절로 고쳐집니다.

어린아이들은 글을 읽을 때 큰 소리를 내서 읽는 습관이 있습니다. 나이가 더 들면 큰 소리가 아닌 작은 소리를 내어 속삭이며 글을 읽는 일명 '속발음 습관'이 생깁니다. 그렇다면 이 습관은 나쁜 걸까요? 속으로 읽는 습관은 외국어뿐 아니라 모국어에서도 발생할 수 있으며, 어릴 때 형성된 속발음 습관이 사라지지 않은 성인도 꽤 많습니다. 평소에 속발음을 하는 습관이 없었는데, 집중해서 읽을 때나 시험을 칠 때면 속발음을 하는 경우도 있습니다. 단어를 하나씩 발음해서 글을 읽는 이 습관은 좋고 나쁨을 따질 필요가 없습니다. 집중해서 읽으려는 시도일 뿐이니까요. 하지만 항상 속발음을 하는 습관은 속독을 방해하기도 합니다. 하나씩 소리 내 읽는 건 눈이 단어를 스치는 속도보다 현저히 느리기 때문입니다.

속독 훈련을 비롯한 다독을 통해 속발음을 하는 습관을 없앨 수 있습니다. 의식적으로 '속으로 읽지 말아야지'라고 압박하면 오히려 더 글에 집중하기 힘들어집니다. 그래서 이 습관이 있는 분들은 마음을 편히 가지고, 언젠가 사라질 습관이라고 생각하고 다독을 목표로 정진하는 게 좋습니다.

Q. 배경지식과 독해력을 늘리기 위한 효율적인 방법이 있나요?

A. 같은 작가의 책 여러 권 읽기를 추천합니다.

한 작가가 쓴 책은 대부분 문체와 단어, 표현이나 요구하는 배경지식, 이야기 전개 방식이 매우 유사합니다. 다른 작가가 쓴 책을 볼 때마다 난이도가 들쑥날쑥해서 힘에 부친다면 같은 작가의 책을 여러 권 읽어보는 게 좋습니다. 마음에 드는 작가를 선정하여 그 작가가 최근에 출판한 책을 비롯해 10년, 20년 전 정도의 작품까지 훑어보면서 읽어 나가 보세요. 한 작가의 작품을 모두 섭렵했다면 다른 작가를 선택해서 똑같이 해보면 좋습니다.

Q. 속독 훈련은 얼마나 지속해야 하나요?

A. 오래 할수록 좋습니다.

속독 훈련을 과제로 했던 학생들을 기준으로 보면 매일 1시간 정도씩 꾸준히 훈련한다고 가정했을 때, 1.2배속에 익숙해지기까지 2개월에서 3개월 정도가 소요되었습니다. 그리고 1년 정도 꾸준히 지속하면 1.4배속까지 속도가 증가했습니다. 기본적으로 3개월 이상 실천해야 하고, 꾸준히 할수록 실력이 더 향상된다고 생각하시면 됩니다. 위에서 알려드린 속독법은 단기간에 집중적으로 실천하더라도 장기간 다독하지 않으면 소용이 없습니다. 속독이나 독해력은 한두 권을 집중적으로 읽어서 완성되는 것이 아니라 다양한 작가, 다양한 분야의 책을 수십, 수백 권 읽어야 완성됩니다. 또한, 1.5배속이 편해지는 날이 오더라도 그 이후 독서를 전혀 하지 않게 되면 글을 읽는 속도는 다시 떨어지게 됩니다. 책은 많이 읽을수록 더 집중해서 잘 읽을 수 있고, 자신에게 맞는 좋은 책을 고를 수 있게 됩니다. 그러니 얼마간 실천해보고 그만두겠다는 생각보다는 독서가 일상의 습관으로 남아 있도록 해보세요.

Q. 속독 훈련을 할 때 내용이 이해가 안 돼도 일단 눈을 따라가면 되나요?

A. 지금은 직독직해부터 하는 게 어떨까요?

모르는 단어나 표현이 조금 등장하는 건 괜찮지만, 이야기를 전혀 이해하

지 못하는 상황에서 눈만 따라가는 것은 속독 훈련이 아니라 의미 없는 눈
동자 훈련입니다. 완벽하게 이해하지는 못해도 적어도 어떤 이야기를 하
고 있는지는 파악할 수 있어야 합니다.

D

영어 작문과 영어 일기

영어 작문 필살기, 영어 글쓰기를 도와주는 영어 일기 쓰기 방법에 대해 알아봅니다. 영어로 일기를 쓰는 습관을 들여놓으면 말하기와 글쓰기 실력을 모두 올릴 수 있습니다. 일기는 말 그대로 '일기'이므로 따로 첨삭을 받을 필요는 없습니다. 매일 잠자리에 들기 전 30분 정도 시간을 내어 마음껏 적어보세요.

Write for fun.
Write for yourself.
Write to vent.
Write to laugh.

우리는 웃기 위해,
울기 위해,
자신을 보듬기 위해
글을 씁니다.

영어 작문은 한국어를 그대로 영어로 변환하는 과정이 아닙니다

원래 '영작'이라는 단어는 '영어로 글을 쓰다'라는 의미를 담고 있습니다. 하지만 학생들이 생각하는 '영작'과 실제 '영작'이라는 단어는 의미에 차이가 있습니다. 학생들은 '영작 연습'을 할 때 '영어로 글을 쓰는 것'이 아니라 '한글을 영어로 옮기는 번역'을 연습합니다. 그래서 영작 과정에서 한영사전을 이용하여 한국어로 검색한 후, 영어로 적힌 결과물을 가져다 씁니다. 예를 들어 다음과 같은 아주 짧은 표현을 말하거나 쓰고 싶다고 가정해봅시다.

1. 그냥 인사치레지, 뭐.

2. 나는 전 재산을 다 걸었다.

3. 너무 요행만 바라지 마.

4. '너무 독립적이다'라는 게 가능한가요?

5. 내가 할 수 있는 건 한계가 있다.

6. 이거 괜히 샀네.

7. 나한테 문제 내봐!

위 7개의 문장은 어떻게 영작할 수 있을까요? 말로 할 수 있다면 말로, 글로 쓰고 싶다면 문장 아래에 영어로 써봅시다.

1. 그냥 인사치레지, 뭐.

_____

2. 나는 전 재산을 다 걸었어.

_____

3. 우리 팀은 무방비 상태로 당했다.

_____

4. '너무 독립적이다'라는 게 가능한가요?

_____

5. 내가 할 수 있는 건 한계가 있다.

_____

6. 이거 괜히 샀네.

_____

7. 나한테 문제 내봐!

_____

일곱 문제를 모두 풀어보셨나요? 조심스레 예상해보면 많은 분이 문장의 전체 의미를 파악하여 영어식 표현으로 변형하기보다는 문장에 담긴 한국어를 그대로 검색해서 끼워 맞췄을 겁니다. 예를 들어 '그냥 인사치레지, 뭐'를 영작하기 위해 '그냥,' '인사치레,' '뭐'를 검색하거나, '무방비 상태로 당하다'를 영작하기 위해 '무방비 상태'를 사전에 검색했을 가능성이 큽니다. 그럼 이제 답변을 볼까요?

1. 그냥 인사치레지, 뭐.

Well, that's just an empty gesture.

2. 나는 전 재산을 다 걸었어.

I bet the bottom dollar.

3. 우리 팀은 무방비 상태로 당했다.

My team was caught flat-footed.

4. '너무 독립적이다'라는 게 가능한가요?

Is there such a thing as 'too independent'?

5. 내가 할 수 있는 건 한계가 있다.

There's only so much I can do.

6. 이거 괜히 샀네.

Another 50 dollars down the drain.

7. 나한테 문제 내봐!

Quiz me!

직접 적은 답안과 위 답안을 확인해본 후 어떤 차이가 있는지 생각해봅시다. 같은 의미가 담긴 문장을 말하더라도 언어에 따라 전혀 다른 단어와 표현을 사용한다는 걸 눈치채셨을 겁니다. 이 현상을 보고 많은 학생은 '아, 그러면 한국어와 영어식 표현을 정리해두고 암기하면 되겠네'라고 생각합니다.

물론 표현을 모두 암기해서 사용할 수 있다면 좋겠지만 이렇게 한국어와 1:1 대응이 되는 표현을 하나씩 일일이 외워야만 비로소 말하고 쓸 수 있게 된다면 총 몇 개의 문장을 직접 암기해야 할까요? 게다가 위 일곱 문제는 영어를 모국어, 또는 이중 국어로 사용하는 사람마다 다른 답을 내놓을 겁니다. 예를 들어 '이거 괜히 샀네.'라는 표현은 위에 적은 표현 이외에도 'good money down the drain,' 'a waste of money,' 'money wasted'라고도 말할 수 있습니다.

영어 글쓰기를 잘하려면 머릿속에 있는 지식이나 논리, 감정 덩어리가 그어떤 다른 언어도 거치지 않고 개념에서 바로 기호(영어 알파벳)로 전환되어야 합니다. 모국어인 한국어를 이용해 글을 쓰는 것과 정확히 같은 과정을 거쳐야 가장 자연스러운 영어 작문을 할 수 있게 됩니다. 하지만 평소 많은 학생들이 훈련하고 있는 '한국어 문장을 기준으로 영어로 번역'하는 방법은 '기계적 번역 연습'에 가까우며 '글쓰기' 연습이라고 보기에는 무리가 있습니다. 그렇다면 어떻게 머릿속에 있는 구체적 또는 추상적 개념이 바로 영어 문장으로 출력될 수 있을까요?

말하는 것과 달리 한 언어를 배워서 글을 쓰게 되기까지는 매우 오랜 기간 훈련을 거쳐야 합니다. 아이는 태어난 후 약 3년이 지나면 짧지만 비교적 정확한 문장을 말할 수 있게 되고, 약 10년이 지나야 비로소 글을 쓰기 시작합니다.

7~8세에는 받아쓰기를 시작하여 한글의 자음과 모음의 결합, 띄어쓰기, 구두점 사용을 익히기 시작하고, 매일 저녁에 30자에서 50자 정도 일기를 쓰라는 과제를 받습니다. 이후 중학교에 진학하여 각종 시험과 과제에서 주관식 문제와 짧은 에세이 문항의 답안을 완성하며 쉼 없는 글쓰기 훈련을 받습니다. 고등학교와 대학교에 진학하면 본격적으로 완성해 내야 할 에세이의 길이와 수준이 올라갑니다. 평소 독서량이 부족한 성인은 대학교 글쓰기 교양 과정에서 모국어로도 과제를 완성해 내기가 힘듭니다.

이렇게 우리의 글쓰기 실력은 하루아침에 완성되는 것이 아닌 약 10년 동안의 끊임없는 글쓰기 훈련과 독서 활동이 맞물려 읽을 만한 가치가 있는 글을 만들어내게 됩니다. 그 이후에도 독서와 글쓰기를 게을리하지 않아야만 더 좋은 글을 써나갈 수 있습니다. 모국어도 약 20년 후에야 괜찮은 글을 써낼 수 있고, 한국어를 8년간 몰입 교육으로 배운 한국인도 작문이 아닌 고작 '받아쓰기'로 글쓰기를 시작하는데 왜 우리는 영어를 배우자마자 작문을 해야 한다고 생각할까요?

문장을 쓸 수 없는 이유, 혹은 말을 할 수 없는 가장 단순한 이유는 내가 말하고자 하는 사실이나 감정이 어떤 영어 단어나 관용구를 사용해서 표현하는지 모르기 때문입니다. 머리에 충분한 정보가 들어 있지 않기 때문이지요. 이 책에 실려 있는 실험을 A부터 O까지 잘 살펴보시면 90% 정도는 인풋(정보를 입력하는 행위)에 집중되어 있습니다. 물론 아웃풋(글쓰기나 말하기) 훈련도 게을리해서는 안 되겠지만, 충분한 정보를 넣는 게 먼저입니다. 충분히 듣고 읽어야만 말과 글의 재료가 준비됩니다.

영어 글쓰기 훈련 유형

영어 글쓰기 훈련 유형을 4가지로 요약해보면 다음과 같습니다.

1. 글을 쓸 때부터 많은 고민을 한다. (관사는 제대로 썼는지, 명사의 단수, 복수는 맞춰 썼는지, 전치사는 올바른지 등) → 글을 제대로 완성하지 못하고 계속 문법책만 뒤적거린다.

2. 글을 자유롭게 쓰면서 모르는 건 당당하게 틀린다. → 어색한 표현이 있는지 첨삭 받는다. → 첨삭 받은 내용을 암기하여 다음에 틀리지 않도록 유의한다. → 제한적으로 문장력이 좋아진다.

3. 글을 자유롭게 쓰면서 모르는 건 당당하게 틀린다. → 첨삭은 받지 않지만, 평소에 많이 읽고 자주 쓴다. → (오랜 시간에 걸쳐 서서히) 문장력이 좋아진다.

4. 글을 자유롭게 쓰면서 모르는 건 당당하게 틀린다. → 첨삭도 받고, 평소에 많이 읽고 자주 쓴다. → (보다 단기간에) 문장력이 좋아진다.

1번 유형에 해당하는 학생들은 한 번에 완벽한 문장을 써내기 위해서 너무 많이 고민하고, 글쓰기 실력을 높일 방법을 '다독'이 아닌 '문법 학습'에서 찾습니다. 결국 문장력이 성장하지 못하고 작문을 포기하는 경우가 많습니다.

2번 유형에 해당하는 학생들은 첨삭을 통해 자연스러운 문장을 배우긴 하지만 평소 다독하는 습관이 없어서 시험 유형이나 특정 에세이 유형 등 평소에 써본 글만 잘 쓰는 등 다소 제한적으로 문장력이 좋아집니다.

3번 유형에 해당하는 학생들은 첨삭을 받지 않기 때문에 글이 중구난방으로 엉망일 수 있지만, 다독을 통해 저절로 글이 나아집니다. 모국어 학습법과 꽤 유사하며, 아주 오랜 시간에 걸쳐 서서히 문장력이 개선됩니다. 다독하는 과정에서 문법책이나 문체에 관한 도서를 겸해서 보면 더 좋은 글을 써나갈 수 있습니다.

4번 유형에 해당하는 학생들은 첨삭도 받고 평소에 많이 읽고 쓰기 때문에 가장 빠르게 성장할 수 있습니다. 3번 유형과 마찬가지로 문법책이나 문체에 관한 도서를 추가로 보면 글쓰기에 큰 도움을 받을 수 있습니다.

영어 일기 유형 6가지

금전적인 부담이 전혀 없으면서도 아주 효과적인 영어 글쓰기 훈련입니다. 영어 글쓰기 실력이 고민이라면 지금 당장 매일 30분, 1년간 영어 일기를 꾸준히 써보길 권합니다. 하루에 10~20문장 내외로 구성된 영어 일기를 매일 써나가면 글쓰기 실력에 큰 도움이 됩니다. 일기를 쓰는 동안에는 모르는 단어나 표현을 적극적으로 사전을 참고하여 쓰도록 합니다. 알고 있는 표현으로만 일기를 쓰는 것보다는 새로운 표현을 사용하려고 노력해야 더 다양한 글을 써볼 수 있습니다.

영어로 일기를 쓰는 동안에는 어려운 문장을 연습하려고 애쓰기보다는 편안한 분위기에서 머리와 마음에 떠오르는 생각을 글로 옮기려는 노력을 해야 합니다. 쉽고 간단한 문장부터 써나가면서, 문법이나 단어의 용법에 집중하기보다는 내용에 집중하도록 합니다. 영어 일기는 단순히 하루 동안 있었던 일을 나열하거나 기술하는 '일상 일기,' 하루 동안 배웠던 단어를 이용하여 문장을 만들어보는 '단어 일기,' 영상이나 책 등을 보고 감상을 적어보는 '감상 일기' 등 다양하게 쓸 수 있습니다.

- 추천 영어 일기 표현 도서: 《영어일기 표현사전》

  (저자 하명옥 | 넥서스 | ISBN 9791161656236)

1. 일상 일기

가장 흔한 일기 유형으로, 하루 동안 있었던 일 중 인상 깊었던 일에 관해서 이야기합니다. 처음 영어 일기를 써본다면 가장 쉽게 시작할 수 있는 유형입니다.

It was my first day of work last week. I went to the office early in the morning and got introduced to my colleagues. I noticed that one of them was my oldest friend, no, scratch that, enemy, Ga-young. Anyway, everyone except her was so nice to me, so I didn't mind. But after lunch that day, everything changed. Some of the team members avoided eye contact and some intentionally ignored my requests. At the end of last week, I found out that Ga-young scraped the bottom of the barrel in order to convince them to hate me. One of the worst days of my life.

(일기를 공유해주신 안나 님에게 감사드립니다.)

2. 단어 일기

드라마, 영화, 책, 외국인 친구와의 대화 등에서 최근 새로 배운 단어나 표현을 사용해서 영어로 작문해보는 일기입니다. 매일 비슷하게 반복되는 일상 일기가 지루해졌거나, 새로운 표현을 사용해서 작문해보고 싶다면 단어 일기를 추천합니다.

sardonic

cretin

I'm not being sardonic, but they were a bunch of cretins.

get bent out of shape

When I found out that my pet died at the pet salon, I got bend out of shape and started screaming to the staff.

lay it on thick / lay it on a little thick

She really laid it on thick when her trip got canceled.

kickstand

I brought my own kickstand.

on the spur of the moment (a spur-of-the-moment decision)

We got married in Vegas and it was a spur-of-the-moment thing.

officiate at someone's wedding

Mr. Lee will officiate at their wedding.

have an angioplasty

My dad had an angioplasty last week and he's still recovering.

fill up on bread

Don't fill up on bread.

(일기를 공유해주신 수현 님에게 감사드립니다.)

3. 감상 일기

최근에 읽은 책, 시청한 영상 등에 대한 감상을 적습니다. 글이나 영상에서 다룬 토픽에 대해 중점적으로 이야기하게 되므로 보다 다양한 표현을 연습해볼 수 있습니다.

What Would You Do if You Were Not Afraid? Nancy Sathre-Vogel at

TEDxJacksonHole

https://youtu.be/mMasmrJOmEo

I cried a bit watching this Youtube. On the point that the Universe will help me out only if I try.

Getting help from others is one of the things that I least expected in my life. When I was a kid, my parents were very unhappy with each other, fighting day and night for almost 10 years during my junior high and high school years. I locked myself in my bedroom turning up the volume of some rock music. I have to admit, I tried to kill myself several times. My parents were unhappy and I was unhappy, too. We were perfectly unhappy family stuck together. My older brother was living in a boarding school, so he didn't need to confront or witness so much of their fight, but my younger brother and I lived with my parents so we had to be their punching bag. We were emotionally hurt and for me, I was irrevocably damaged. No one was there to help me out, and neither for my younger brother. I was young, and my brother was even younger. I have this guilt that I couldn't protect him when I had to, along with my own burden of psychological trauma from abusive parents.

After horrendous fights, my mom used to come into our room and stroke patiently our backs and said 'forget and forgive, I am sorry.' So, I forgot and forgave. At least I thought I did. They did not get divorced and said it was all for us. When we would get married, they thought that one parent would not be enough and even flawed.

My older brother got married several years ago. And my family doesn't look flawed from outside. But from inside, we are a perfect form of puss. We all have our own agony but we don't talk about it. At least, I don't. I don't expect someone to be helpful in my life and a long time ago, I unconsciously decided to avoid any situation that I would require someone's help with all my strength. That was simply not the option. I feared what if the other person said no to my request? I could not take it. I couldn't take no for an answer not because I was brave, but because I was weak. I was all alone, barefoot, empty-handed in this giant world where help was always on the way for others. My choice in life was quite limited thereafter. I had to do things that I could do on my own. Emotionally, physically, I had no place to hide or lean on.

So that's why I cried when the speaker said the Universe will help us out only if we try.

Because honestly, I didn't know. That the universe would help ME. help ME, too. Not just others. But me, too. That I deserve to be happy and to get help.

On the face of an obstacle, not to mention that the obstacle doesn't have to be gigantic to discourage me, I ran away. I turned my back and convinced myself that that was not what I wanted. And I have been doing the same thing again, for the past 2 weeks. I was doing my best to self-sabotage. I tried to convince myself that this is not my dream job. I tried to convince myself that I only do this for the money. I tried to convince myself that going to grad school would be a waste of time. I tried to convince myself that I have other passions. I tried to convince myself that I was doing this because I am rational and responsible. I tried to convince myself that I was not a coward. But I know now. I have been a coward and it needs to change.

It wasn't about 'what I should do with my life?'
The question itself is wrong.
Innately, From the start, Completely Wrong.
The question has to be
'What I shouldn't be afraid of pursuing?'
(일기를 공유해주신 영민 님에게 감사드립니다.)

4. 필사 일기

감명 깊게 읽었던 문장을 필사하거나, 필사 후 감상을 추가하여 일기를 완성할 수 있습니다.

"What is a person to do, I asked, when their obligations to their family conflict with other obligations - to friends, to society, to themselves?"

from Educated by Tara Westover p.317

There are two 'me'.
Or more exactly, there are two versions of me.

One is a traditional, stereotypical woman who would take medals for pleasing her parents and try her best to live up to their expectations.

Another is an artist, a promiscuous girl who doesn't give a shit about all the above-mentioned duties, and she speaks the language of evil.

They two are colliding, communicating and compromising. They have done so for a long time without even noticing. Tara's trouble is innately different from mine, but they seem to have the same burdening weight for each of us. Seriously, so what should a person do when this happens?

(일기를 공유해주신 민정 님에게 감사드립니다.)

5. The Book of Questions를 이용한 일기

Gregory Stock이 쓴 《The Book of Questions》를 이용하여 일기를 쓸 수 있습니다. 총 300개 정도의 다양하고 기발한 질문이 수록되어 있으며, 하나씩 답변하면서 많은 생각을 해볼 수 있습니다. 이외에 《The Question Book: What Makes You Tick?》 (저자 Mikael Krogerus) 또는 Evelyn McFarlane의 If 시리즈 [원제 : If…: (Questions for the Game of Life)] 등을 참고해봐도 좋습니다.

'Question 147

A psychotic online stalker fixates on you and mounts a relentless assault to ruin you through threatening emails, public postings with horrible accusations, and vile notes to your family, friends, and acquaintances. The authorities can do nothing, and everything else has failed to help. Only two options remain: learn to live with it, or pay a large sum to someone who will

discreetly find and kill the person. Which would you choose?'

First of all, even if I kill the stalker, I'm sure I will dream about him every night. Maybe he will come as a ghost and try to threaten me. No matter what, in any condition, the stalker will be my weakness. Then, there would be no option. I need to learn how to deal with the stalker, before he destroys my life. Mostly, stalkers lose interest when people don't have any reaction. They really want to get attention. The best way to solve this problem is ignoring. Of course, maybe the stalker will send a lot more spam emails and messages. All I need to do is block him again and again. And at the same time, I will save all the evidence just in case. Also, I might need to take a meditation class or therapy. Of course, I will delete all my personal infos on every SNS such as Instagram and Facebook. I can survive without SNS, so it won't be a big problem. Hopefully this effort helps me to ignore him or the stalker will give up harassing me. If everything doesn't work, maybe I will hire... a killer? Hopefully I would have enough money lol.

(일기를 공유해주신 소연 님에게 감사드립니다.)

'Question 209

Which would you rather have: one intimate soul mate but no other good friends, or no soul mate but lots of good friends?'

This is a tricky question. But I am glad that the last part is 'good friends', not 'crappy friends.' If I have to choose one, I would like to choose the second one. This is not my ideal choice, because, well let's be honest, we all want one soul mate and lots of great friends. But the question is kind of dramatic; therefore, my reason for choice should be quite eccentric, too. I would like to have multiple good friends because of my deepest and true fear of getting dementia. I saw this video the other day that if people only communicate with a small number of people, the possibility of getting brain disease increases. There are lots of cruel and soul-sucking illnesses around the world, but I think the most horrifying one is to get a brain disease, especially the one that erases your memory. If you are mentally dead, even if your body functions, I don't think you're alive. If I had just one soul mate, and he or she is the only person that I communicated with, I think my chance of getting that horrible disease would increase rapidly. So my irrational fear made me choose the latter.

(일기를 공유해주신 미리 님에게 감사드립니다.)

6. 음성 인식 기능을 이용한 일기

iPad, iPhone, Samsung Galaxy 등 음성 인식 기술을 지원하는 기기를 이용하여 음성 일기를 써보세요. 별도 유료 앱보다는 에버노트나 S Note, 맥용 Notes 등을 사용하면 무료로 녹음할 수 있습니다. 직접 글로 쓰는 게 아니라, 말을 녹음하는 형식이므로 말하기 연습도 할 수 있습니다.

영어 일기 쓰기의 장점

영어 일기 쓰기는 다음과 같은 장점이 있습니다.

1. 매달, 매년 정기적으로 일기를 확인하여 스스로 실력 발전을 가늠해볼 수 있습니다. 작년에 썼던 일기의 문장이 단순하고 허접해 보인다면 내 영어 실력이 발전했다는 객관적 증거입니다.

2. 새로운 단어와 표현을 배우고 적극적으로 써볼 수 있습니다. 사전을 검색하여 나온 새로운 표현뿐 아니라 원서나 잡지 등 다른 곳에서 본 표현까지 일기 쓰기에 접목해 활용해볼 수 있습니다.

3. 생각을 글로 옮기는 훈련을 할 수 있습니다. 처음에 영어로 일기를 쓰기 시작하면 아주 사소한 표현도 모르거나, 생각이 나지 않아서 아주 답답합니다. 하지만 사전도 찾고 영어 일기 쓰기와 관련된 도서를 읽으면서 직접 글을 써보는 연습을 반복하면, 생각을 글로 풀어내는 과정이 한결 편해집니다.

4. 필사와 연계하여 좋아하는 문장을 베끼면서 그 문장을 토대로 생각을 이어나갈 수 있습니다. 일기 쓰기가 몇 달 반복되면 항상 쓰는 표현에 익숙해져서 자칫 일과를 보고하는 지루한 보고서가 될 가능성이 큽니다. 더욱 다양한 관점에서 새로운 이야기를 다루고 싶다면 낮 동안 읽었던 원서에서 인상 깊은 문장을 가져와서 영어 일기에 적어보거나 여러 미디어에서 다뤘던 이야기를 중심으로 감상평을 써보도록 합니다.

영어 일기, 지금 한번 써볼까요?

오늘 하루, 어땠어요?

Date: _____ . _____ . _____ .

Q. 영어 일기를 쓴 후 반드시 첨삭을 받아야 하나요?

A. 영어 일기는 첨삭을 받지 않아도 됩니다.

일기는 우리 내면의 생각, 느낌, 하루 동안 있었던 일을 담는 사적인 공간입니다. 사적인 공간을 타인에게 공개해야 한다면 우리는 어느새 가면을 쓰게 됩니다. 내가 느낀 감정은 무시하고 어떤 내용이 타인에게 공개하기에 더 적절한지 고민하게 되고, 어떤 내용을 써서는 안되는지 자기 검열을 하게 됩니다. 결국 감정을 솔직하게 표현하지 못하고, 남에게 보여주기 위한 일기를 쓰게 될 확률이 높습니다. 비록 틀린 문장이 있더라도 매일 읽고, 들으면서 저절로 문장이 더 좋아지기를 기다리는 편이 나으며, 만약 검토를 받고 싶다면 에세이 주제 등을 골라 작문하도록 합니다.

Q. 만약 영작 결과물을 봐줄 선생님이 없다면… 영작 후에 문법을 검사해주는 프로그램이 있을까요?

A. 네, 많이 있습니다.

여러 어플과 프로그램 중 무료로 쓰기에 가장 추천할 만한 툴은 Grammarly라는 앱입니다. 컴퓨터에 응용프로그램으로 설치해서 사용할 수 있고, 브라우저의 확장 프로그램으로, 또 앱을 설치하여 사용할 수도 있습니다. 프리미엄 버전으로 업그레이드하면 더 많은 서비스를 받을 수 있으나 무료 버전으로도 충분히 쓸 만합니다.

Q. 문체가 뭔가요? 선생님께서 말씀하신 영어 글쓰기에 도움이 되는 문체에 관한 책이나 영문법 책을 소개해 주실 수 있나요?

A. 사람마다 그림체, 말투, 작사 또는 작곡 스타일이 있는 것처럼 글 역시 저마다 특색을 달리합니다.

간단하고 명징한 글을 객관적으로 좋은 문체라고 하기도 하지만, 제가 생각했을 때 문체는 주관적인 취향에 따라 선호도가 달라질 수 있다고 생각합니다. 영어로 문장을 읽고 쓰는 일이 익숙해졌다면 나름의 문체를 다듬고, 글쓰기를 훈련할 수 있도록 중급, 고급 학습자들이 읽을 수 있는 흥미로운 책을 몇 권 소개해드리겠습니다. 아래 책을 하나씩 살펴보고, 또 원서를 다독하며 작문 노트(글쓰기 규칙 및 좋은 영어 표현을 정리한 노트)를 만들어보는 방법을 추천합니다.

1. 《Style: The Basics of Clarity and Grace》(저자 Joseph Williams)

번역서 : 《스타일 레슨》| 출판사 크레센도

명확하고 일관성 있는 글쓰기를 위한 학습 도서입니다. 예제도 많이 수록되어 있어서 각 개념을 충분히 이해하고 넘어갈 수 있습니다. 문법적인 설명도 많이 나와서 중급 이상인 분들에게 적합합니다. 조셉 윌리엄스 교수님의 책은 국내에 두 번 번역되어 한 권은 《스타일 레슨》으로, 다른 한 권은 《Style 문체》라는 제목으로 출간되었습니다. 《Style 문체》는 현재 절판되었지만, 더 포괄적인 내용을 담고 있으므로 중고 서적을 구할 수 있다면 신판과 구판 모두를 읽어 보시기 바랍니다.

2. 《Practical English Usage 4th Edition》(저자 Michael Swan)

번역서 : 《옥스퍼드 Practical English Usage 실용어법사전》| 출판사 YBM

제목에 'practical(실용적)'이라는 단어가 붙기는 했지만 실용 문법과 규범 문법 모두를 다루

고 있는 책입니다. 흔한 문법서와 다르게 단어의 활용 방식을 기준으로 정리해두어서 레퍼

런스로 참고하기 좋습니다.

3. 《영어 구두점의 문법》(저자 한학성), 《영어 관사의 문법》(저자 한학성)

쉽게 지나칠 수 있는, 그래서 실수하기 쉬운 관사와 구두점에 대해 각각 약 200페이지 분량

으로 정리해둔 책입니다. 내용이 꽤 깊게 들어가서 중급 이상의 분들에게 적합합니다.

4. The Elements of Style (저자 William Strunk Jr., E.B.White)

번역서 : 《영어 글쓰기의 기본》| 출판사 인간희극

100페이지 정도의 글쓰기 룰북rule book으로 명확한 글쓰기를 위한 스타일 가이드입니다. 대

학 강의 교재로도 자주 활용되는 책으로 영작 실력이 초·중급이어도 볼 수 있습니다.

• 영어 글쓰기 훈련에 필수적인 도서 소개 영상 QR:

엄청난 영작 표현책 + 내가 영작한 문장이 틀렸다면? (영어일기 표현사전)

https://www.youtube.com/watch?v=u2_MiLb7GJQ

영어 글쓰기(영작) 제대로 하기 – 글쓰기의 요소/스타일 레슨/PEU

https://www.youtube.com/watch?v=orSgpMDGDn0

E

필사

영어 읽기 및 글쓰기 공부 방법의 하나인 필사에 관해 설명합니다. 필사는 집중력을 향상시키고 마음을 정화해주는 효과가 있습니다. 이 활동을 꾸준히 지속하면 글을 더 자세하고 꼼꼼하게 읽고 쓸 수 있게 됩니다.

**Fill your room with nonsensically
fragrant candles.
And start writing.**

방 안 가득 기분좋은 향기로 가득 채우세요.
이제 글을 써볼까요?

필사를 시작하기에 앞서

언어를 배우다 보면 가장 힘든 부분이 바로 '글쓰기'입니다. 처음에는 말하기가 가장 힘들다고 느끼지만 실력이 늘수록 정교하고 깔끔한 글쓰기가 얼마나 힘든 일인지 알게 됩니다. 글쓰기 공부를 위해 많은 분이 원서 필사를 선택하여 매일 글을 써나가고 있습니다. 필사는 단행본에만 국한되는 것이 아니라 신문 기사나 잡지, 드라마 스크립트 등 다양한 소재를 선택하여 시작할 수 있습니다.

영어 도서 필사의 장점은 크게 3가지가 있습니다.

첫 번째, 좋은 글을 자꾸 따라 쓰다 보면 고급스러운 단어와 문장 구조를 습득하게 됩니다. 좋은 문장들이 머리에 가득 쌓이면 아주 사소하게는 영어 글쓰기 과목이 포함된 공인 영어 시험을 부담 없이 치를 수 있게 되고, 조금 더 장기적으로 봤을 때는 영어로 집필하게 되거나 논문을 쓰게 되는 등의 고급 글쓰기 상황에도 자신 있게 임할 수 있게 됩니다.

두 번째, 필사라는 모방 행위를 발판 삼아 창조의 영역으로 나아갈 수 있습니다. 여타 예술 분야와 마찬가지로 글쓰기 역시 모방으로 시작하여 창조로 이어질 수 있습니다. 우리가 천재 작곡가로 잘 알고 있는 모차르트와 베토벤도 악보를 참 많이 베꼈다고 합니다. 유명한 화가들도 명화 베껴 그리기를 많이 합니다. 좋은 글을 자주 베껴 쓰다 보면 좋은 문체와 표현을 배우고, 나아가 나만의 문체를 끌어낼 수도 있습니다.

세 번째, 심리 치료 효과입니다. 우울할 때는 긍정적이고 좋은 글을 베껴 쓰는 활동을 하면 우울한 기분을 덜어주기도 합니다. 조용하고 적당히 어두운 방에 홀로 앉아 마음을 가다듬고 명언이나 좋은 이야기를 필사하는 과정에서 삶의 이유를 곰곰이 생각해보고 하루하루를 살아갈 활력을 얻을 수 있습니다.

이제 필사를 시작해볼까요?

필사를 시작하기 전에 먼저 필사하고 싶은 책을 골라야 합니다. 단순히 '필사'를 목적으로 책을 고르기보다는 이미 읽었던 책 중에 감명 깊었던 책을 고르는 게 더 좋습니다. 간혹 의미를 전혀 모른 채로 영문을 필사하는 분들도 있습니다.

하지만 필사는 책에 적힌 문장의 깊은 의미를 받아들이고 곱씹는 과정으로, 이미 읽은 책, 그리고 그 의미를 충분히 이해한 책을 대상으로 해야 합니다. 좋은 책을 골랐다면 시작하기 전에 충분히 여러 번 읽고 내용을 이해한 후, 내가 정말 오랫동안 기억하고 싶은 표현이나 감명 깊었던 구절 위주로 필사해나가면 됩니다.

책을 고른 후에는 마음에 드는 공책과 연필 또는 펜 한 자루를 함께 준비하세요. 그리고 방의 분위기를 조성합니다. 방의 밝기는 너무 밝지 않게, 은은한 조명 몇 개면 됩니다. 좋아하는 향초를 가져와서 켜도 좋습니다. 그리고 하루 30분에서 한 시간 정도 명상과도 같은 필사 시간을 즐기면 됩니다.

저는 필사를 자주 하는 편은 아닙니다. 평소 원서를 읽을 때 감명 깊은 문장을 줄 그어 두고, 완독한 후 필사를 할지 결정합니다. 가끔 마음을 따뜻하게 감싸주는 따뜻한 문장이나, 반대로 심장을 송곳으로 찌르는 것 같은 충격적인 문장을 마주할 때 필사하는 시간을 갖곤 합니다.

최근에는 Tara Westover의 《Educated》라는 책을 읽으며 2시간 내내 필사에 심취했던 기억이 있습니다. 책을 통째로 필사하는 때도 있지만, 필사는 양보다는 질입니다. 팔과 손가락 운동이 아니라 마음과 머리가 집중해야 하는 행위입니다. 한 문장을 여러 번 필사해도 좋고, 한 권을 다 필사해도 좋지만, 무엇보다 손 운동이 아닌 마음 운동이 될 수 있도록 신경을 써주셔야 합니다.

필사하기 좋은 책

영어 필사와 관련해서는 '어떤 책을 필사하면 좋을까요?'라는 질문을 많이 받습니다. 이는 마치 '여러 번 읽기 좋은 책은 뭐가 있을까요?'라는 질문과 비슷하게 보입니다. 우리 모두에게 필사에 적합한 책은 다 다를 겁니다. 살아온 모습에 따라, 삶의 시기에 따라, 또 개인 취향에 따라 그때그때 맞는 책을 고르면 됩니다. 은연중에 문체나 표현이 습득될 것을 고려하여 상을 받은 작품이나, 전 세계에서 두루 인정받은 작품만을 고르려는 학생들도 있습니다.

하지만 반드시 수상한 작품이나 고급스러운 문체의 글만 고집할 필요는 없습니다. 동화나 청소년 소설 등에 나오는 쉽고 간단한 글을 따라 쓰면서 보다 단순하지만 명료하게 자기 의사를 밝히는 방법을 알게 될 수도 있습니다.

독서를 마친 후의 소감은 우리 모두 다릅니다. 재미있고, 시간을 떼우기 좋았던 책이 있는가 하면 자꾸 줄이 그어지고, 생각을 많이 하게 만드는 책도 있습니다. 내가 오래 기억하고 싶은 문장이 한 줄 걸러 한 줄로 나올 수도 있습니다. 내가 닮고 싶은 문체나 논리 전개 방식을 보여주는 작가를 발견하게 될 수도 있습니다. 내가 닮고 싶은 글을 쓴 작가라면 문학, 비문학, 미디어 등 장르를 막론하고 필사해보는 것을 추천합니다.

필사는 다른 학습 방법과 접목해서 사용할 수 있습니다. 읽고 따라 적는 것도 좋지만, 오디오북이나 영상 등을 켜두고 듣고 필사해도 좋습니다. 또 필사해둔 문장에 덧붙이고 싶은 생각이 있으면 마치 영어 일기를 적듯 필사한 문장 아래에 내 생각을 적어보는 것도 좋습니다. 일상을 주제로 한 영어 일기를 적을 때는 반복적인 일상으로 자주 쓰는 단어나 표현만 반복되는 경우가 많지만, 필사와 영어 일기 쓰기를 동시에 하면 보다 다양한 주제로 고민해보고 내 의견을 적어볼 수 있습니다.

필사, 오늘 저녁에 한번 해볼까요?

최근 감명 깊게 읽은 텍스트를 준비해주세요.

Date: _____ . _____ . _____ .

Book/Article Title: _____

최근 감명 깊게 읽은 텍스트를 준비해주세요.

Date: _____ . _____ . _____ .

Book/Article Title: _____

최근 감명 깊게 읽은 텍스트를 준비해주세요.

Date: _____ . _____ . _____ .

Book/Article Title: _____

Q. 필사할 때 문장을 암기해서 해야 하나요?

A. 반드시 문장을 모두 암기해서 적을 필요는 없지만 가능하다면 해보는 게 좋습니다.

만약 10개 문장으로 구성된 한 문단을 필사한다면 10개 문장을 한꺼번에 암기해서 할 필요는 없지만, 문장 한두 개 정도는 짧게 기억한 후에 옮겨보는 게 좋습니다. 예를 들어 아래 단락을 필사한다고 가정해봅시다.

You were my child. I should have protected you.

I lived a lifetime in the moment I read those lines, a life that was not the one I had actually lived. I became a different person, who remembered a different childhood. I didn't understand the magic of those words then, and I don't understand it now. I know only this: that when my mother told me she had not been the mother to me that she wished she'd been, she became that mother for the first time.

출처: *Tara Westover, 《Educated》, RandomHouse, p.272*

첫 문장 'You were my child.'를 필사할 때는 You를 적은 후 다시 문장을 보고 were를 적고, 또다시 문장을 보고 my child를 적는 게 아니라 한 번에 마침표까지 단숨에 적을 수 있도록 합니다. 만약 1개 문장을 옮기는 데도 단어 하나하나마다 책을 확인해야 한다면 필사를 하기 전에 문장을 조금 더 여러 번 읽고 오기를 권합니다.

Q. 필사하는 도중 모르는 단어가 자꾸 나오면 어떻게 해야 하나요?

A. 필사는 이미 읽고 이해한 내용을 따라 적는 것이므로 모르는 단어가 등장해선 안 됩니다.

필사는 미리 문장을 해석해보고 모르는 단어도 다 암기한 후에 해야 합니다. 독서 후 정리한 모르는 단어를 모두 암기한 후에야 필사를 시작할 수 있는 건 아니지만, 적어도 필사하는 부분의 단어와 내용은 충분히 이해한 후 필사를 시작하는 게 좋습니다.

Q. 영작 연습을 필사로 대체해도 되나요?

A. 필사는 다른 여러 형태의 영작 연습을 대체할 수 없습니다. 보완할 뿐입니다.

필사는 남의 문장을 따라 적는 과정으로 글쓰기에 긍정적인 영향을 줍니다. 하지만 남의 생각을 남의 문체로, 남의 단어와 표현으로 옮겨둔 문장을 따라 쓰는 것과 내 생각과 감정을 전달하는 나만의 글을 쓰는 것은 완전히 다른 행위입니다. 어떤 언어든 글을 잘 쓰려면 그 언어로 된 책을 많이 읽고, 또 여러 주제로 다양한 글을 많이 써봐야 합니다. 글을 쓰는 과정에서 남의 글을 베끼는 필사가 분명히 도움이 되겠지만, 내 글을 직접 써보는 활동 역시 매우 중요합니다.

Q. 영작에 결정적인 도움이 안 되는 거라면, 필사는 왜 하나요?

A. 필사는 단순히 영어 작문 실력을 높이기 위해 하는 게 아닙니다.

영어로 쓰인 아름다운 글을 읽으며 문체를 음미하고, 좋은 표현을 배우고, 내용을 곱씹는 시간을 가지면 영어라는 언어와 더 친해질 수 있습니다. 우리가 처음 보는 사람과 친구가 되려면 어떻게 해야 할까요? 그 친구의 인적 정보나 생김새만 알아서는 친구라고 할 수 없습니다. 그 사람과 더 많은 시간을 보내고, 속 깊은 이야기를 나눠야만 진정한 친구가 될 수 있습니다. 필사를 통해 마음을 울리고 감명을 주는 문장을 영어로 많이 만나다 보면 영어와 좋은 친구가 될 수 있습니다. 좋은 친구는 곁에 오래 남아 있습니다. 필사를 통해 좋은 영어 문장을 많이 만나게 되면 영어를 배우는 시간과 과정이 스트레스의 원인이 되는 것이 아니라, 내가 지치고 우울할 때 영어는 나를 일으켜 세워주고, 끌어주고, 당겨주는 친구가 될 수 있습니다.

F

직장인을 위한 학습법

직장인을 위한 영어 학습법 자체가 따로 있는 건 아니지만 출퇴근과 야근이 필수적인 삶을 사는 분들에게 알려드리고 싶은 학습 팁을 소개합니다. 이번 실험 F를 읽은 후 지금까지 계속 실패해왔던 많은 계획을 일정한 간격으로 모두 실천해 나갈 수 있길 바랍니다.

Step by step.
You'll get there.

한 걸음씩 조심스럽게 내디딘다면
결국 도착하게 될 겁니다.

직장인을 위한 영어 공부

직장인을 위한 영어 공부 방법은 학생들이나 시간이 조금 더 넉넉한 분들과는 그 결이 아주 다릅니다. 특히나 옴짝달싹할 수 없는 지하철 안에서 느긋한 마음으로 책을 읽거나 오디오북을 듣는 건 생각보다 엄청난 체력과 정신력을 필요로 합니다. 아무리 효과가 좋은 방법이라고 해도 지친 몸을 항상 이길 수는 없습니다. 초월적인 정신력이나 인내, 끈기, 마음가짐 등을 매 순간 요구하기보다는 나를 돌아보는 시간을 갖는 게 더 중요합니다.

1. Start Small: Recommended Habits
(작은 것부터 시작하세요.)

매일 아침 출근길, 혹은 퇴근 후에 30분, 1시간 정도를 투자하여 충분히 해낼 수 있는 작은 것부터 시작해봅시다.

(1) 핸드폰을 볼 시간이 있는가? → 핸드폰 사용 언어를 영어로 변경합니다.

(2) 컴퓨터를 할 시간이 있는가? → 컴퓨터 사용 언어를 영어로 변경합니다.

(3) 정보를 찾기 위해 인터넷에 자주 검색해보는가? → 구글에서 영어로 검색해봅니다.

(4) TV 볼 시간이 있는가? → 넷플릭스로 해외 드라마나 영화를 봅니다.

(5) 통학 시간이나 출근 시간에 이어폰을 사용할 수 있는가? → 오더블 앱을 이용합니다. (본 도서의 실험 B 참고)

(6) 음악을 즐겨 듣는가? → 팝송을 듣습니다.

처음 공부 습관을 잡을 때는 '드라마를 볼 때 쉐도잉은 해야 하는지', '자막은 영어 자막으로 봐야 하는지, 무자막으로 봐야 하는지', '오더블 원서는 어떤 것으로 골라야 하는지' 크게 고민할 필요가 없습니다. 그저 마음이 가는 대로, 내가 하고 싶은 대로 하면 됩니다. 쉐도잉을 하고 싶으면 하고, 자막은 내가 원하는 자막을 켜서 봅니다. 원서도 내가 마음에 드는 표지, 내가 마음에 드는 작가를 고르면 됩니다. 작가의 문체가 우수한지, 수상한 경력이 있는 책인지 크게 개의치 마세요. 시작은 작고, 사소하고, 또 단순하게 하는 게 좋습니다.

2. Do not spend too much time on planning.
(계획은 단순하게)

계획을 세우는 데 너무 많은 시간을 허비하지 않도록 합니다. 인터넷을 여기저기 탐색하고, 이 책, 저 책 들춰보면서 계획을 세우는 시간은 실제로 공부를 하는 시간보다 더 즐겁습니다. 그 이유는 계획을 실천하는 과정에 집중하는 것이 아니라 계획이 정말 '계획대로' 흘러갔을 때 마주하게 될 승리를 너무 빠르게 자축하기 때문입니다. 그래서 실제로 내가 해낼 수 있는 양보다 과하게 계획하기도 합니다.

하지만 이렇게 허상에 집착하여 매번 거창한 계획을 세우고, 실패하고, 또 세우고 실패하는 과정을 반복하면 자존감에 큰 상처를 입게 됩니다. 일주일 정도 책과 기타 자료를 참고하여 계획을 단순하게, 담백하게 세우고 하루빨리 실천해야 합니다. 내가 만약 일주일 넘게 자꾸 공부법만 검색하고 있다면 적신호가 켜졌다고 생각해야 합니다. 간단한 계획을 세우고, 계획이 주는 허상에서 벗어나 다음 단계인 진짜 실천으로 넘어가길 바랍니다.

3. Do not spread yourself too thin.
(한꺼번에 너무 여러 가지 하지 않기)

인터넷 검색창에 '영어 공부법'이라고 검색하면 수십, 수백만 가지의 자료가 한꺼번에 쏟아집니다. 선생님마다 학생마다 제각각 다른 공부법을 주창하며 '반드시 봐야 하는 자료'라는 매력적인 제목으로 우리를 현혹합니다. 이런 정보의 홍수 속에서 학생들은 너무 쉽게 한꺼번에 많은 계획을 세웁니다. 단어장과 문법책을 동시에 구매하고, 드라마와 영화, TED 강의 영상 등을 고르기 시작합니다. 오랜 시간 공을 들여 멋진 계획표를 세우지만, 이 계획은 길어봐야 한 달도 채 가지 못합니다.

인터넷에서 검색하기 전에 생각했던 공부법이 두 개라면, 검색 몇 번에 공부해야 할 책이, 봐야 할 드라마가 10개로 늘어납니다. 그래서 결국 너무 많은 일을 벌여두고, 그 어떤 것도 제대로 하지 못하고 계획이 무산됩니다. 하지만 아무리 생각해봐도 내가 찾은 공부법, 자료들을 다 봐야 할 것 같은데, 도대체 어떻게 해야 내가 원하는 자료를 모두 볼 수 있을까요?

지금까지 꾸준히 영어 공부를 해왔다면 특별히 그 계획을 변경할 필요 없이 계속해 나가면 됩니다. 반면 처음으로 영어 공부를 시작했거나, 혼자서 영어 공부를 하는 게 익숙하지 않다면 '한 번에 하나씩' 해보도록 합니다. 아래는 학생들이 영어 독학을 결심한 후 공통으로 세우는 계획의 예시입니다.

〈매일 혹은 격일 계획표〉

(1) 원서 10쪽 읽기

(2) 드라마 쉐도잉 30분~1시간 하기

(3) 문법책 챕터 1개씩 공부하기

(4) 스크린 영어회화책 매일 출근길에 챕터 1개씩 듣기

(5) 전화 영어 일주일에 3번

(6) 테드 영상 1개 보고 단어와 표현 정리

(7) 단어장 챕터 1개씩 암기하기

운동, 공부를 비롯한 새로운 활동이 익숙해지는 데까지는 적어도 30일에서 60일이 소요됩니다. 위 일곱 가지 활동을 모두 해내고 싶다면 한 가지 활동에 각 한두 달 정도의 적응기를 주어야 합니다. 동시에 7가지를 모두 실행하는 계획은 직장인에게 절대 일일계획이 될 수 없습니다. 이 계획은 '지키기 힘들다'를 넘어서 '불가능'에 가깝습니다.

가장 먼저 해야 할 일은 계획표에서 활동을 1개만 골라내 생활에 도입하는 겁니다. 나머지 여섯 가지는 잠시 잊으세요. 두 가지 활동도 안 됩니다. 딱 하나만 가지고 와주세요. 예를 들어 출근길에 스크린 영어 회화책의 챕터 1개를 듣는 것, 이 활동을 먼저 일상에 넣고 매일 지켜나가 보세요. 30일 또는 60일 정도 매일 지켜나가면 이 계획은 단순히 '계획'에서 '습관'이 됩니다. 아침 식사를 하고 양치하고, 출근길에 나서는 것처럼 스크린 영어 회화책 챕터를 듣는 일이 아주 당연한 일과가 됩니다. 이렇게 하나의 활동이 아주 당연한 나의 습관으로 자리 잡는다면 두 번째 활동을 시작합니다.

어떤 계획은 너무 새롭고 난이도가 높아서 습관으로 자리 잡기까지 시간이 더 많이 걸릴 수도 있습니다. 특히나 그저 듣기만 하는 활동보다 '암기'나 '쓰

기' 등 손과 머리가 바삐 움직여야 하는 활동이라면 매일 지켜나가기도, 또 습관으로 자리 잡기도 힘듭니다. 예를 들어 원서를 처음 읽어보는 학생이라면 '원서 읽기 활동'은 너무 새롭고 신선한 계획이라 30일, 60일로는 습관으로 자리 잡기 힘들 수 있습니다. 이런 종류의 계획은 급하게 마음먹기보다는 90일, 120일 천천히 지켜보면서 습관으로 자리 잡도록 자신을 격려해줍니다.

그리고 이렇게 큰 계획이 익숙해지면 또 다음 계획도 일상에 투입합니다. 한꺼번에 일곱 가지 활동을 모두 일상에 넣으려고 하면 사흘 만에 실패하지만, 이렇게 하나씩 일상에 넣어서 나도 모르는 내 습관으로 자리 잡게 한다면, 1년이면 위 계획표에 적힌 모든 활동이 숨 쉬는 것처럼 자연스럽고, 스트레스 없이 내 하루 안에 머물게 됩니다.

4. Do not rush. Nothing bad is going to happen to you. (서두르지 마세요. 괜찮아요.)

이렇게 하나씩 천천히 해나가도록 지도하면 불만을 표시하는 학생들이 더러 있습니다. '7개를 동시에 해야 더 빨리 나아질 수 있는 게 아닌가요? 이래서 언제 실력이 늘겠어요?'라고 묻기도 합니다. 이런 걱정도 충분히 이해됩니다. 더 늦기 전에, 더 많이 해야 더 빨리 실력을 높일 수 있는 게 아닌가 하고 의문과 걱정이 동시에 생길 수 있습니다.

하지만 이렇게 생각해보세요. 지금까지 여러 가지 계획을 한꺼번에 하려다가 번번이 실패하지는 않으셨나요? 매번 다짐할 때의 마음과 일주일, 한 달 후의 마음이 너무 다르지는 않았나요? 지금까지 공부에 손 놓고 지낸 기간을 만회하려고 되려 너무 무리한 계획을 세우지는 않았나요? 이제는 이런 악순환에서 벗어나야 합니다. 항상 같은 행동을 반복하면서 다른 결과를 얻기를 바라면 안 됩니다. 급하게 생각하지 말고 30일, 60일 간격으로 습관을 하나씩 더한다고 생각해봅시다. 1년이면 적어도 대여섯 개의 새로운 습관이 일상에 자리 잡을 겁니다. 어떤 활동이 습관으로 자리 잡는 건 생각보다 더 강력하고 무서운 일입니다. 계획은 언제든 실패할 위험이 따르지만, 습관은 영원히 우리 삶에 남아 미래를 좌우합니다.

습관의 힘은 다이어트와 비교하면 가장 잘 이해할 수 있습니다. 단기간에 몰아서 약을 먹고, 종일 운동을 한다고 해서 단숨에 체형이 바뀌고 체력, 면역력이 높아지는 게 아닙니다. 매일 한두 시간 꾸준히 운동에 힘쓰고, 평소 식단을 하나씩 바꿔나가야 장기적으로 원하는 몸을 가꿀 수 있습니다. 다이어트에 항상 실패해서 요요를 경험한 적이 있다면 이 비유가 더 와 닿으실 겁니다. 나에게 적이 되는 습관을 하나씩 없애고, 나에게 득이 되는 습관을 하나씩 늘려보세요.

평소 전혀 영어를 공부하지 않았다면 당장 하루에 2시간, 3시간 공부하는 것을 목표로 삼기보다는 10분, 30분 정도로 시작하여 조금씩 늘려보세요. 영어는 며칠, 몇 달 만에 정복할 수 있는 분야가 아닙니다. 계획을 세울 때마다 며칠 가지 않고 번번이 실패했다면 의지력의 문제라기보다는 단기간에 너무 큰 변화를 욕심냈다는 뜻일 수도 있습니다.

5. Set your goals straight.

(목표를 분명히!)

전체적인 목표와 일일계획까지 세우는 과정에서 반드시 점검해야 할 부분이 있습니다. '공부의 목적과 목표를 분명히 했는가'를 한번 점검하고 넘어가세요. 예를 들어 원서를 잘 읽고 싶은데 토플 단어장을 구매해서 외우고 있으면 안 됩니다. 또 말하기 실력을 늘리고 싶다면서 문법책만 보고 있으면 안 됩니다. 또 영어로 글을 잘 쓰고 싶은데, 한글로 쓰인 문장을 보고 영어로 옮기는 '번역 훈련'만 하고 있으면 안 됩니다. 목표에 맞게 방향을 제대로 설정해야 합니다. 지금 내가 무엇을 목표로 하는지, 그리고 내가 세운 계획이 정말 나를 그 목표에 도달하게 해줄 수 있는지 객관적으로 살펴보세요. 각종 목표에 따른 공부 방법은 책 전반에 걸쳐 설명해두었으니 잘 참고하여 계획을 세웁니다.

6. Know that you'll be wrong thousands of times.

(틀리는 것을 두려워하지 마세요.)

다섯 번째까지는 모두 계획에 관한 이야기였습니다. 이제 보게 될 여섯 번째는 실천과 관련된 이야기입니다. 일일계획을 세우고 막상 실천해 나가다 보면 생각보다 많은 장애물을 만나게 됩니다. 게으름이나 지루함, 짧고 긴 슬럼프와 같은 사소한 문제도 있지만, 틀리는 것이 두렵다든지 모르는 표현을 만날 때마다 스트레스를 받는 등 다양한 심리적 문제를 맞닥뜨리게 됩니다. 일례로 몇 년 전 상담했던 학생은 영어 원서를 잘 읽기 위해 몇 년째 문법책과 단어장, 수능 문제만 풀고 있었습니다. 원서를 읽는 것이 목표지만 실제로 원서는 한 권도 읽어보지 않은 상태였습니다. 실제로 원서를 읽게 되었을 때 해석이 안 되는 문장을 만나게 되거나, 모르는 단어가 너무 많을까 우려하여 여태 준비만 하고 있었습니다.

우리는 너무 자주 '준비하고 있어요'라는 핑계를 댑니다. 물론 준비가 필요한 과정이 있습니다. 스트레칭을 한 후 본격적인 운동에 들어가는 것처럼 원서를 읽기 전 가볍게 문법책이나 단어장을 보는 정도는 괜찮습니다. 하지만 스트레칭만 수년째 하고 있는 건 이면에 숨겨진 심리적 문제가 있기 때문입니다. 막상 원서를 읽기 시작했는데 모르는 단어가 나오면 어떻게 하나, 모르는 문장 구조가 나오면 어떻게 하나 너무 두려워서 정작 책을 한 권도 읽지 못하는 상황도 생각보다 많이 연출됩니다. 대신 문법 공부를 하고 수능 문제를 풀면서 '나는 준비하고 있으니 아직 실패하진 않았다'라고 애써 위로합니다. 그 말이 맞습니다. 아직 원서를 읽으면서 막힌 적도 없고, 틀린 적도 없으니, 즉 시도한 적이 없으니 실패할 수가 없는 겁니다.

단도직입적으로 말씀드리자면, 지금부터 죽을 때까지, 우리가 영어 공부를 손에서 놓지 않는 한 모르는 단어와 표현, 처음 보는 문장 구조를 수없이 많이 만나게 될 겁니다. 그로 인해 좌절하기도 하고, 괜히 화가 날 수도 있지만, 우리의 목표는 애초에 이 모든 걸 정복하는 데 있지 않습니다. 우리는 우리가 원하는 만큼, 필요한 만큼만 충분히 배우고 알아가면 됩니다. 어제 모르는 것을 오늘 알게 된 것에 기뻐하면 됩니다. 한 언어가 모국어 수준으로 익숙해질 때까지 수많은 시행착오를 겪게 될 겁니다. 잘못 해석하거나, 잘못 말하거나, 잘못 쓰게 될 겁니다. 뭔가를 배우는 과정에서 틀린 답을 말하는 건 아주 필연적인 과정입니다. 그 과정 없이는 절대 성장할 수 없습니다.

7. Track your improvements.
(항상 더 나아질 거예요.)

틀리는 과정이 아무리 필연적이고 당연하다고 해도, 마음이 쓰이지 않을 수는 없습니다. 이로 인해 걷잡을 수 없는 우울감이 몰려올 때도 있습니다. 문장을 볼 때 항상 정확하게 이해하고 넘어가지 않으면 불안한 느낌이 들 수도 있습니다. 하지만 이 모든 건 저절로 나아질 겁니다. 조금 마음을 편하게 가질 수 있도록 개인적인 이야기를 좀 해드리겠습니다.

저는 초등학교 고학년 때 윤선생 영어를 통해 처음 알파벳과 기본적인 대화를 배웠습니다. 1년이 지난 6학년 때는 처음으로 혼자서 해리포터 시리즈를 읽기 시작했습니다. 1년 만에 괄목할 만한 성장이 있었기 때문이 아니라 해리포터를 읽어보고 싶었지만, 번역서를 구하지 못해서 원서를 보게 되었습니다. 지금 와서는 웃으며 말씀드릴 수 있지만, 제가 초등학교 6학년 때 읽었던 해리포터 1권과 고등학교 1학년 때 다시 읽었던 1권은 많이 다른 내용이었습니다. 초등학교 6학년 때 읽었던 《해리포터와 마법사의 돌》이라는 작품에는 해리포터라는 남자아이가 주인공으로 등장했고, 그에게는 헤르미온느나 론, 해그리드라는 친구가 있었으며, 이야기의 배경은 '마법사 학교 호그와트'였습니다. 이외 자세한 묘사나 대화는 절반 이상을 다르게 이해했습니다.

원서를 읽거나 드라마로 공부하면서 내용이 100% 이해되지 않거나 100% 정확하게 해석되지 않아서 굉장히 스트레스를 받는 분들이 많다는 걸 알고 있습니다. 어린 학습자에 비해 특히나 성인 학습자는 내용과 문장 구조가 완벽하게 이해되어야 다음 진도로 넘어가곤 합니다. 이런 학습 패턴은 공부를 지겹게 만들어서 금방 포기하는 결과를 낳습니다. 지금 모르는 건 일주일 후, 아니면 한 달 후, 아니면 1년 후에 알게 될 겁니다.

물론 모르는 책을 계속 읽어서야 갑자기 그 내용이 머리에 들어오진 않습니다. 하지만 우리는 원서만 계속 읽는 방식으로 계획을 세우진 않습니다. 단어도 외우고, 문법책도 읽고, 드라마도 보고, 각종 강의 영상도 봅니다. 수많은 인풋을 통해서 우리는 새로운 문장을 받아들이고 영어 문장 구조에 매일매일 익숙해지고 더 발전합니다. 영어 공부를 하면서 제1의 목표로 삼아야 할 것은 어제 몰랐던 것을 오늘 아는 겁니다. 작년에는 해석조차 되지 않았던 책이 오늘 다시 보니 조금은 더 편해진 것. 이렇게 과거보다 더 나은 오늘, 내일을 목표로 삼아야 합니다. 그런 마음의 여유가 있어야만 묵묵히, 꾸준히 나아가 목표 지점에 도달할 수 있습니다.

8. Do not think that you 'are' the problem.
(나는 이대로도 완벽합니다.)

영어를 비롯한 여러 과목을 공부하면서 학생들은 자주 자신을 학대합니다. 나와 타인을 끊임없이 비교하고 스트레스를 받습니다. 남과 비교하기는 어릴 때부터 부모님에게 배운 나쁜 습관인 경우도 더러 있습니다. 나보다 영어를 잘하는 사람을 보면 배우고 싶다는 생각보다는 시기 질투가 먼저 생기고, 공들여 세워둔 계획을 지키지 못하는 나를 모자란 사람 취급합니다. 하지만 한국인으로 태어나서 한국에 계속 살았다면, 주변에 한국어를 구사하는 사람들만 있다면 한국어만 할 수 있는 게 정상입니다. 다른 언어를 구사하고 싶다면 하나씩 배워나가면 됩니다. 지금부터 하나씩, 정말 꾸준히 하면 1년 후, 3년 후 내 모습은 완전히 달라져 있을 겁니다.

　가끔 수업 상담이나 커리큘럼 상담, 공부법 상담을 하다 보면 뭔가 모를 위태로움을 느낄 때가 있습니다. 학생에게서 풍기는 패배감이나 위기감이 저까지 불편하게 만들기도 합니다. 분명 우리는 영어를 공부하는 방법에 관해 이야기하고 있는데 더 깊은 이야기로 들어가 보면 어릴 적에 받았던 언어 학대나 그로 인한 자학 증세, 자존감 문제 등이 수면에 떠오르기도 합니다.

　진짜 문제는 영어 성적이 아니라 심리적 스트레스일 때도 많습니다. 만약 지금 영어 공부를 할 생각을 하면 눈물부터 나거나, 숨이 막히는 느낌이 든다면 공부 계획을 세우기보다는 자신을 돌아보는 데 더 많은 시간을 써야 합니다. 각자 자신을 돌아보고 마음을 다잡는 방법이 다를 거라 생각합니다. 저는 머리가 괜스레 복잡할 때면 요가나 명상을 하고, 심리학 서적을 읽습니다.

　이 책을 보고 계신 독자 분도 지금 내가 영어 공부 때문에 골치가 아픈 건지, 아니면 내면에 다른 문제가 있는지 나를 먼저 돌아보길 권합니다. 먼 여행을 떠나기 전에 차량부터 정비하는 것처럼 새로운 뭔가를 배우기 전에 나를 먼저 정비하세요.

G

영어 쉐도잉Shadowing

영어 듣기와 말하기 실력을 높일 수 있는 쉐도잉 기법에 관해 설명합니다. '쉐도잉 기법 shadowing technique'은 그림자shadow에서 의미를 가져온 용어로 '그림자처럼 뒤를 쫓아 따라 읽기'를 말합니다.

Listen and repeat.
Going to say it
just one last time.
Listen.
And repeat.

듣고 따라 합니다.
다시 한번 말할게요.
'듣고' 따라 하셔야 합니다.

쉐도잉의 5단계

쉐도잉 방법은 매우 다양합니다. 스크립트를 아예 암기해서 쉐도잉을 하는 경우, 혹은 원어민이 말한 후 0.2초에서 0.5초 후에 따라가는 경우 등 다양한 규칙이 있습니다. 기존에 지켜오던 쉐도잉 방법이 없다면 이번 실험 G를 참고하여 쉐도잉 연습을 해보도록 합니다. 쉐도잉은 영어 발음 훈련을 위해 자주 사용될 뿐 아니라, 듣기 실력을 동시에 향상하고자 많은 학생들이 실천하고 있습니다.

첫 번째 할 일

따라 읽을 콘텐츠를 정한다

쉐도잉을 하기 위해 먼저 콘텐츠를 정합니다. 주로 드라마나 원서, 영화, 문제집 등을 가지고 쉐도잉하는 경우가 많지만, 읽기 자료에 더불어 듣기 자료가 있다면 어떤 콘텐츠든 가능합니다. 유튜브에서 찾은 메이크업 튜토리얼도 좋고, 뉴스, 인터뷰, 게임 리뷰 영상 등 어떤 영상이든 영어 자막이 있다면 모두 괜찮습니다. 관심 있는 내용을 다루면서 영어 대본이 있다면 모두 좋은 쉐도잉 자료가 될 수 있습니다.

콘텐츠 길이 역시 자유롭게 선정해도 되지만, 처음 쉐도잉을 한다면 긴 드라마나 원서보다는 1분 전후 분량의 짧은 콘텐츠를 고릅니다. 평균 20분 분량의 드라마를 처음 쉐도잉 할 때는 평균 8시간이 소요됩니다. 처음부터 8시간을 투자하기는 너무 힘들고 지치기 때문에 비교적 짧은 영상이나 자료로 시작하거나, 드라마나 원서를 고른 후에 1분 분량을 발췌하여 쉐도잉하기를 권합니다.

- 초보와 중급자를 위한 추천 영어 쉐도잉 도서

QR: https://youtu.be/hvAwblr46dU

쉐도잉용 콘텐츠는 성별이나 목소리 톤을 조금 까다롭게 고를 필요가 있습니다. 쉐도잉은 연기하듯 인물의 목소리를 그대로 흉내 내는 것이므로 나와 비슷한 목소리 톤을 가진 인물을 모델로 삼도록 합니다.

두 번째 할 일

적어도 10번 이상 듣기

콘텐츠를 골랐다면 이제 의미를 해석하면서 듣습니다. 쉐도잉이 듣기와 말하기에 집중하는 활동이다 보니 제대로 해석하지 않고 의미는 모른 채 무작정 따라 읽기만 하는 분들도 있습니다. 하지만 쉐도잉 연습 이전에 의미 파악이 선행되어야 합니다. 스크립트의 의미가 모두 파악되면 그 후 1) 각 단어의 발음 체크(스크립트에 모르는 단어가 등장하면 단어의 발음을 반드시 개별적으로 확인합니다.), 2) 연음 체크(강연자는 had to를 '햇-투'로 발음하는데 나는 '해드-투'로 길게 발음하고 있는 건 아닌지 등), 3) 강연자가 숨 쉬는 포인트를 점검합니다. 위 세 가지를 꼼꼼히 점검하면서 적어도 10번 이상 전체 내용을 듣습니다. 1분 길이의 파일을 기준으로 이 과정은 약 30분에서 1시간 소요됩니다.

적어도 10번 이상 따라 읽기

분석이 끝난 스크립트를 보면서 듣기 파일을 켜고 동시에 말해봅니다. 동시에 말하려면 말하는 사람의 말 속도와 억양, 숨 쉬는 곳까지 모두 비슷해야 합니다. 이 과정에서 가장 중요한 점은 마치 연기하듯 따라 읽는 겁니다. 마치 내가 그 사람이 된 것처럼 그대로 따라 해야 합니다. 듣지 않고 내 마음대로 스크립트를 보고 마구 읽어 나가면 안 됩니다. 만약 원어민의 말 속도가 너무 빨라서 마구 따라 하지 않고서는 속도를 맞출 수 없는 지경이라면 더 쉬운, 더 느리게 말하는 콘텐츠로 변경하거나, 재생 속도를 0.8 이하로 낮춰야 합니다. 만약 스크립트를 보지 않고 듣고 따라서 말할 수 있다면 스크립트를 참고하지 않고 듣고만 따라 해봐도 됩니다.

녹음 앱 사용하여 점검하기

충분히 연습한 후에 녹음 앱을 이용해서 내 목소리만 녹음해봅니다. (원어민의 목소리는 녹음하지 않도록 합니다.) 녹음 파일을 다시 들어보면서 어느 부분의 발음이 불분명한지, 어느 부분을 놓치는지 파악하고, 특별히 마음에 들지 않는 부분이 있다면 다시 연습하여 재녹음합니다. 녹음 파일에 담긴 내 목소리가 마치 '랩을 하는 것 같다' 혹은 '헐떡이며 따라 읽는다'라고 느껴진다면 다시 녹음해야 합니다. 주로 '랩 하기', '헐떡임'은 연음 처리가 제대로 되지 않았을 때 발생하는 현상입니다.

예를 들어 'I want to check my…'라는 대사에서 원어민이 '아 워너 첵 마이…'라고 했으면 나도 똑같이 '아 워너 첵 마이…'라고 발음해야만 속도를 따라갈 수 있습니다. 내 마음대로 스크립트만 보고 '아이 원트 투 체크 마이'라고 하면 안 됩니다. 연음을 하나라도 다르게 한다면 속도가 늦어지고 뒤늦게 쫓아가느라 그만큼 헐떡이게 됩니다. 녹음 파일을 반복해서 듣고, 반복해서 녹음하면서 속도와 연음 처리, 발음 그 어느 부분에도 흠이 없을 정도로 완벽하게 따라 하려고 해보세요.

다섯 번째 할 일

반복하기

스크립트를 선택, 분석하고 녹음해보는 네 번째 과정까지 꾸준히 하루에 2시간 정도씩, 주중 매일 5일을 반복하고, 한 달 정도 지속해보세요. 한 달 만에 눈에 띄게 발음과 억양이 달라진 걸 경험할 수 있을 겁니다. 만약 매일 2시간씩 시간을 낼 수 없다면 30분~1시간, 3~4개월로 목표를 바꾸면 됩니다. 녹음 파일은 첫 연습 파일을 포함해 주기적으로 직접 비교해볼 수 있도록 날짜를 표기하여 잘 보관하기 바랍니다.

쉐도잉의 효과

쉐도잉은 한 가지 활동만으로 꽤 다양한 효과를 낳습니다. 하루에 많은 시간을 내서 여러 활동을 할 수 없으면 쉐도잉 하나만 계획에 넣어도 많은 활동을 해 볼 수 있습니다.

1. 스크립트를 읽고 해석하는 동안 영어 읽기, 문장 해석 연습을 할 수 있습니다.

2. 문장을 모두 이해한 후 쉐도잉 연습을 시작할 수 있으므로 미리 모르는 단어의 의미와 발음을 암기해야 합니다.

3. 문장을 듣기만 하는 것이 아니라 따라 읽어야 하므로 단어의 발음이 더 확실하게 각인됩니다.

4. 각 단어의 발음과 연음 규칙이 머리에 차곡차곡 쌓이며, 모르는 단어를 보게 되더라도 발음과 연음 변화를 유추할 수 있게 됩니다.

Q. 스크립트를 보고 읽는데 발음 훈련이 되나요? 그냥 마음대로 보고 읽기만 할 것 같은데…

A. 위에서 알려드린 방법에 유의해야 합니다.

원어민의 목소리를 듣지 않고 내 마음대로 스크립트를 보고 마구 읽어 나가면 안 됩니다. 들은 바를 합창하듯이 그대로 따라 하려고 해야 합니다. 만약 듣지 않고 스크립트를 보고만 읽게 된다면 스크립트 없이 듣고 따라 해봅니다.

Q. 얼마나 완벽하게 해야 하나요? 며칠째 똑같은 걸 쉐도잉하고 있어요.

A. 이틀을 기준으로 해보세요.

평소 완벽주의적 성향이 있는 학생들은 1분 분량의 파일 하나를 일주일 내내 녹음합니다. 물론 계속 반복해서 완벽에 가깝게 도달하는 것도 좋지만, 쉐도잉 훈련이 지겨워지거나 너무 힘든 공부처럼 느껴지면 안 됩니다. 하루에 정해둔 1~2시간 동안 1개 파일을 여러 번 녹음해보고, 당일 녹음한 마지막 파일을 최종 결과물로 생각합니다. 만약 다음 날에 다시 녹음하고 싶은 충동이 생긴다면 이틀까지를 기준으로 세워서 녹음하되, 같은 콘텐츠로 이틀이 넘게 녹음하지 않겠다고 정해두는 게 좋습니다.

Q. 문법책으로 쉐도잉해도 되는 건가요?

A. 문법책으로 쉐도잉해도 됩니다.

단어장에 포함된 MP3 파일을 이용해서 교재 내 예문을 쉐도잉하는 분들도 많이 있습니다. 단어장이나 문법책을 이용한 두 방법 모두 초보자에게 적합합니다. 하지만 초보를 벗어나면 쉐도잉용 콘텐츠를 바꿔야 합니다. 우리가 쉐도잉을 하는 이유는 원어민의 말투, 억양과 분위기까지 그대로 닮아가기 위해서입니다. 하지만 문법책이나 단어장 등에 나오는 문장을 그대로 따라 읽게 되면 어색한 억양과 말투를 배우게 됩니다.

영어를 배우기 시작한 지 얼마 되지 않은 초보자는 실제 원어민의 발음과 속도를 그대로 모방하기 굉장히 힘들어합니다. 단어의 개별 발음을 모르거나, 연음은 아예 듣지도 못하는 경우가 많습니다. 간단한 발음도 해낼 수 없는 상황에 무작정 미국 드라마나 TED 강의 영상을 따라서 말하라고 할 수는 없습니다.

특히나 한국어에는 없거나 한글로 표기하기 힘든 발음, 예를 들어 L, R, V, Z 등의 발음이 문장에 등장하면 단어 하나를 제대로 발음하는 데도 오랜 시간이 걸립니다. (emperor, mirror, turtle, order, murderer 등을 아직 수월하게 발음하지 못하는 분들이 많을 겁니다.)

그래서 아직 초보인 분들은 문법책이나 단어장 예문 등을 천천히 따라 해 보는 걸 권합니다. 완전 초보를 벗어난 이후에는 드라마나 영화, 토크쇼 등을 이용하여 실제로 원어민이 구사하는 발음과 억양을 그대로 따라 하는 연습을 해보는 게 좋습니다.

Q. 초보는 드라마 쉐도잉을 하면 안 된다고 하던데… 어떻게 해야 하죠?

A. 초보도 드라마로 쉐도잉해도 됩니다.

드라마는 대사고 길고 말의 속도도 빨라서 그렇게 조언하는 분들이 있습니다. 물론 초보가 드라마로 쉐도잉하긴 어렵지만, 시도해보는 건 괜찮습니다. 대신 쉽고 짧은 대사가 많은 부분을 골라 쉐도잉하도록 합니다.

Q. 제가 따라 하기에는 미국 드라마에서 배우가 말하는 속도가 너무 빨라요. 어떻게 해야 할까요?

A. 재생 속도를 조절하거나 다른 작품으로 변경합니다.

배우의 말 속도가 너무 빠르다면 0.8 정도로 속도를 조절해봅니다. 그래도 너무 빠르다면, 다른 콘텐츠로 바꾸도록 합니다. 현재 초급자라면 어린이용 원서와 오더블(본 도서 실험 A, B 참고)을 이용하여 먼저 훈련해보고 실력이 늘면 드라마로 쉐도잉을 시도해보도록 합니다.

H

드라마, 영화 스피킹 특훈

•

'특훈'이라 이름 붙여진 이 훈련 방법은 약 5년 전 토플 스피킹 영역이 취약한 학생들을 위해 만들었습니다. 토플 시험을 대비하는 학생들은 짧게는 3개월, 길게는 1년 정도의 준비 기간이 있으므로 무엇보다 단기간에 여러 영역을 한꺼번에 개선할 수 있는 공부 방법이 필요합니다. 매일 드라마 스크립트 분석과 쉐도잉을 집중적으로 반복하면 단기간에 읽기, 듣기와 말하기 실력을 향상시킬 수 있습니다. 특훈은 시험 대비용으로 만들었지만, 영어 회화를 공부하는 분들이나 취미로 영어를 공부하는 분들도 계획을 적절히 수정하여 이용할 수 있습니다.

It's a story.
It's about people and
the world we live in.
Enjoy.

다 사람 사는 이야깁니다.
형광펜 내려놓고 즐기세요.

스피킹 특훈을 위한 6단계

특훈은 미국, 영국, 캐나다 등에서 제작되는 드라마와 영화를 즐겨보는 분들에게 적합합니다. 만약 드라마나 영화가 개인 취향에 맞지 않는다면 본 도서의 실험 B, I, J 등을 참고하여 다른 자료로 특훈을 해봐도 좋습니다. 아래에서 특훈을 본격적으로 시작하기 전에 준비해야 할 사항과 특훈 실행 방법을 꼼꼼하게 확인하여 영어 듣기 실력과 말하기 실력을 동시에 향상시킬 수 있기를 바랍니다.

첫 번째 할 일

재미있는 작품 고르기

먼저 흥미로운 작품을 선정합니다. 이때 조건은 단 하나입니다. 재미있고 흥미로운 작품을 고르는 겁니다. 너무 재미있어서 여러 번 다시 볼 수 있는 작품으로 선정해야 합니다. 저는 어릴 때 〈뮬란Mulan〉이라는 디즈니 영화를 좋아해서 300번도 넘게 보면서 대본에 발음을 적어가며 쉐도잉했던 기억이 있습니다. 첫 번째 단계에서는 왓챠Watcha나 넷플릭스Netflix 등 스트리밍 사이트에 접속하여 각자 좋아하는 작품을 고르면 됩니다.

- 영어 공부를 해야겠다는 생각으로 작품을 고르지 말고 평소 즐겨 봤던 작품이 어떤 게 있는지 곰곰이 생각해보세요. 만약 아직 미드(미국 드라마)나 영드(영국 드라마), 캐드(캐나다 드라마)를 본 적이 없고, 좋아하는 작품도 없다면 특훈은 잠시 미뤄두시고 일단 재미있는 드라마가 있는지, 어떤 드라마가 내 취향에 맞는지 천천히 알아봐야 합니다.

DVD 또는 파일 구하기

원하는 작품의 DVD 또는 영상 파일을 구해야 합니다. 네이버 영화, 유튜브 영화, 넷플릭스, 왓챠, 디즈니 플러스(디즈니 작품 온라인 스트리밍 서비스) 등을 이용하여 영상 파일을 구합니다. 토렌트를 이용하여 다운로드받는 영상은 자막의 품질을 보장할 수 없으므로 번역의 품질이 조금 더 높은 스트리밍 사이트를 이용하는 게 좋습니다.

처음부터 끝까지 감상하기

영상을 처음부터 끝까지 감상하세요. 상영 시간이 120분인 영화라면 120분 모두 감상하면 되고, 시리즈물이라면 시즌 한 개를 모두 감상하면 됩니다. 예를 들어 미국 시트콤 프렌즈Friends는 시즌 총 10개, 에피소드는 약 240개로 구성됩니다. 시즌을 감상하는 도중 특훈을 바로 시작해도 되고, 전 시즌을 모두 다 감상한 후 특훈을 시작해도 됩니다. 드라마는 에피소드별로 흥미도가 많이 바뀌므로 적어도 시즌 한 개, 평균 에피소드 10개에서 20개 정도를 모두 본 후에 특훈을 위해 사용할 것인지 결정합니다.

   드라마나 영화를 최초 감상할 때는 한국어 자막을 켜고 시청해도 됩니다. 처음부터 영어 자막을 사용하거나 자막을 아예 제거하고 봐야 할 필요는 없습니다. 이야기를 정확히 이해하지 못하면 재미를 느끼기 힘들고, 그다음 훈련으로 나아가기도 힘듭니다. 그러니 현재 중고급 이상의 학습자가 아니라면 무리하지 않고 한국어 자막으로 설정하여 시청하도록 합니다.

네 번째 할 일

대본 구하기

첫 감상을 모두 마치고 특훈을 실행할 콘텐츠를 정했다면 이제 대본을 구해서 인쇄하거나 아이패드, 노트북 등에 파일로 저장해둡니다. 바로 다음 단계에서 스크립트를 전격 해부할 예정이니 필기할 수 있는 앱이나, 인쇄물로 준비합니다. 드라마의 경우 여러 시즌을 시청했다면 가장 재미있었던 시즌이나 에피소드의 대본을 구합니다. 대본은 스트리밍 서비스에서 제공하는 영어 자막을 참고하거나, 구글에서 대본을 검색하여 이용합니다(검색어 예시: Harry Potter 1 script).

• 저작권 문제로 인해 스크립트를 제공하던 웹사이트 대부분이 서비스를 중단했습니다. 넷플릭스를 이용 중이라면 '넷플릭스 통합자막' 설치 방법을 검색하여 이용하시기 바랍니다.

다섯 번째 할 일

스크립트 해부하기

이제 거의 다 왔습니다. 다섯 번째 단계에서는 쉐도잉을 시작하기 전 스크립트를 해부합니다. 쉐도잉은 '따라 읽기' 과정이므로 본격적으로 따라 읽기 전에 어떤 내용을 따라 읽는지 미리 점검할 필요가 있습니다. 인쇄해둔, 혹은 아이패드 등에 저장해둔 파일을 꺼내어 책을 읽듯 천천히 읽어봅니다. 해석되지 않는 부분은 한국어 자막을 참고하고, 처음 보는 단어나 모르는 표현 등을 필기해가면서 스크립트를 천천히 훑어봅니다. 스크립트 전체를 쉐도잉할 예정이라면 전체를 모두 훑어보고, 1분, 2분 등 특정 부분만 발췌하여 쉐도잉할 예정이라면 해당하는 부분만 미리 읽어둡니다.

• 자세한 쉐도잉 기법은 본 도서 실험 G를 참고해주세요.(p. 197)

여섯 번째 할 일

2회차 시청 및 쉐도잉

이제 본격적인 특훈에 돌입합니다. 미리 정리해둔 스크립트를 보면서 드라마, 혹은 영화를 2회차 시청합니다. 이미 어떤 대사가 나오는지 의미까지 파악한 단계이므로 스크립트를 번갈아 보더라도 큰 무리 없이 시청할 수 있습니다. 특훈은 현재 수준이나 상황에 따라 총 3가지로 나누어 실행할 수 있습니다.

1. 이지 모드Easy Mode

모든 대사를 따라 할 필요는 없으며, 시청 중 '아, 나도 이렇게 말해보고 싶다' 라고 생각되는 표현이나 '이 표현은 알아두면 좋겠다' 싶은 표현 위주로 골라 따라 해봅니다. 따라 한 대사는 형광펜을 이용하여 줄을 그어둔 후, 단어를 암기할 때 한 번 더 확인하도록 합니다.

2. 하드 모드Hard Mode

드라마, 영화에서 5분 이상을 발췌하여 모든 대사를 따라 해봅니다. 문장 단위의 발췌가 아닌 분 단위로 발췌하여 모든 배우의 대사를 따라 합니다. 배우의 목소리와 내 목소리가 마치 한 사람의 목소리인 것처럼 말하는 속도, 숨을 쉬는 포인트, 억양까지 따라 할 수 있도록 여러 번 반복합니다. 쉐도잉 연습이 끝나면 스크립트에 미리 표시해둔 모르는 표현이나 단어를 암기합니다.

3. 하드코어 모드Hardcore Mode

에피소드나 작품을 하나 고른 후, 처음부터 끝까지 한 글자도 빠짐없이 모두 쉐도잉합니다. 정리해둔 단어와 표현까지 모두 암기합니다. 기초 실력이 어느 정도 마련되어 있는 중급자 이상에게 권하는 방법으로, 하드코어 모드로 학습했을 때 영어 공부가 따분하고 싫어지는 느낌이 든다면 곧바로 하드 모드나 이지 모드로 변경할 것을 권장합니다.

Q. 드라마, 영화를 이용한 영어 학습 방법은 누구에게 적합한가요?

A. 특훈은 누구나 할 수 있는 간단하고 효과적인 학습 방법입니다.

어린 학생을 비롯해 성인들까지 남녀노소 모두가 재미있게 해볼 수 있습니다. 특히 엄마표 영어, 아빠표 영어를 하는 부모님이 아이와 함께해볼 수 있는 좋은 활동이기도 합니다. 감명 깊게 본 드라마나 애니메이션, 영화 등을 골라서 시작하면 됩니다. 모든 대사를 다 따라 읽어도 좋지만, 초보라면 짧은 대사 위주로 쉐도잉을 해보도록 합니다.

Q. 초보라면 반드시 애니메이션으로 특훈을 시작해야 하나요?

A. 반드시 그런 건 아닙니다.

애니메이션 영화라고 해서 반드시 문장의 수준이 낮거나 배우의 말 속도가 느린 건 아닙니다. 오히려 빠르고 흥미로운 전달을 위해 호흡이 더 빠를 때도 많습니다. 특훈은 대본과 번역본(한국어 자막 등)을 구할 수 있다면 어떤 콘텐츠든 괜찮습니다. 애니메이션, 토크쇼, 드라마, 영화, 유튜브 영상, 강의 등 마음에 드는 자료를 골라서 시작하면 됩니다.

Q. 특훈은 몇 달 동안 해야 하나요? 매일 해야 하나요?

A. '이 정도면 충분하다'라는 생각이 들 때까지 매일, 자주 하는 게 좋습니다.

쉐도잉을 하다 보면 어느 순간 '이제 안 해도 충분히 잘 들리고 잘 말할 수 있겠다'라는 때가 찾아옵니다. 현재 실력에 따라 특훈을 졸업할 수 있는 때가 모두 다르지만, 경험상 매일 2시간씩 쉐도잉을 한다고 가정했을 때 약 3개월에서 6개월의 기간이 소요됩니다.

Q. 아직 좋아하는 미국 드라마나 영화가 없는데 어떻게 해야 하나요?

A. 특훈은 반드시 드라마나 영화로 해야 하는 건 아닙니다.

쉐도잉을 하기 위해 드라마나 영화를 억지로 고를 필요는 없습니다. 지루하지 않게, 재미있게 공부하기 위해서 드라마와 영화를 쉐도잉하는 것뿐입니다. 만약 해외 드라마나 영화가 취향에 맞지 않는다면 다른 자료를 찾아보는 게 좋습니다. 유튜브에서 마음에 드는 콘텐츠를 골라서 자막을 추출하여 이용해도 됩니다.

• 유튜브 자막 추출은 https://downsub.com 등과 같은 웹사이트에서 이용할 수 있습니다.

Q. 쉐도잉할 때 배우들과 같은 속도로 말해야 하나요?

A. 네, 최대한 똑같이 해야 합니다.

특별히 말을 빨리하거나 느리게 하는 배우가 아니라면, 그리고 특별히 웅얼거림이 심한 배우가 아니라면 같은 속도로 따라 합니다. 스크립트를 확인했는데도 '방금 저 대사가, 이 대사라고?' 생각될 정도로 차이가 심한 부분은 생략해도 됩니다. 쉐도잉을 처음 하거나, 아직 실력이 부족하다면 비교적 발음이 정확하고, 나의 목소리와 유사한 목소리를 가진 배우를 고르도록 합니다.

Q. 드라마에 나오는 모든 대사를 따라 해야 하나요?

A. 반드시 그럴 필요는 없습니다.

모든 대사를 철저히, 한 장면도 놓치지 않고 모든 배우의 대사를 소화해야 한다고 생각할 필요는 없습니다. 스크립트에서 다시 확인하고 싶은 부분, 재미있었던 부분, 내가 꼭 따라 하고 싶은 배우의 대사 등 여러 요소를 고려하여 쉐도잉할 부분을 결정하면 됩니다.

Q. 미국 드라마에 나오는 대사나 표현은 특정 상황에서만 쓸 수 있어서 영어 공부할 때 도움이 안 된다는 말도 있던데… 이런 지적은 틀린 건가요?

A. 언어 학습을 하며 읽고 듣는 모든 문장은 나중에 그대로 베껴서 사용하기 위함이 아닙니다.

그보다는 여러 흥미로운 상황과 문맥을 통해 다양한 문장을 보고, 그 문장들이 갖고 있는 규칙을 은연중에 학습하기 위함입니다. '드라마 대사는 그대로 따라 말할 수 없는 게 많으니 볼 필요가 없다'라는 말은 모국어를 배울 때 한국어로 된 시나 소설, 드라마를 볼 필요가 없다는 말과도 같습니다. 하지만 우리는 가족이나 친구, 이웃과의 대화뿐 아니라 뉴스, 드라마, 영화, 음악 등 다양한 매체를 사용하여 언어, 여러 국가의 문화, 역사적 배경과 관습을 학습합니다. 따라서 언어 학습을 할 때는 의도적으로 특정 매체를 피하기보다는 다양한 자료를 이용해보는 게 좋습니다.

Q. 지금 한국어 자막으로 보고 있습니다. 영어 자막으로 바꿔도 되는 순간은 언제인가요? 그리고 자막을 아예 없애는 건 언제가 적당한가요?

A. 마음이 내킬 때가 아니라 그냥 어느 날 갑자기 자막을 바꾸고, 또 꺼보세요.

한글 자막을 영어 자막으로 바꾸거나, 자막을 아예 없앨 마음이 생길 때까지 기다리면 안 됩니다. 그런 순간은 오지 않습니다. 제가 이 질문에는 자전거 보조 바퀴 이야기를 자주 합니다. 어릴 때 제일 처음으로 타는 자전거에는 으레 보조 바퀴가 달려 있습니다. 그 보조 바퀴를 떼는 순간이 언제라고 생각하시나요? 대부분 이런 질문을 하면 학생들이 '잘 기억이 안 난다', '모르겠다'라고 대답합니다. 그럼 잘 생각해봅시다. 언제 바퀴를 떼어냈나요?

제가 생각하기엔 이렇습니다. 자전거 타기에 조금 익숙해진 다음 그냥 보조 바퀴를 떼지 않았나요? 그리고 조금 더 넘어진 후에 자전거를 잘 타게 되었던 것 같아요. 자막을 떼는 것도 이와 비슷합니다. 한국어 자막으로 보다가 조금 익숙해지는 느낌이 들면 영어 자막으로 그냥 어느 날 바꿔버리세요. 그럼 당연히 처음에는 알아듣기 힘듭니다. 알던 내용도 뭔가 꼬이는 것 같고 답답합니다. 하지만 그렇게 1, 2주 이상 보게 되면 예전에는 자막만 쳐다보고 있던 눈이 이제는 배우의 입을 보고, 귀로 대사를 들으려고 할 겁니다. 영어 자막에 나오는 모르는 단어나 표현을 사전에 검색도 해보겠지요.

만약 영어 자막으로 변경해서 몇 주간 보고 있는데 너무 답답하고 힘들다면 다시 한국어 자막으로 바꾸면 됩니다. 실력이 후퇴하고 있는 게 아니니 안심하셔도 됩니다. 다만 '아직 보조 바퀴를 뗄 때가 아닌데 내가 착각했구나' 하면서 웃어넘기면 됩니다. 살다 보면 착각할 수도 있지요. 그리고 다시 한국어 자막으로 보다가 이야기가 또 익숙해지면 자막을 바꿔보세요. 그리고 영어 자막에 익숙해질 때가 되면 자막을 아예 없애보세요. 그냥 어느 날 자막을 없애버리세요. 마찬가지로 1, 2주 이상 보면서 너무 힘들면 다시 영어 자막을 켜도 됩니다. 간혹 새로운 드라마나 영화를 볼 때 배우의 억양이나 배경지식의 부재로 인해 잘 안 들릴 수 있습니다. 그럴 때는 놀라지 말고 자막을 켜고 보다가 자막을 서서히 없애 보세요.

Q. 선생님이 특훈 영상에서 '들을 수 있는 만큼 말할 수 있다'라고 말씀하셨는데… 이 말에 동의하지만, 의문이 있어요. 저는 발음이 좋은 편이고, 다양하게 말할 수 있는데 일부 드라마나 영화, 또 말이 빠른 연예인들의 말은 알아듣기 힘들어요. 이런 경우 어떻게 공부해야 할까요?

A. 물론 '들을 수 있는 만큼 말할 수 있다'라는 말이 많은 상황에 적용되긴 합니다. 하지만 내가 말할 수 있는 것과 들을 수 있는 것에 차이가 아예 없진 않습니다.

혹시 질문자님은 서울말을 사용하고 계시는지요? 만약 서울에서 태어나 서울말만 사용하고 들어봤다면, 그리고 한국의 다른 여러 지방 사투리를 들어본 적이 없다면 사투리를 사용하는 사람과 처음 대화할 때 어려움을 느낄 겁니다. 한국어를 자유자재로 사용할 수 있는 상황이지만, 표현이나 억양, 단어의 차이로 인해 같은 언어를 사용하고 있음에도 서로 뜻이 전달되지 않을 수 있습니다.

조금 더 깊이 들어가 보면 언어 활동은 1) 추상적 개념 개념과 2) 구체적 발화로 이루어집니다. '감사합니다'라는 말의 개념이 감사를 전달하는 말이라면 소리의 실천(구체적 발화)은 개인마다 다릅니다. 데시벨, 강세, 억양 등 소노그래프로 보면 사람마다 똑같은 '감사합니다'를 다른 그래프를 그리면서 발화하는 걸 볼 수 있을 겁니다. (언어학 용어로 보면 파롤이라고 하는 개념입니다.)

모국어는 다양한 구체적 발화 형태를 듣기 때문에 (가족, 친척, 이웃사촌, 친구, 드라마, 뉴스 등) 소리가 조금 바뀌어도 개념을 전달받는 데 문제가 없는 경우가 많습니다. 다양한 소리 형태를 들어보면서 우리가 그 추상적 형태를 기억하고 있기 때문입니다.

마찬가지로 영어를 학습하고 있는데 다른 사람의 발음을 알아듣기 힘들다면 개념은 알아도 구체적 발화를 다양하게 듣지 못했기 때문입니다. 같은 문장을 발화할 때도 캘리포니아에 거주하는 10대 청소년, 뉴욕에서 일하는 30대 디자이너, 텍사스에서 나고 자란 50대 할머니, 러시아에서 이민 와서 시카고에 거주하는 20대 여성은 모두 다른 소리의 실천(발화 형태)을 하게 될 겁니다. 여기에 문화에 따른 다양한 표현 방식(단어, 문법)이 가미되면 가청성이 더 떨어집니다.

따라서 다양한 표현과 다양한 소리를 많이 들어보는 게 중요합니다. 이 과정에서는 우리가 일부러 사투리나 다양한 속어를 흉내 내지 않는 것처럼 다양한 방언이나 말투를 쉐도잉해볼 필요까진 없습니다. 다만 여러 가지 발화를 들어볼 수 있도록 다방면의 자료를 이용하여 듣기에 더 많은 시간을 투자하세요.

Q. 선생님 블로그에서 몇 달간 염탐해왔습니다. 주로 원서나 드라마로 공부하는 방법을 추천하시던데… 혹시 그게 반드시 거쳐야만 하는 과정일까요? 회화 표현책처럼 진짜 영어 표현이나 뉘앙스를 알려주는 책을 보면서 표현을 외우는 게 더 시간이 절약되지 않을까요?

A. 표현책과 원서, 드라마 등을 이용한 학습은 둘 중 하나만 취사 선택할 수 있는 것이 아니라, 상호보완해야 하는 자료입니다.

여행을 위해 영어를 잠깐 학습하고 있거나, 취미로 영어를 배우고 있거나, 혹은 이제 막 영어를 배우기 시작해서 간단한 표현을 학습하고자 하는 거라면 표현책을 사서 보는 것도 좋은 방법입니다. 원서나 드라마를 이용한 공부 방법이 아무리 효과적이라 해도 현재 수준과 목표에 맞지 않으면 소용없습니다.

- 추천 표현 도서 1: 《일상 영어회화 섀도잉》(저자 June Sweeney | 바이링구얼 | ISBN 9791185980300)
- 추천 표현 도서 2: 《올리버쌤의 영어 꿀팁》(저자 올리버쌤 | 위즈덤하우스 | ISBN 9791162209899)
- 추천 표현 도서 3: 《올리버쌤의 실전 영어꿀팁 100》(저자 올리버 샨 그랜트 | 위즈덤하우스 | ISBN 9791190065979)
- 추천 표현 도서 4: 《김영철, 타일러의 진짜 미국식 영어 1~3》(저자 김영철, 타일러 라쉬 | 위즈덤하우스)

반면 유학을 준비 중이거나 영어를 더 잘하고 싶은 상황이라면 방법을 조금 달리하셔야 합니다. 책 한 권에 담긴 표현의 개수는 굉장히 한정적입니다. 드라마 러닝타임 40분에 나오는 대사의 뉘앙스나 표현만 잘 정리해도 300페이지 책 한두 권은 충분히 나올 겁니다. 그렇다면 도대체 몇 권을 사서 봐야 회화에 필요한 표현을 다 배울 수 있을까요?

어떤 언어든 마찬가지겠지만, 한국어 표현과 영어 표현은 1:1 대응이 되지 않습니다. 전후 맥락에 따라, 화자에 따라, 문화권에 따라서 같은 의미라도 다른 영어 문장으로 표현할 수 있습니다. 하지만 회화 표현 도서는 지면의 한계 때문에 '이런 의미의 한국어라면 이렇게 영어로 말하면 된다'라고 1:1 대응으로만 알려줍니다. 이 상황을 단적으로 보여주기 위해 예시를 몇 가지 들어보겠습니다. 아래 문장 스무 개를 영어로 한번 표현해보세요.

1. 쓸데없이 걱정했네.

―――

2. 마이크가 재밌는 책을 알려줬어. (추천해줬어.)

―――

3. 이거 어떻게 할지 드디어 알아냈어.

―――

4. 실수로 전화한 척해.

―――

5. 우리 누나 욕하지 마.

―――

6. 그 일이 있고 난 후, 수영이는 다른 사람들과 소통을 단절하게 되었다.

―――

7. 제발 정신 좀 차려!

―――

8. James, 답장 좀 해.

―――

9. 좀 끼어들지 좀 마.

___

10. 제발 오지랖 좀 부리지 마.

___

11. 생각하시는 바가 맞습니다.

___

12. 이제 시작한 거야? (여태 미룬 거야?)

___

13. 계속 이것만 신경 쓸 수는 없을걸.

___

14. 그건 그때 얘기고.

___

15. 내일 아침 일찍 나가봐야 해.

___

16. 엄마한테 말하려다 말았어.

___

17. 이르지 마.

18. 말이 되는 소리를 해라.

19. 솔직히 네 잘못이지, 뭐.

20. 주스 그만 마셔, 살쪄.

　　직접 말해보거나 글로 써본 후 아래 답을 확인해보세요. 문맥 없이, 한국어를 영어와 1:1 대응시켜 알려주는 방식이 어느 정도 효과적일 수 있는지 생각해보시기 바랍니다.

1. 쓸데없이 걱정했네.

I worried for nothing.

(한국어 문장을 보고 '쓸데없이가 영어로 뭐지?' 하고 당황하지는 않았나요?)

2. 마이크가 재밌는 책을 알려줬어. (추천해줬어.)

Mike turned me on to this book.

(한국어 문장을 보고 interesting, fun, recommend와 같은 단어를 먼저 떠올리지는 않았나요?)

3. 이거 어떻게 할지 드디어 알아냈어.

Now, I have a handle on this thing.

(한국어 문장을 보고 how, figure out, finally와 같은 단어를 먼저 떠올리지는 않았나요?)

4. 실수로 전화한 척해.

Just butt dial her.

(한국어 문장을 보고 accident, mistake, phone, call, pretend와 같은 단어를 먼저 떠올리지는 않았나요?)

5. 우리 누나 욕하지 마.

Don't talk smack about my sister.

(한국어 문장을 보고 swear, curse와 같은 단어를 먼저 떠올리지는 않았나요?)

6. 그 일이 있고 난 후, 수영이는 다른 사람들과 소통을 단절하게 되었다.

After the incident, Suyoung closed herself off from other people.

(한국어 문장을 보고 cut, communication, isolate와 같은 단어를 먼저 떠올리지는 않았나요?)

7. 제발 정신 좀 차려!

Oh, just grow up!

Oh, wake up!

Hey, get a grip!

(한국어 문장을 보고 please, mind와 같은 단어를 먼저 떠올리지는 않았나요?)

8. James, 답장 좀 해.

Earth to James.

(한국어 문장을 보고 please, reply와 같은 단어를 먼저 떠올리지는 않았나요?)

9. 좀 끼어들지 좀 마.

Stop trying to horn in on our conversation.

(한국어 문장을 보고 interrupt를 먼저 떠올리지는 않았나요?)

10. 제발 오지랖 좀 부리지 마.

Please! Don't horn in on everything I do.

(한국어 문장을 보고 '오지랖이 영어로 뭐지?' 하고 당황하지는 않았나요?)

11. 생각하시는 바가 맞습니다.

Your instincts are right on the money.

(한국어 문장을 보고 thought, right를 먼저 떠올리지는 않았나요?)

12. 이제 시작한 거야? (여태 미룬 거야?)

You are just getting around to it now?

(한국어 문장을 보고 start, delay를 먼저 떠올리지는 않았나요?)

13. 계속 이것만 신경 쓸 수는 없을걸.

This won't stay front of mind for long.

(한국어 문장을 보고 keep on, continue, care 등을 먼저 떠올리지는 않았나요?)

14. 그건 그때 얘기고.

But that was then.

(한국어 문장을 보고 '그때 얘기가 영어로 뭐지?'라고 당황하지 않으셨나요?)

15. 내일 아침 일찍 나가봐야 해.

I got an early morning tomorrow.

(한국어 문장을 보고 '나가봐야 해'를 'go' 또는 'work'라고 해야 하는지 고민하지는 않으셨나요?)

16. 엄마한테 말하려다 말았어.

I had half a mind to tell Mom about this.

(한국어 문장을 보고 '하려다 말았다가 영어로 뭐지?'라고 당황하지 않으셨나요?)

17. 이르지 마.

Don't tell on me.

Don't tattle on me.

Don't nark me out.

(한국어 문장을 보고 '이르다', '고자질하다'를 사전에 검색해보셨나요?)

18. 말이 되는 소리를 해라.

You're embarrassing yourself.

You're not making any sense.

What a load of crap! (욕설)

(한국어 문장을 보고 '말이 되다' 혹은 '어떤 소리를 하다'를 사전에 검색해보셨나요?)

19. 솔직히 네 잘못이지, 뭐.

You had it coming, man.

(한국어 문장을 보고 'honest' 또는 'honestly'를 당연히 문장에 넣으셨나요?)

20. 주스 그만 마셔, 살쪄.

Don't drink your calorie.

(한국어 문장을 보고 'juice'를 당연히 문장에 넣으셨나요?)

방금 위 스무 개 문장을 직접 영어로 말해보면서 여러 표현을 배우셨을 거라 짐작합니다. 물론 한국어와 영어가 1:1 대응이 되지 않는 문장이 많다는 것(아니, 대부분이라는 것)도 눈치채셨겠지요. 영어로 말하고 글을 쓰려면 한국어를 기준으로 생각하기보다는 생각과 감정, 지식 등의 날것이 영어라는 도구를 통해 곧바로 표현되어야 합니다. 표현을 하나씩 일일이 외워서 사용하기보다는 영어로 쓰인 생생한 이야기를 통해 상황에 맞는 표현을 더 많이 접할 수 있기를 바랍니다.

I

잡지, 영어 신문, 뉴스

영어 잡지와 신문, 뉴스 등을 통한 공부법을 소개해드립니다. 단행본과 달리 매주, 매월 업데이트되는 새로운 시사 및 문화, 과학 소식을 접하고 싶다면 잡지나 뉴스를 이용해보세요.

What's happening on the other side of the globe? Curiouser and curiouser!

지구 반대편에서는
어떤 일이 일어나고 있을까요?

잡지, 신문, 뉴스 고르기

소설과 달리 잡지나 신문 등 비문학을 주로 다루는 자료는 쉽게 지루하다고 느낄 수 있고, 심화된 내용이 나오는 경우가 많으므로 특별히 더 신경 써서 흥미 위주로 골라야 합니다. 평소 과학에 관심이 많다면 과학과 관련된 잡지를, 경제에 관심이 많다면 경제와 관련된 신문 등을 골라야 합니다. 기존에 이미 구독하고 있는 잡지나 영어 신문이 없다면 아랫글을 참고하여 고릅니다.

기준 첫 번째

기사의 길이

잡지나 신문에 실리는 기사는 주로 400~500자이며, 특집 기사일 경우 4~5만 자까지 글자 수가 매우 다양합니다. 잡지나 신문을 처음 읽는다면 너무 긴 기사를 고르지 않도록 유의합니다.

기준 두 번째

종이 버전 구독 or 인터넷 구독

잡지나 뉴스를 제공하는 회사는 대부분 종이 신문과 인터넷 구독, 이렇게 두 개 서비스를 제공합니다. 직접 종이 신문이나 잡지를 받아 보고 싶다면 종이 신문이나 잡지를 구독해도 좋습니다. 하지만 한 편에 1만 원이 넘어가는 잡지에서 기사 한두 개만 찾아보거나, 인터넷 버전을 구독하더라도 한 달에 2~3만 원을 결제해두고 기사를 10개 미만으로 찾아서 본다면 금전적으로 부담이 될 수 있습니다. 대부분 잡지사는 대표 웹사이트에 기사를 올려둡니다. 전체 버전을 보려면 돈을 지불해야 하는 때도 있지만, 무료로 기사를 공개해둔 곳도 많습니다. 따라서 인터넷 기사를 인쇄해서 한 편씩 찾아보다가 기사 읽기가 익숙해지면 종이나 인터넷 버전을 구독하도록 합니다.

- 신문 구독이 부담된다면 유튜브 채널을 이용해보세요. The Economist, YouTube Originals, Vox 등 많은 채널이 영어 자막 또는 영어 자막과 한국어 자막을 동시에 제공하고 있습니다.

YouTube Originals 채널
https://www.youtube.com/channel/
UCqVDpXKLmKeBU_yyt_QkItQ

YouTube Originals Vox 채널
https://www.youtube.com/user/
voxdotcom

The Economist 채널

https://www.youtube.com/user/
EconomistMagazine

SoulPancake 채널

https://www.youtube.com/
channelUCaDVcGDMkvcRb4qGARkWlyg

대표적인 영어 잡지 살펴보기

(1) TIME 타임 https://time.com/

《네이처》,《비즈니스 리뷰》,《이코노미스트지》처럼 주제가 하나로 정해진 잡지와 달리《타임》지에는 여러 분야의 기사가 실려 있으므로, 여러 분야의 다양한 글을 볼 수 있다는 장점이 있습니다. 잡지라면 주로 한 가지 분야에 집중하는 경우가 많은데《타임》지는 정치부터 문화, 과학까지 다채로운 주제를 다루며 잡지의 형식을 띠고 있지만, 신문에 가깝습니다.

(2) BLOOMBERG BUSINESSWEEK 블룸버그 비즈니스위크

https://www.bloomberg.com/businessweek

앞부분에 실려 있는 In Brief, Remarks, View를 제외하고 5가지 큰 분야로 나누어져 있습니다. 1. Business(비즈니스) 2. Technology(기술) 3. Finance(금융) 4. Economics(경제) 5. Politics(정치). 정치 관련 기사 뒤에는 항상 흥미로운 특집 기사가 실려 있습니다.

(3) Korea Herald 코리아 헤럴드 http://www.koreaherald.com/

국내외 뉴스를 한국어, 영어 두 개 언어로 제공합니다. 국내 사건과 관련된 뉴스를 많이 다루기 때문에 한국 실정에 특화된 용어나 표현을 많이 배울 수 있습니다.

(4) The Economist 이코노미스트 https://www.economist.com/

영국 대표 경제주간지입니다. 정치나 경제, 국가 간 역사나 외교에 관한 배경지식이 있어야 읽기 수월하다는 소문이 있어 학생들이 많이 피하면서도 꼭 읽어내고 싶어 하는 잡지 중 하나입니다. 하지만 모든 기사가 고급 난이도는 아니니, 이코노미스트를 정기적으로 읽으면서 여러 도서나 사전, 다른 기사를 참고하는 방식으로 지식을 쌓아가도록 합니다.

Trump Scrambles on Coronavirus

President Donald Trump's decision to appoint Vice President Mike Pence, along with his impromptu briefing Wednesday, seemed to be an acknowledgement that the threat of coronavirus poses a critical challenge to his presidency. Despite this, during the 57-minute press conference, the President downplayed the American people's risk

Bloomberg Businessweek

The Crop Software Behind Your Daily Cup of Coffee

by Amanda Little

■ POLITICS

Trump's Huawei Demands Risk Splintering NATO Support

The Economist today

THURSDAY, FEBRUARY 27TH 2020

News analysis

FINANCE AND ECONOMICS

Markets wake up with a jolt to the implications of covid-19

Could market turmoil add to the economic disruption?

The Korea Herald

US military restricts travel to S. Korea over coronavirus

WASHINGTON -- The US Indo-Pacific military command said Wednesday it is restricting nonessential travel to Sou⋯

Social affairs

(5) Women's Health 우먼스 헬스

https://www.womenshealthmag.com/

위에서 소개한 네 개의 잡지보다 훨씬 가벼운 내용을 다룹니다. 여성 건강잡지로 주로 다이어트나 운동법, 미용, 요리 등에 관한 이야기가 나옵니다. 《우먼스 헬스》와 유사한 잡지로는 남성의 운동과 건강, 라이프 스타일을 다루는 《멘즈헬스Men's Health》도 있습니다.

(6) MIT Technology Review MIT 테크놀로지 리뷰

https://www.technologyreview.com/

과학 잡지답게 최신 기술이나 과학 이슈를 위주로 다룹니다. 기초 과학을 비롯한 여러 응용과학 분야에 기본적인 배경 지식을 필요로 합니다.

이외에도 수많은 잡지가 있지만 위 여섯 개 잡지는 국내에서 종이 버전으로 쉽게 구할 수 있습니다. 기타 웹사이트나 앱으로도 볼 수 있는 추천 잡지 목록은 아래와 같습니다.

- 가볍게 볼 수 있는 잡지

Wired	https://www.wired.com/
National Geographic	https://www.nationalgeographic.com/magazine/
Psychology Today	https://www.psychologytoday.com/intl
1843	https://www.1843magazine.com/
Computer World	https://www.computerworld.com/
Modern Cat	https://moderncat.com/

- 조금 더 난이도가 높은 잡지

Publishers Weekly	https://www.publishersweekly.com/
Nature	https://www.nature.com/
Harper's Magazine	https://harpers.org/
New York Times	https://www.nytimes.com/
Scientific American	https://www.scientificamerican.com/
Newsweek	https://www.newsweek.com/
SKEPTIC	https://www.skeptic.com/

재미있게 읽기

읽고 싶은 잡지나 신문 등을 정했다면 이제 읽어봅시다. 원서와 마찬가지로 공부한다는 느낌보다는 정보성 글이니 어떤 정보를 제공하는지에 초점을 맞추어 읽어 나갑니다. 모르는 단어가 나오면 살짝 표시하거나 사전을 찾습니다. 만약 더 적극적으로 학습하고 싶다면 독서 노트를 만들어 단어나 표현을 정리하거나 문단별로, 또는 기사별로 내용을 요약summary해보도록 합니다.

• 독서 노트를 만드는 방법은 본 도서의 실험 A를 참고해주세요.

원서는 한 권의 책으로, 처음부터 끝까지 읽어야 이야기의 흐름이 흐트러지지 않고 연결됩니다. 하지만 잡지는 그럴 필요가 없습니다. 한 권의 잡지에 서른 개의 기사가 있다면 그중 흥미롭다고 생각하는 기사 대여섯 개 정도만 골라서 읽어도 됩니다. 모두 읽어야 한다는 압박감을 받기보다는 타이틀과 도입부를 읽어보고 흥미로운 기사만 골라서 보면 됩니다.

Q&A

Q. 혹시 신문 기사를 읽을 때 도움되는 영어 단어장이 있을까요?

A. 영어 단어장을 보기보다는 기사를 읽으면서 찾은 단어를 정리합니다.

워드 스마트, 보카 바이블, 노먼 루이스의 단어장 등 고급 영어 단어장이 많습니다. 하지만 이런 단어장을 통해 단어를 암기하는 것보다 실제 문맥에서 모르는 단어를 골라내어 직접 정리하는 게 더 효율적입니다. 문장 속에서 모르는 단어를 찾아서 정리하면 암기하기에도 수월하고, 실제로 빈번하게 사용되고 있는 살아있는 단어를 학습할 수 있습니다.

Q. 뉴스나 신문 기사를 처음 보는 학생에게 추천하는 공부 방법이 따로 있을까요?

A. 이미 알고 있는, 관심 있는 분야의 내용부터 보는 걸 추천합니다.

뉴스나 신문 기사를 처음 이용해본다면 잡지를 바로 구매하는 것보다 각 신문사나 잡지사의 웹사이트에서 흥미로운 기사를 발췌하여 읽는 방식을 추천합니다. 평균 50~100페이지의 잡지 안에 관심을 가지고 볼 수 있는 기사는 많아 봐야 10~20%에 그칩니다. 만약 기사를 이용하여 공부하는 게 처음이라면 난이도까지 고려해야 하니 실제로 읽어낼 수 있는 글이 더 적다고 볼 수 있습니다. 따라서 위 실험 I에서 설명한 다양한 잡지, 신문사의 웹사이트에 방문하여 내가 평소에 관심 있는 분야의 카테고리를 살펴보거나, 대문 뉴스 중 흥미로운 제목을 단 기사를 골라 읽어보도록 합니다.

J

테드Ted

●

미국의 비영리 재단에서 운영하는 강연회, 테드TED를 이용하여 영어를 학습하는 방법에 대해 알아봅니다.

**They are going to
BLOW
your mind!**

우리 인생은 테드 영상을 보기 전과
본 후로 나뉩니다.

테드 소개

TED(Technology, Entertainment, Design)는 미국의 비영리 재단에서 운영하는 강연회입니다. 1984년에 창립되어 1990년부터 정기적으로 기술, 오락, 디자인 등과 관련된 강연회를 개최했으며, 최근 몇 년 동안은 과학에서 국제적 이슈까지 다양한 분야와 관련된 전문가를 섭외하여 더 다양한 강연을 제공하고 있습니다. TED의 모든 강연은 '알릴 가치가 있는 아이디어(Ideas worth spreading)'를 모토로 합니다. 초대 강연자들은 각 분야의 저명인사, 또는 큰 업적을 이룬 사람들로 리처드 도킨스나 빌 게이츠, 스티븐 호킹, 제이미 올리버, 일론 머스크 등 유명 인사와 노벨상 수상자가 포함되어 있습니다.

• TED 웹사이트 바로가기

https://www.ted.com/

각 분야의 전문가들은 약 20분 정도 길이의 강연을 통해 지금 진행하고 있는 연구에 대해 발표하거나, 꼭 알리고 싶은 지식과 지혜를 공유합니다. 예를 들어 전 세계적으로 문제가 되는 질병에 대해 다루거나, 새로운 디지털 휴먼에 관한 이야기, 3D 프린팅 기술을 접목한 알약, 풍요로운 삶을 사는 방법, 리더가 반드시 갖추어야 할 자질 등 매우 다양한 주제를 다룹니다.

테드를 이용한 영어 학습의 장점

요즘에는 국내에도 강연 프로그램이 참 많습니다. 〈최강 1교시〉, 〈세바시(세상을 바꾸는 시간)〉, 〈어쩌다 어른〉, 〈책 읽어드립니다〉 등 재미있고 알찬 강연이 많은 인기를 얻고 있습니다. 우리는 새로운 정보를 얻고 내면의 성장을 위해서 이런 강연을 시청합니다. (한국어를 배우기 위해서가 아니지요.) 테드 강연도 같은 목적으로 접근하는 게 좋습니다. 영어 공부보다는 교양을 쌓기 위해서 마음에 드는 강연을 골라보세요.

테드 강연을 이용한 영어 학습은 다음 세 가지 장점이 있습니다.

1. 테드에서 제공하는 강연은 평균적으로 대학 교양 강의 수준 혹은 그 이상에 버금가는 내용을 다루며, 책이나 다른 콘텐츠를 통해 쉽게 얻기 힘든 새롭고 특별한 이야기를 전해줍니다.

2. 영상의 러닝 타임이 짧아서 집중하기에 좋습니다. 오디오북이나 드라마는 최소 러닝 타임이 20분에서 40분에 달하며, 오디오북은 동화를 고르더라도 서너 시간이 넘어가는 경우도 많습니다. 반면 테드 강연은 영상의 길이가 4분에서 20분 전후이므로 원하는 길이를 자유롭게 골라서 시청할 수 있습니다. 내용이 짧아서 집중하기에도 좋고, 하루에 공부할 수 있는 시간이 제한적인 분들에게 특히 유용합니다.

3. 장르가 다양합니다. 초보나 중급자가 볼 수 있는 원서나 드라마는 제한이
   많은 데 반해 테드에서 볼 수 있는 영상은 장르와 난이도가 매우 다양해서
   흥미로운 영상을 금방 선정할 수 있습니다.

• 테드 웹사이트 처음부터 끝까지 자세히 둘러보기

  QR : https://youtu.be/B2xTtnR7iMQ

테드 영상의 종류: TED, TED-Ed, TEDx

테드 강연은 크게 세 종류로 나눌 수 있습니다. TED에서 직접 주최하는 강연인 TED Talks, TED에서 라이선스를 받고 주최하는 지역 강연 TEDx, 그리고 교육 영상을 위주로 다루는 Ted-Ed가 있습니다.

1. TED에서 직접 주최하는 TED Talks

- 웹사이트에서 직접 보기: https://www.ted.com/talks

- 유튜브 채널: https://www.youtube.com/user/TEDtalksDirector

테드 톡은 A에서 Z까지 수백 개의 토픽으로 나뉘어 있습니다. 카테고리 A에만 30개가 넘는 분야가 포함되어 있습니다.

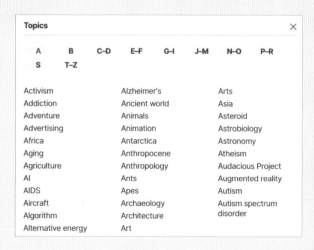

원하는 토픽을 골라서 시청하거나 화면 우측의 Sort by(정렬 기준)에서 Newest(최신순), Relevance(관련도 순), Oldest(오래된 순), Most Viewed(인기순)를 선택하여 시청할 수 있습니다.

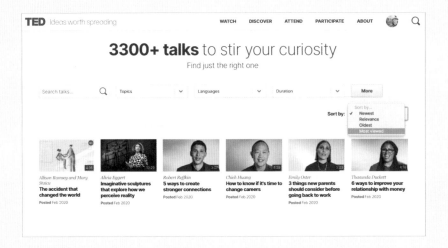

• 한국어 자막이 있는 TED Talks 인기 영상 목록 TOP 5 (2020. 02 기준)

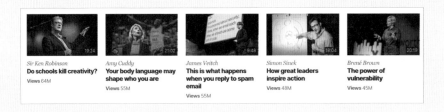

1. Sir Ken Robinson – Do schools kill creativity? (학교가 창의력을 죽인다)

2. Amy Cuddy – Your body language may shape who you are (신체 언어가 여러분의 모습을 만듭니다)

3. James Veitch – This is what happens when you reply to spam email (스팸 메일에 답을 하면 벌어지는 일)

4. Simon Sinek – How great leaders inspire action (위대한 리더들이 행동을 이끌어내는 법)

5. Brené Brown – The power of vulnerability (브린 브라운: 취약점의 힘)

• TED 영상 및 강연자 소개, 강연 제목 등은 모두 기본적으로 영어로 제공되지만, 웹사이트 주소(URL) 뒤에 '?language=ko'을 입력하면 한국어로 보실 수 있습니다.

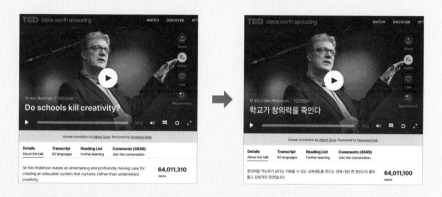

https://www.ted.com/talks/sir_ken_robinson_do_schools_kill_creativity

➡ https://www.ted.com/talks/sir_ken_robinson_do_schools_kill_creativity?language=ko

2. 지역 사회에 대한 이슈를 다루는 TEDx

- 웹사이트에서 직접 보기: https://www.ted.com/watch/tedx-talks

- 유튜브 채널: https://www.youtube.com/user/TEDxTalks

TED Talks가 전 세계적, 범국가적인 이슈를 다룬다면, TEDx는 그보다 좁은 지역 사회에 대한 이슈를 다룹니다. 또한 테드에서 직접 개최하는 것이 아니라 테드에서 라이선스를 받은 지역 대학이나 단체에서 강연을 진행합니다. 테드와 마찬가지로 TEDx 역시 동일한 모토 (Ideas worth spreading)를 기반으로 합니다.

- TEDx 인기 영상 목록 TOP 5 (2020. 02 기준)

1. Tom Thum – Beatbox brilliance (환상적인 비트박스)

2. Sam Berns – My philosophy for a happy life (행복한 삶에 대한 철학)

3. Graham Shaw – Why people believe they can't draw (왜 사람들은 자기가 그림에 재능이 없다고 생각할까)

4. Lara Boyd – After watching this, your brain will not be the same (우리 뇌를 변화시키는 강연)

5. Mel Robbins – How to stop screwing yourself over (원하는 것 모두 이루기)

3. TED-Ed

- 웹사이트에서 직접 보기: https://www.ted.com/watch/ted-ed

- 유튜브 채널: https://www.youtube.com/user/TEDEducation

테드 에드 영상은 초중고생들도 쉽게 이해할 수 있는 교육 영상입니다. 특정 분야에 배경 지식이 부족하거나 영어가 서툴더라도 그림을 보고 충분히 파악할 수 있는 강의가 대부분입니다. 러닝 타임이 평균 15~20분인 Ted Talks, TEDx에 비해 TED-Ed의 러닝 타임은 3~5분으로 매우 짧으며, 남녀노소 누구나 즐겁게 감상할 수 있는 매력적인 주제를 많이 다룹니다.

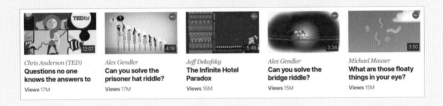

1. Chris Anderson – Questions no one knows the answers to (아무도 답하지 못하는 의문)

2. Alex Gendler – Can you solve the prisoner hat riddle? (포로 모자 수수께끼 풀기)

3. Jeff Dekofsky – The Infinite Hotel Paradox (무한 호텔의 역설)

4. Alex Gendler – Can you solve the bridge riddle? (다리 건너기 수수께끼 풀기)

5. Michael Mauser – What are those floaty things in your eye? (우리 눈에 떠다니는 것들은 과연 뭘까요?)

테드 영상을 이용한 영어 학습 방법

초급, 중급, 고급자를 대상으로 테드 강연을 영어 학습에 이용하는 방법에 관해 이야기해봅시다.

1. 영어 초급 학습자

(1) 초급 학습자의 기준

• 스스로 영어를 잘하지 못한다고 생각한다.

• 옥스퍼드 북웜 레벨 3 이하, 혹은 어린이 동화를 겨우 읽는 수준이다.

• 수능 영어는 나에게 너무 어려웠다.

(2) 초급 학습자를 위한 TED 영상

• 먼저 한국어 자막이 있는 영상을 고릅니다. TED 웹사이트는 한국어 자막이 지원되지 않는 영상도 많으므로 초급 학습자라면 ted.com이 아닌 https://www.ted.com/talks?language=ko으로 접속합니다.

• 초급자는 인기 영상이나 고급 어휘가 많이 포함된 강의보다는 흥미 위주로 영상을 고릅니다. 흥미가 떨어지면 집중력이 흐트러지고, 쉽게 포기할 수 있습니다. 다음 다섯 가지 기준으로 영상을 골라주세요.

1. 영상의 길이는 5분 전후가 적당합니다. 현재 실력에서는 영어 듣기에 집중

할 수 있는 시간이 제한적이므로 TED-Ed 카테고리에서 짧은 영상을 고르도록 합니다.

- 영어 학습이 목적이 아닐 때는 길이에 무관하게 어떤 영상을 골라도 좋습니다. 테드 강연을 평소에 자주 시청하면서 감명 깊게 본 강연을 골라서 학습해봅니다.

2. 평소에 관심이 있는 흥미로운 분야의 영상을 고릅니다.

3. 내가 이미 알고 있는, 배경 지식이 많은 분야를 선택하여 체감 난이도를 낮추도록 합니다.

4. 한국어 자막이 있는 영상으로 고릅니다.

5. 강연자의 말 속도가 빠르지 않은 영상으로 고릅니다.

(3) 학습 순서

1. 보고 싶은 영상을 고르고 한국어 자막을 이용해 시청합니다.

2. 시청 후 강의가 마음에 들었다면 영상의 영어 스크립트를 인쇄합니다. [만약 아이패드나 기타 기기를 사용하고 있다면 펜으로 메모가 가능한 앱(ex. Notability)에 스크립트 파일을 받아 둡니다.]

3. 영상을 영어 자막으로 시청하면서, 곧바로 이해가 되지 않는 부분은 추측하고 넘어갑니다. 만약 영상에 그림이 나온다면 그림을 열심히 보고, 강연자가 나온다면 강연자의 표정과 입 모양, 제스처를 살펴봅니다.

4. 영상이 끝나면 스크립트를 훑어보며 전문을 해석합니다. 해석할 때 막히는 부분은 사전이나 인터넷 검색을 통해 정보를 찾거나, 친구나 선생님에게 질문하여 해결합니다.

5. 영상을 한국어 자막으로 켠 후 내가 해석한 것이 맞는지 문장 단위로 꼼꼼하게 확인합니다.

- TED에서 제공하는 자막은 모두 자원봉사자를 거쳐 제작됩니다. 따라서 자막의 품질이

매우 높은 편이지만 영상에 따라 오역이 있을 수 있습니다.

6. 자막 없이 영상을 마지막으로 한번 더 감상합니다. 정리한 단어나 표현은 암기하고 싶다면 암기하고, 그렇지 않다면 한번 훑어만 보고 넘어갑니다. 단어는 매편 암기해두면 다음 영상을 볼 때 도움이 될 수 있습니다. 해석, 단어 암기 외에 추가로 쉐도잉을 하는 등 여러 공부 방법을 적용할 수 있습니다.

• 자세한 쉐도잉 방법은 본 도서 실험 G를 참고해주세요.(p. 197)

2. 영어 중급 학습자

(1) 중급 학습자의 기준

- 200쪽짜리 청소년용 원서는 사전만 있다면 어느 정도 볼 수 있다.

- 수능 영어 성적이 1~2등급이었다.

- 토익 성적이 800점 이상이다.

- 토플 성적이 60점 이상이다.

- 나의 영어 실력은 나쁘지 않은 편이다.

(2) 중급 학습자를 위한 TED 영상

중급 학습자라면 두 가지만 고려하면 됩니다.

1. 평소에 관심이 있는 흥미로운 분야의 영상을 고릅니다.

2. 한국어 자막이 있는 영상으로 고릅니다.

(3) 학습 순서

1. 보고 싶은 영상을 고르고 한국어 자막을 이용해 시청합니다.

2. 영상을 다시 한번 영어 자막으로 시청합니다. 이해가 되지 않는 부분은 추측하고 넘어갑니다.

3. 영상 아래에 있는 영어 스크립트를 눈으로 읽어 나가며 해석해봅니다. 모르는 단어나 표현은 사전에 검색한 후 노트에 꼼꼼히 정리합니다.

- 중급 이상의 학습자는 스크립트를 별도 인쇄할 필요 없이 모르는 단어나 문장, 표현만 적어서 정리하는 편이 더 빠릅니다. 강연마다 난이도가 다르므로 쉬운 강의는 인쇄 없이 단어, 문장 단위로 발췌하고, 강의 난이도가 높아서 필기하면서 보고 싶다면 스크립트를 인

쇄합니다.

4. 자막 없이 영상을 마지막으로 한번 더 감상합니다. 정리한 단어나 표현은 암기하고 싶다면 암기하고, 그렇지 않다면 한번 훑어만 보고 넘어갑니다. 단어는 매편 암기해두면 다음 영상을 볼 때 도움이 될 수 있습니다. 해석, 단어 암기 외에 추가로 쉐도잉을 하는 등 여러 공부 방법을 적용할 수 있습니다.

3. 영어 상급 학습자

(1) 상급 학습자의 기준

- 토익 성적은 안정적으로 980점을 넘는다.

- 토플 성적은 안정적으로 100점을 넘는다.

- 나의 영어 실력은 좋은 편이다.

(2) 상급 학습자를 위한 TED 영상 고르기 & 학습 순서

상급 학습자라면 한국어로 된 강연을 고를 때와 마찬가지로 취향에 따라 강연을 고르면 됩니다. 별도 스크립트 정리 없이 산책하거나 조깅하면서 TED 톡을 듣고, 꼭 정리해보고 싶은 강의나 모르는 표현이 자주 등장한 강의만 스크립트를 확인합니다.

Q. TED 번역 봉사는 어떻게 신청할 수 있나요? 번역 과정은 어떻게
이루어지나요?

A. TED 웹사이트에서 신청할 수 있습니다.

https://www.ted.com/participate/translate/get-started

웹사이트에 번역 봉사자를 위한 안내 사항이 적혀 있으니 참고하여 신청
서를 작성하면 됩니다. 테드 영상 번역은 총 네 개의 과정으로 이루어져
있습니다. 첫 번째로 필사자가 강연 오디오를 기준으로 최초 스크립트를
작성합니다. 두 번째로 각국의 번역가가 스크립트를 기준으로 여러 가지
언어로 번역합니다. 세 번째 단계에서는 검토자가 번역 결과물을 검토합
니다. 이 단계에서 오역과 싱크 오류 등을 바로잡습니다. 마지막 네 번째
단계에서는 TED 번역이 최종 승인되어 유튜브 채널 또는 TED 공식 홈페
이지에 게시됩니다.

Q. TED는 강연이잖아요. 혹시 이걸로 공부해서 어색한 말투를 배우
는 게 아닌가 걱정돼요. 그냥 드라마로만 공부하는 게 좋을까요?

A. TED 강연 내용과 별개로 강연자는 구어체를 사용하니 걱정하지 않아도 됩
니다.

드라마는 드라마 대사만의 매력이 있고, 강연은 강연자 어투마다 각기 다
른 매력이 있습니다. 우리는 친구와 대화할 때와 가족과 대화할 때, 연인과

대화할 때, 비즈니스 미팅을 할 때 모두 다른 말투와 단어, 표현을 사용합니다. 따라서 언어를 배울 때도 한 가지 말투가 아닌 여러 가지 말투에 노출되는 게 좋습니다.

Q. 혹시 TED 이외 다른 강의 또는 강연 사이트가 있나요?

A. 네, 아주 많이 있습니다.

1. 칸 아카데미 Khan Academy

https://www.khanacademy.org

인도계 미국인 살만 칸(Salman Khan)이 운영하는 무료 교육 사이트입니다. 영어, 수학, 과학, 경제학, 역사, 컴퓨터 프로그래밍, 각종 자격증 대비 코스 등 다양한 과목에 대한 강의가 무료로 제공됩니다. 테드와 마찬가지로 현재 번역 자원봉사자들의 도움을 받아 여러 언어로 활발히 번역되고 있습니다.

2. 유데미 Udemy

https://www.udemy.com

유명한 MOOC(온라인 공개수업) 사이트입니다. 소프트웨어 개발, 디자인, 마케팅, 사진, 음악 등 다양한 과목에 대한 강의를 비교적 저렴한 가격에 제공합니다. 이외에 MIT OCW, Open Yale Courses, edX, Pluralsight, Masterclass와 같은 온라인 교육 사이트도 이용해볼 수 있습니다.

3. Harvard University Youtube Channel

https://www.youtube.com/user/Harvard

하버드 대학의 유튜브 채널에는 무료 강의가 많이 올라옵니다. 대표적으로 하버드 대학 기초 프로그래밍 강의 CS50은 9년 전부터 전체 공개되어, 현재는 CS50이라는 별도 채널을 열 정도로 큰 관심을 받고 있습니다. 또한 《정의란 무엇인가》라는 책으로 잘 알려진 마이클 샌델 교수님의 Justice 강연 역시 하버드 대학 유튜브 채널에서 시청할 수 있습니다.

4. Talks at Google

https://www.youtube.com/channel/UCbmNph6atAoGfqLoCL_duAg

Talks at Google은 구글 직원을 대상으로 한 강연으로, 유튜브 채널과 Google Podcast를 통해 대중에게도 공개됩니다. 레이디 가가, 라이언 레이놀즈, 조지 R. R.마틴, 버락 오바마, 리즈 위더스푼, 유발 하라리, 스티븐 핑커, 법륜 스님 등 작가, 과학자, 배우, 예술가, 정치인, 종교인을 비롯하여 여러 분야의 전문가를 초청해 특별한 주제에 대해 논의합니다.

K

영어 단어

단어는 목걸이의 구슬과도 같은 존재입니다. 구슬이 있어야만 목걸이를 완성할 수 있습니다. 이번 장에서는 단어장을 고르는 방법부터 암기하는 방법까지 다룹니다.

**Vocabulary books
are not for
everyone.**

무턱대고 단어장을
구매하지 마세요.

단어장, 아무나 다 사는 게 아니다?

영어 공부를 하는 많은 학생들이 단어장을 구매해야만 단어 공부를 시작할 수 있다고 생각합니다. 학교에서 아주 친숙하게 단어장을 봐왔기 때문이기도 하고, 또 영어 공부와 관련된 조언에 '단어장'이 빠지지 않기 때문이기도 합니다. 어떤 단어장이 요즘 인기가 많은지, 어떤 단어장으로 공부해야 단어를 더 효율적으로 외울 수 있을지에 몰두한 나머지 정작 가장 중요한 문제인 '내가 정말 단어장이 필요한가'에 대해서는 생각하지 않게 됩니다. 하지만 단어장은 주로 시험을 위한 책일 뿐 우리 모두를 위한 필수 도서가 아닙니다.

단어장을 펼쳐서 잘 살펴보면 크게 두 가지 특성을 알 수 있습니다. 첫 번째로 단어장은 '시험 목적'으로 만들어진 경우가 95% 이상이며, 나머지 5% 이하는 비즈니스 영어 또는 영어 회화용 단어장입니다. 중학교 내신, 고등학교 내신, 고등학교 수능 영어 영역 대비용, 토익 대비용, 토플 대비용, GRE 대비용 등 광고 문구를 확인해봐도, 책 내부의 구성을 확인해봐도 대부분 시험 대비를 목적으로 하고 있습니다. 두 번째 특성은 단어장은 시험 대비용 도서이므로 시험에 자주 출제되는 단어, 혹은 출제가 예상되는 단어가 수록되어 있습니다. 예문 역시 시험과 관련된 문장이 등장합니다.

어떤 내용이든 책으로 엮어내려면 책의 말머리부터 끝까지 일맥상통하는 특정한 주제가 있어야 합니다. 우리가 흔히 '보카책'이라고 부르는 단어장은 시험, 드라마, 신문 기사 등을 주제로 합니다. 따라서 시험을 대비하고 있거나,

영어 회화 단어장 중에 특별히 내가 좋아하는 작품을 다루는 경우가 아니라면 단어장은 직접 만드는 게 더 좋습니다. 무턱대고 단어장을 구매하기 전에 단어장이 반드시 필요한지 고려해볼 필요가 있습니다.

시험에 따른 단어장 고르기

이 책을 읽고 계신 분 중에는 학교 내신이나 수능, 각종 공인영어시험을 대비하는 분들도 많이 있으리라 생각합니다. 시험을 준비하는 동안에 단어장을 전혀 참고하지 않고도 좋은 점수를 내는 학생들이 있지만, 단어장을 통해 단어 데이터베이스를 많이 쌓고, 단어 암기에 대한 두려움, 읽기에 대한 두려움을 타파하는 학생들도 많이 있습니다.

너무나도 당연한 말이지만 수능 영어를 공부하고 있으면서 토플 단어장을 보고 있으면 안 됩니다. 또한 토익 시험을 준비하면서 편입생들을 위한 단어장을 봐서는 안 되겠지요. 하지만 이 당연한 말이 학생들에게는 간혹 혼란을 줍니다. 바로 책 표지에 있는 광고 문구 때문입니다. 한 권의 책이 적으면 3개, 많으면 5개 이상의 시험을 모두 대비할 수 있게 해준다는 문구가 참 많습니다. 그래서 최대한 많은 시험을 대비하게 해주는 두꺼운 책이 좋은 책이라고 인식하는 학생들도 있습니다. 하지만 지금 내가 대비하고 있는 시험이 어떤 종류인지 먼저 생각해보고, 너무 많은 종류의 시험을 한꺼번에 다 대비하게 해준다고 광고하는 책은 피하는 게 좋습니다.

1. 수능 영어
아마 서점에는 수능 영어 대비용 단어장이 가장 많을 겁니다. 중고등학교 교재만 출판하는 각종 출판사가 너도나도 앞다투어 매년 새로운 단어장을 출간하고 있습니다. 수능 영어를 준비하고 있다면 광고 문구에 '토익' 혹은 '토플'이라는 단어도 포함된 책이 아니라, 수능 대비에 특화된 고등학생용 단어장을 고르는 게 좋습니다. '나중에 어차피 토익과 토플도 해야 하지 않나?'라는 생각으로 너무 어렵거나 광범위한 내용을 다루는 단어장을 선택하지 않도록 조심하세요. 수능 대비용 단어장으로 제대로 학습한 후에 토익, 토플 대비용 단어장으로 발돋움해도 절대 늦지 않습니다. 오히려 시험에 나오지 않는 단어를 외우다가 시간을 낭비하지 않도록 합니다.

2. 토익 준비

수능 영어 대비용 단어장 다음으로 많은 책이 토익 단어장이 아닐까 추측해봅니다. 고등학생의 약 70%가 대학에 진학하고, 모든 대학생은 적어도 한 번 이상 토익을 치러야 합니다. 그래서인지 토익 시험과 관련된 영어 시장도 꽤 규모가 큽니다. 대표적인 브랜드로는 해커스, YBM, 영단기, 시원스쿨, ETS, 파고다 등이 있습니다. 토익 용이라는 제목이 붙었다면 대부분 비슷한 내용을 다루지만 목표 점수에 따라 수록된 단어의 난이도가 다를 수 있습니다. 토익을 준비하고 있다면 토익'도' 준비하게 해주는 애매하게 광고하는 단어장이 아닌 '토익 시험용' 단어장을 구매해야 하고, 목표 점수가 아닌 '현재 점수'를 기준으로 책을 골라야 합니다.

3. 토플 준비

ETS에서 주관하는 영어 공인능력시험인 토플 시험은 수험생의 수가 토익이나 수능보다 현저히 적습니다. 그래서 책을 고를 때 선택지가 아주 적은 편입니다. 하지만 토플 시험이 유행하기 시작한 10~20년 전보다는 현재 훨씬 더 많은 출판사에서 토플 시험에 관심을 가지고 다양한 책을 출판하고 있습니다. 대표적 브랜드로는 해커스, 영단기, 다락원, 토마토, 어서, ETS, YBM 등이 있습니다. 토익과 마찬가지로 토플을 준비 중이라면 토플'도' 준비하도록 도와주는 광범위한 내용을 다루는 단어장보다는 '토플 시험용' 단어장을 구매해야 하고, 목표 점수가 아닌 '현재 점수'를 기준으로 책을 고르도록 합니다. 특히 토플 시험은 다른 공인영어시험 중 난이도가 높은 편이므로 아무 단어장이나 고르게 되면 끝까지 학습하지 못하게 될 수 있습니다. 반드시 현재 수준에 맞는 단어장을 골라서 학습하도록 합니다.

단어장, 샀다면 처음부터 끝까지 보기

시험 대비 중이거나 개인 취향으로 단어장을 구매해서 보고 계신다면 무엇보다 처음부터 끝까지 꾸준히 학습하는 게 중요합니다. 하지만 단어장을 구매해서 공부하는 분 중 절반 이상이 단어장의 마지막 페이지를 보지 못하고 중도에 포기하게 됩니다. 그 이유는 뭘까요?

첫 번째 이유

단어장을 잘못 선택했다

학생들은 주로 '목표 점수'에 맞춰서 단어장을 구매합니다. 예를 들어 토익 900점이 목표라면, 현재 점수가 400점인 것은 무시하고, 토익 900점을 받으려면 어떤 책을 봐야 하는지부터 생각합니다. 다른 분야의 도서도 마찬가지겠지만 특히 학습 도서는 **목표점보다는 현재 상태에 따라** 책을 골라야 합니다. 토익 단어를 한 달 만에 정복하게 해주겠다는 책, 이 책만 보면 무조건 점수를 빨리 받을 수 있다는 광고 문구가 적힌 책, 친구가 추천하는 책을 무작정 보기보다는 실제로 책을 펼쳐서 내 영어 실력에 날개를 달아줄 수 있는 책인지 직접 검토해보는 게 좋습니다.

서점 외국어 코너에서 단어장을 한 권씩 살펴봅시다. 단어장의 표지 디자인, 구성이나 색상, 단어를 읽어주는 MP3 파일의 유무 등 나에게 필요한 기능이 다 포함되어 있는지, 또 들고 다니기는 편한지 간단히 살펴봅니다. 아무래도 들고 다니기 좋은 크기에 마음에 드는 디자인일수록 책을 더 자주 펼쳐볼 확률이 높습니다. 이제 책의 외관과 실용성이 마음에 들면 책을 펴서 내용을 자세히 살펴봅니다. 예문의 개수나 길이, 단어의 용법이나 어원 등의 설명 여부 등을 확인함과 동시에 현재 나의 수준에서 볼 수 있는 책인지 확인해야 합니다. 영어를 갓 배워서 알고 있는 단어가 100개도 되지 않을 때를 제외하고는 다음과 같은 기준으로 단어장의 수준을 파악해봅니다.

(1) 한 페이지 혹은 챕터에 **모르는 단어의 비중이** 50~80% 정도인 책이 학습 효과가 가장 좋습니다. 적당히 아는 단어도 마주칠 수 있고 모르는 단어도 절반이 넘으므로 사서 볼 만한 책입니다.

(2) 만약 단어장을 펼쳐봤는데 아는 단어가 너무 자주 나온다는 느낌이 들면 너무 쉬운 단어장이니 구매할 필요가 없습니다.

(3) 만약 단어장을 펼쳐봤는데 아는 단어가 거의 보이지 않는다면 학습하기에 너무 힘들 수 있습니다. 개인 성향에 따라 다르지만, 평소 도전을 즐기는 성격이라면 구매해도 좋고, 그렇지 않다면 다음을 기약하는 게 좋습니다.

(4) 중급 이하의 학습자라면 영어 단어와 의미 쌍이 절대적으로 많은 책보다는 예문과 단어의 활용법이 자세히 적혀 있는 단어장이 더 좋습니다.

(5) 단어 암기에 항상 골머리를 앓아왔다면 연상 기법이나 어원을 통해 암기를 도와주는 특수한 단어장을 골라보는 것도 좋습니다.

언어를 공부하는 학생 중 아주 소수를 제외하고는 '단어 암기'를 가장 곤혹스러운 과정이라고들 합니다. 학습한 단어의 수가 1천 개, 2천 개, 5천 개, 1만 개를 넘어가면서 단어 암기는 점점 수월해지지만 처음 1천 개에서 5천 개 정도를 쌓는 과정은 정말 힘듭니다. 평소 암기보다는 이해를 중심으로 한 학습 방법을 선호한다면 기초 단어를 암기하는 과정을 더 힘들게 느낄 수 있습니다. 그래서 단어장을 고를 때 아는 단어가 하나도 없는, 모르는 단어만 가득한 단어장을 사는 것보다 아는 단어도 가끔 마주칠 수 있는 조금 더 친근한 느낌이 드는 단어장을 고르는 게 좋습니다. 단어 암기에 있어 '승자 효과'는 아주 중요하게 작용합니다. 어려운 단어장을 고르면 단어 암기에서부터 자주 실패해서 더 단어를 암기하고 싶지도, 언어를 공부하고 싶지도 않은 상태에 빠지기도 합니다. 그러니 적어도 10% 이상은 이미 알고 있는 단어 혹은 어디선가 본 적 있는 그리 낯설지만은 않은 단어가 수록된 단어장을 고르도록 합니다.

두 번째 이유

마음이 너무 급했다

시험을 준비하는 학생들은 다들 마음이 급합니다. 하루빨리 원하는 성적을 얻어야 하기 때문이지요. 그래서 영어 회화를 공부하는 분들보다 성급한 판단을 할 때가 더 많습니다. 당장 토익 점수가 필요하다고 해서 현재 점수는 잊고 곧바로 토익 고득점 대비용 단어장을 사거나 '핵심'이라는 단어가 적힌 책을 구매하기도 합니다. 핵심 단어장은 정말 핵심 내용 위주로 단어를 실어 놓았기 때문에 어려운 단어가 많을 확률이 높습니다. 이렇게 각종 출판사에서 나온 핵심 단어장만 수 권을 사서 모아두고 점수는 원하는 만큼 오르지 않는 경우가 많습니다. 아무리 급하더라도 현재 수준을 파악한 후 최종 단계가 아닌 다음 단계를 밟아 차례로 학습해야 합니다.

세 번째 이유

단어장 암기 계획이 뭔가 이상하다

알맞은 단어장을 고른 후에도 책을 몇 번 봐야 할지, 예문도 외워야 하는지 등 여러 의문이 생깁니다. 좋은 단어장을 골랐는데도 진도가 지지부진하다면 아래 주의 사항을 살펴보고 나는 어떤 상황에 해당하는지 판단해봅시다.

1. 1회 독은 가볍게

단어장을 산 후 1회 독(처음부터 끝까지 1회 읽기)은 가볍게 하면 됩니다. 단어장에 적혀 있는 유의어, 반의어, 예문, 퀴즈에 나온 단어까지 모조리 외우려고 덤비면 너무 빨리 지치게 됩니다. 처음 단어장을 볼 때는 유의어나 반의어, 예문은 읽어만 보고 넘어가도 됩니다. 대신 페이지에서 가장 크게 적혀 있는 단어(보통 페이지에 5개에서 10개가 수록됩니다)를 중점적으로 학습하도록 합니다.

2. 회독 간격은 짧게

구매한 단어장이 100쪽 이하라면 2주 이내, 300쪽 이하라면 한 달 이내로 1회 독을 계획합니다. 단어장은 기본적으로 3~4회 이상 읽어야 머리에 잘 자리 잡습니다. 이 과정은 연필 데생에서 명암을 줄 때와 비슷합니다. 연필을 쥔 손이 같은 자리를 여러 번 오가며 얇게 조금씩 선을 더한 후에야 명암이 완성됩니다. 한 번에 진하게 눌러서 선을 그으면 명암이 예쁘게 완성되지 않습니다. 단어 암기도 마찬가지입니다. 한 번에 제대로 외운다는 생각보다는 자주 봐서 익히겠다는 생각으로 짧은 간격을 두고 회독 수를 많이 늘리도록 합니다.

그리고 회독을 반복하면서 첫 회독 시에 학습하지 않았던 예문이나 반의어, 동의어도 차례로 암기합니다. 예를 들어 1회 독 때는 대표 단어만 암기하고, 2회 독 때 예문을 해석해보고, 예문에 나오는 표현과 단어도 암기합니다. 그 후, 3회 독 때는 동의어를 사전에 검색하여 예문을 찾아 단어의 쓰임을 살펴본 후 암기합니다. 마지막 4회 독 때에는 반의어 암기 및 반의어가 들어간 예문을 찾아봅니다.

3. 미련 버리기

혹시 단어장을 외우면서 이런 느낌이 드신 적 있나요? '이 단어는 나중에 책에서 마주치면 모를 것 같은데?' 혹은 '이 단어는 뭔가 안 외워진 것 같은데' 하는 찝찝한 느낌. 영어 단어를 암기해본 적이 있다면 다들 한 번쯤은 느껴본 감정일 겁니다. 단어장에 나온 단어를 모두 정확히 알아야 다음 단어장으로 넘어갈 텐데 그런 확신이 없으니 계속 같은 책, 같은 챕터에서 머무르게 됩니다. 게다가 단어장에서 외운 단어가 책이나 문제집에 등장했을 때 곧바로 알아보지 못하면 또 단어장을 제대로 외우지 않은 탓을 하며 앞으로 나아가지 못하고 제자리에서 방황하기도 합니다.

 굉장히 직관적이고 구체적이어서 한 번만 봐도 암기되는 'desk'나 'elephant'와 같은 단어도 있지만, 추상적이고 길어서 몇 번을 봐도 잊어버리는 'anthropomorphize'나 'sordid'와 같은 단어도 있습니다. 후자에 속하는 단어는 단어만 보거나 예문 한두 개로만 학습해서는 머리에 오래 머무르기 힘듭니다. 추상적인 단어들은 자연스러운 문맥 속에서 자주 마주치게 되면 애를 쓰지 않아도 기억할 수 있지만, 단어 스펠링이나 발음, 의미 자체에만 집착하게 되면 여러 번을 반복해서 암기해도 휘발성이 높아 자주 잊게 됩니다. 그러니 단어장에서 이런 단어가 나온다면 한두 번 정도 암기한 후 예문에서 마주칠 것을 기대하고 시쳇말로 '쿨하게' 다음 단계로 넘어가도 좋습니다.

4. 실제로 책 펴기

단어 암기에 지친 분들은 어느 순간부터 단어장을 책장에만 꽂아 두거나, 개인 단어장 만드는 일을 소홀히 하게 됩니다. 하지만 적어도 만 개의 단어를 학습하기까지는 게으름을 천적처럼 대해야 합니다. 특히나 아직 초 · 중급자라면 하루라도 단어를 암기하지 않는 날이 없도록 신경을 써야 합니다.

단어장의 동의어를 조심하세요

모든 단어장에는 동의어가 수록되어 있습니다. 동의어는 유의어일 뿐, 정확히 모든 뜻이 일치하는 두 개의 단어는 없습니다. 따라서 동의어를 무조건 상호교환하여 사용할 수 있다고 생각하면 안 됩니다. 예를 들어 외국인이 한국어를 배우면서 '인간'과 '사람'이라는 단어를 동의어로 외우고 마음대로 바꿔 쓴다고 생각해보세요. '이탈리아 사람'을 보고 '이탈리아 인간'이라고 말하는 우스꽝스러운 일이 벌어질 겁니다. 단어장에서 만나는 동의어는 사전에 검색하여 각각 올바른 예문을 찾아 써넣도록 합니다.

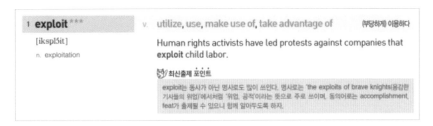

출처 : David Cho, 《해커스 보카(Hackers Vocabulary) 개정판 2판》, 해커스어학연구소(2015), p.18

위 그림에서 보듯 예를 들어 단어 'exploit'의 동의어로 'utilize', 'use', 'make use of', 'take advantage of'가 기입되어 있다면 사전을 이용하여 각 단어가 쓰인 문장을 책에 적어둡니다. 이때는 영한사전보다는 짧은 예문이 잘 정리된 학습자용 영영사전을 이용하도록 합니다.

• 용도에 따른 사전 사용법은 본 도서의 실험 N을 참고해주세요.

직접 단어장을 만드세요. 그게 더 효과적입니다.

시험을 대비하고 있는 게 아니라면 단어장을 별도로 구매할 필요가 없습니다. 내가 직접 쓸 일도 없고, 앞으로 볼 일도 없는 단어를 암기하느라 시간과 에너지를 낭비하게 될 수 있기 때문입니다. 매일 읽고, 보고 듣는 자료에서 단어를 추출하여 단어장을 만들어보세요.

1. 공책, 노트 패드 이용하기

스마트 기기보다 아날로그 방식을 선호한다면 공책에 직접 단어를 정리해봅시다. 단어를 정리할 때는 영어 단어, 한국어 의미, 영어 단어가 등장한 문맥 또는 문장까지 써두는 게 좋습니다.

2. 퀴즈렛Quizlet 애플리케이션 이용하기

퀴즈렛은 단어 암기에 사용하는 플래시 카드 애플리케이션입니다. 영어 단어와 의미를 등록해두면 기본적으로 단어의 발음을 알려주고, 여러 종류의 단어 시험을 제공할 뿐 아니라, 단어를 제대로 암기하고 있는지 감시해주기까지 합니다.

- 퀴즈렛 사용법 자세히 알아보기 QR

  https://youtu.be/7P4ZjuUL3Hg

3. 네이버 사전의 단어장 저장 이용하기

중·고급 학습자들이 많이 사용하는 방법입니다. 정리해야 할 단어가 너무 많거나, 문장을 따로 정리할 필요가 없다면 간편하게 네이버 사전의 단어장 저장 기능을 이용할 수 있습니다. 다음 예시는 단어 apple을 네이버 사전에 검색한 결과입니다. 단어 우측에 +단어장 저장 을 클릭하면 단어장에 저장됩니다. 단어장을 여러 개 생성하여 카테고리별로 저장할 수도 있습니다.

4. 에버노트 등 노트 필기 앱 이용하기

많은 단어를 예문이나 그림까지 꼼꼼하게 넣어서 정리하고 싶다면 에버노트를 비롯한 각종 노트 필기 앱을 사용해보세요.

에버노트에 단어 정리 예시

단어를 더 잘 외우려면

어쩌면 모순된 말일지도 모르겠지만 단어를 잘 외우려면 일단 '외우겠다는 생각'을 하지 않는 게 좋습니다. 어릴 적 새로운 반에 배정받고 나서 한동안 반 친구들의 이름을 외우기 힘들었던 기억이 나시나요? 친구들의 이름은 교탁에 붙어 있는 자리 배치표를 통해 암기하는 게 아니라, 친구와 이야기를 나누고, 운동장에서 축구 경기를 하느라 함께 뛰어다니고, 매점에서 함께 과자를 나눠 먹으면서 기억하게 됩니다. 단어도 마찬가지입니다. 당장 시험을 봐야 하는 게 아니라면 조금 편안하게 단어 암기에 접근할 필요가 있습니다. 단어를 자주 마주치고, 여러 이야기 속에서, 문맥 속에서 마주하다 보면 억지로 암기하지 않아도 저절로 기억 속에 남게 됩니다.

단어를 암기할 때 하나 주의점이 있다면, 의미도 중요하지만, 발음을 기준으로 암기해야 합니다. 예를 들어 'electorate'라는 단어를 외운다면 'e-l-e-c-t-o-r-a-t-e'라는 알파벳을 순서로 암기하는 게 아니라 [일렉토렛-]이라고 되뇌어야 합니다. 실제로 종이에 단어를 적어보면서 발음을 해봐도 좋습니다. 이런 방식으로 단어를 외워두면 알파벳의 순서도 기억하기 좋고, 저절로 발음도 기억하게 됩니다. 또한 이 단어의 의미를 '유권자'라고 정확히 알고 있어야 하며, '투표하는 거… 뭐 그런 건데…'라고 대충 암기하지 않도록 유의합니다.

• 영어 단어 방법 영상 QR:

한 번 외운 단어, 절대 잊고 싶지 않다면 (11년차 번역가가 알려주는 단어 암기법)

https://www.youtube.com/watch?v=pJyc3dM7Ies

Q. 단어장을 여러 권 외웠는데도 원서가 잘 안 읽혀요. 아는 단어도 해석이 잘 안 되고요. 도대체 뭐가 문제일까요?

A. 똑같은 단어라고 해도 다양한 문맥에서 만나야 합니다.

영어 단어는 하나의 단어가 적으면 서너 개, 많으면 40개에 달하는 다양한 의미를 가집니다. 'edge'라는 아주 단순한 단어도 'Trees edge the big pond.(큰 연못 주위로 나무가 둘러싸고 있다)'라는 문장에서 만나면 생소해 보입니다. 주변에 함께 오는 단어나 문맥에 따라 의미나 품사가 바뀌는 단어가 참 많습니다. 그렇다면 어떻게 해야 할까요? 우리 이렇게 생각해봅시다.

여기에 어떤 아저씨가 서 있습니다.

이렇게요. 만약 이 아저씨가 수염을 달고 나타난다면 어떨까요?

이렇게요. 그럼 이 아저씨를 알아볼 수 있을까요?

만약 옷이 바뀌고, 선글라스도 쓰고, 지팡이도 짚고, 모자도 쓰고, 신발도 다르다면요?

그럼 이 아저씨를 알아볼 수 있을까요? 점점 알아보기 힘들겠죠?

하지만 이 아저씨가 여러 가지 옷을 입은 모습을 보고, 여러 선글라스를 착용한 모습도 봤고, 지팡이도 종류별로, 모자도 여러 가지를 쓰고 나를 만

난 적이 있다면 어떨까요? 그렇다면 아저씨의 외모나 옷이 조금 바뀐다고 해도 알아볼 수 있게 될 겁니다. 단어도 이와 마찬가지입니다. 우리가 단어장에서 본 단어는 제일 처음 그려진 아저씨의 모습과 같습니다. 단어 혼자 단독으로 있고 아주 기본적인 쓰임과 의미만 본 겁니다. 다른 단어와 함께 나와서 의미가 달라지면 마치 모르는 단어처럼 느껴질 수 있습니다. 따라서 원서나 드라마, 잡지, 뉴스 등 다양한 소스를 통해 한 단어가 여러 의미로 사용되는 경우를 많이 봐야 합니다.

Q. 단어장에 있는 발음 기호는 어떻게 활용하면 좋을까요? 발음 기호를 전부 외워야 한다는 선생님도 있던데….

A. 발음 기호는 암기하기보다는 참고용으로 사용합니다.

한글은 음성문자(말소리를 그대로 기호로 나타낸 문자)인 데 반해, 영어는 전혀 그렇지 않아서 영어를 배울 때는 발음 기호를 외워야만 단어를 제대로 발음할 수 있다는 주장을 하는 분들을 종종 만날 수 있습니다. 하지만 한국어도 문자와 소리가 다른 단어가 아주 많습니다. 우리는 '밥그릇'을 그대로 [밥그릇]이라 읽지 않고 [밥끄른]이라고 발음합니다. 그렇다고 해서 우리가 '먼지떨이'라는 단어의 발음이 [먼지떠리]라는 것, '그랬군요'라는 단어의 발음이 [그랟꾸뇨]라는 것, '고별인사'라는 단어의 발음이 [고:벼린사]라는 것, '그림일기'라는 단어의 발음이 [그:리밀기]라고 일일이 발음 기호를 보며 단어의 발음을 익힌 건 아닙니다.

음성문자의 여부를 떠나 어떤 언어든 단어가 발음되는 방식을 배울 때는 귀로 듣는 소리에 많이 의지해야 합니다. 만약 소리를 잘 잡아내기 힘들다면 발음 기호나, 한국어 자음과 모음을 이용해서 발음을 적어가면서 읽는 과정을 거쳐도 됩니다. 발음 기호를 외워서 기호를 읽어내는 것에 집중하기보다는 단어의 발음을 귀로 듣고 입으로 직접 따라 해보는 게 더 중요합니다. 기호에 자꾸 의지하게 되면 소리를 기억하는 게 아니라 기호를 위주로 기억하게 됩니다. 또한, 새로운 단어를 볼 때 소리를 유추하지 않고 발음 기호에 의지하여, 기호부터 찾아보려고 하는 일종의 강박감이 생길 수 있습니다. 그러니 발음 기호는 있으면 도움되어 좋고, 없다고 해서 발음을 못 할 것도 아닌 존재라고 보시면 됩니다.

Q. 단어장에 나오는 예문도 모두 암기해야 하나요?

A. 외우고 싶다면 외우고, 외우고 싶지 않다면 외우지 않아도 됩니다.

단어장에 수록된 예문은 암기하라는 의미보다는 단어가 문장에서 어떻게 다양하게 쓰일 수 있는지 보여주는 용도입니다. 예문은 한두 번 읽어보면서 단어의 용법을 익히는 데 참고하면 됩니다. 언어 학습은 의식적인 암기보다는 무의식적인 적응에서 이루어집니다. 정말 기억해두고 싶은 좋은 문장이 아니라 단순히 의무감에 예문을 암기한다면 많은 시간을 들여 문장을 외워도 아주 잠시 머리에 들어왔다가 금방 사라집니다. 그러니 꼭 외우고 싶은 문장이 아니라면 읽어보기만 해도 됩니다.

Q. 시험 대비 중입니다. 혹시 단어를 빨리 외우는 방법이 있을까요?

A. 어원을 이용한 단어 학습을 추천합니다.

어원을 이용하면 동일한 어원을 포함한 단어를 여러 개 한꺼번에 외울 수 있습니다. 예를 들어 '-cede'라는 단어는 라틴어 동사 cēdere에서 온 어근으로 'go(가다)', 'go away from(~에서 벗어나다)' 또는 'withdraw(물러나다)' 등의 의미를 가집니다. 이 어근 하나는 precede(선행하다), precedent(선례),

precedence(우선), preceding(앞서는), recede(물러나다), antecedent(앞선 사건, 선조)등 여러 단어에 포함되어 본래 어근의 의미를 유지하고 있습니다.

Q. 고등학생용 단어장과 토익, 토플 단어장, GMAT 단어장까지 다 보고 나면 원서랑 뉴스는 그냥 볼 수 있나요?

A. 원서와 뉴스는 단어 지식으로만 읽는 게 아닙니다.

단어도 물론 알고 있어야 하지만 각종 분야에 대한 배경지식을 충분히 가진 게 더 중요합니다. 어떤 사전이나 단어장도 세상의 모든 단어를 포함하고 있지 않습니다. 단어장을 다 본 다음에 충분히 준비되어야만 원서나 뉴스를 보기 시작하겠다고 생각하지 말고, 읽고 싶은 원서나 뉴스가 있다면 당장 사전을 찾아가면서 읽어보시는 걸 추천합니다.

L

영어 발음

영어 발음의 중요성과 발음 학습 방법을 알아봅니다.

The message matters.

세상에 어떤 메시지를
남기고 싶나요?

영어 발음의 중요성

영어 발음은 얼마나 중요할까요? 원어민처럼 발음할 수 있어야 할까요? 아마도 영어를 배우는 많은 분이 영어는 당연히 원어민의 발음을 잘 흉내 낼 수 있어야, 그리고 한국식 발음이 전혀 없어야 좋은 발음이라고 생각할 겁니다. 원어민 발음에 대한 병적인 집착은 한때 아이들의 혀 일부를 절단하고, 구강 구조까지 변경하는 극단의 선택까지 하게 만들기도 했습니다.

하지만 영어 발음은 말이 전달하는 메시지에 비하면 **장식**에 불과합니다. 원어민의 발음을 그대로 따라 할 수 있다면 좋지만, 억지로 한국식 발음을 뜯어고치려고 할 필요는 없습니다. 영어를 사용하는 인구 중 미국 발음과 영국 발음을 구사하는 수는 일부에 불과합니다. 인도 사람의 영어 발음도, 필리핀 사람의 영어 발음도, 그리고 러시아 사람의 영어 발음도 그 메시지가 잘 전달된다면 아무 문제가 없습니다. 영어 발음은 다음과 같은 사항만 잘 유의하여 공부하면 됩니다.

1. 타인에게 **전달하기에 무리가 없는 발음**을 구사할 수 있게 연습해야 합니다. 예를 들어 debris라는 단어를 /데브리스-/라고 발음하지 않도록 합니다. 이 단어는 's'가 묵음이며 /dəˈbriː, 데브리-/라고 발음합니다. 또한 excite라는 단어를 /엑시테!/라고 발음하지 않아야 합니다. 이 단어의 발음은 /ɪkˈsaɪt, 익싸!이트/입니다.

2. **강세와 억양(높낮이)을 큰 소리로 연습**하세요. 예를 들어 excite라는 단어는 /ɪk'saɪt, 익싸!이트/라고 발음해야 합니다. 발음 기호 k와 s 사이의 '' 기호를 잘 보세요. 저 기호는 다음에 나오는 발음을 '강하게 읽으라'는 기호입니다. 그러니 '익' 다음에 나오는 '사'를 강하게 발음하여 /익싸!이트/가 됩니다. 강세를 무시한 /익!싸이트/나 /익싸이트!/와 같은 발음이 되지 않도록 각 단어의 발음을 유의하며 공부해야 합니다. 이렇게 강세와 리듬을 잘 파악하려면 많이 듣고, 또 많이 따라 해봐야 합니다. 성인 학습자는 특히나 큰 소리로 따라 하며 학습하는 과정을 소홀히 생각하기 때문에 그러지 않도록 특별히 주의해야 합니다.

3. **구별해야 하는 발음**에 유의합니다. 예를 들어 특별히 구별해야 하는 발음은 R/L, F/P, B/V 등입니다. R과 L 발음을 구별하지 않아서 'I eat rice.'를 'I eat lice.'라고 발음하면 '밥을 먹다'가 아니라 '이(곤충)를 먹다'가 될 수 있으니 조심하세요. 또한 외래어를 한국식으로 발음하지 않도록 유의합니다. 예를 들어 CCTV는 [씨씨티비]라고 빠르게 발음하지 않고 영어 알파벳 하나씩 C[siː], C[siː], T[tiː], V[viː]라고 읽어야 합니다.

4. 녹음기와 거울을 가까이합니다. 발음할 때 내 입술과 혀가 어떻게 움직이는지 거울을 통해 확인하고, 발음을 녹음하여 직접 들어보면서 틀린 점을 보완합니다.

영어 발음이 어려운 이유

Ghoti

이 단어의 발음은 과연 뭘까요?

[고티]일까요? [호티]? [고타이]?

이 단어의 발음은 'fish'와 같은 [fiʃ]입니다. 'gh'는 'rou**gh**'에서 따온 'f', 'o'는 'w**o**men'에서 따온 'i', 'ti'는 'na**ti**on'에서 따온 'sh' 발음입니다. Fish를 새로운 방식으로 재창조한 ghoti라는 단어는 영어라는 언어에 대한 원어민의 자조적인 농담입니다. 한마디로 'ghoti가 fish라고 발음할 수 있는 거 알아? 영어를 배우게 됐다고? 행운을 빈다!'라는 겁니다.

영어 발음이 어려운 이유는 크게 세 가지가 있습니다. 첫 번째로 몇몇 영어 발음(C, R, L, Z 등)은 한국어에 전혀 존재하지 않는 발음입니다. 예를 들어 세 번째 영어 알파벳 C는 한국어 [씨]와는 조금 다른 발음으로, 한국어로 표기하기 힘듭니다. 굳이 표기해 보면 [쓰이-] 정도가 됩니다.

두 번째로 동일한 철자의 단어라도 시제에 따라, 의미에 따라, 또 품사에 따라 달리 발음하기 때문입니다. 다음 세 단어를 한번 살펴볼까요?

Record	Read	Lead
동사 [rɪˈkɔːd, 뤼콜!드]	읽다 [riːd, 뤼드]	이끌다 [liːd, 리드]
명사 [ˈrekɔːd, 뤠!콜드]	읽었다 [réd, 뤠드]	납 [led, 래드]

단어 'record'는 동사일 때와 명사일 때의 발음이 다르고, 단어 'read'는 현재형일 때와 과거, 과거 분사형일 때의 발음이 다르며, 단어 'lead'는 의미에 따라 발음이 다릅니다. 이 세 단어를 비롯해 수많은 단어가 품사, 의미, 시제에 따라 다양하게 발음됩니다.

마지막 세 번째 이유는 26개의 영어 알파벳 중 단일 소리를 가진 것이 12개밖에 되지 않는다는 사실입니다. 나머지 14개 알파벳(A, C, D, E, F, G, H, I, N, O, S, T, U, Y)은 여러 소리로 발음할 수 있습니다. 예를 들어 A는 4개의 다른 소리를, H는 7개의 소리, O는 8개의 소리를 냅니다. 알파벳 O를 포함하고 있는 단어 몇 개만 살펴볼까요?

no /noʊ/

for /fɔːr/

stop /stɑːp/

nothing /ˈnʌθ.ɪŋ/

lose /luːz/

woman /ˈwʊm.ən/

똑같은 알파벳 'o'가 정말 다양하게 발음됩니다. 따라서 기본적인 발음 규칙 이외에도 예외가 많아 단어마다 일일이 발음을 기억해야 합니다.

영어 발음 연습하기

발음은 반드시 녹음해서 확인해보세요. 발음과 듣기 실력은 닭과 알의 관계와 같습니다. 발음을 못 하면 안 들리고, 안 들리면 발음할 수 없습니다. 많이 듣고, 또 많이 따라 해보세요. 혼자서 말할 때 발음을 확인해보고 싶다면 녹음기를 적극적으로 활용하시면 됩니다. 영어 발음은 **큰소리로 연습**해야 합니다. 속삭이듯 말하기보다는 실제로 대화할 때의 데시벨, 혹은 그 이상으로 큰 소리를 내서 정확히 발음하는 연습을 해보세요.

1. 발음 교재 이용하기

• 추천 발음 교재 1: 영어 듣기·발음 절대 매뉴얼

(저자 유원호 | 넥서스 | ISBN 9791157526055)

• 추천 발음 교재 2: 미국 영어발음 무작정 따라하기

(저자 오경은 | 길벗이지톡 | ISBN 9788960477797)

발음 교재는 단어나 알파벳의 발음 이외에도 음성학 법칙을 알려주는 경우가 많습니다. 예를 들어 '모음으로 시작하는 단어는 전 단어의 끝 자음과 연결해서 읽는다'라는 말이 책에 적혀 있을 수 있습니다. 예를 들어 pick up은 [픽!업!]이 아니라 [피껍], check in은 [체크!인!]이 아니라 [췌낀], send out은 [샌드!아웃!]이 아니라 [샌다웃]이라고 발음합니다. up, in, out이 모음으로 시작하는 단어이므로 앞 단어인 pick, check, send의 자음과 연결해서 읽는 겁니다. 우리가 '연음'이라고 말하는 건 이렇듯 법칙이 있습니다. 하지만 이 법칙은

발음을 더 수월하게 하려고 사람들이 변형시킨 소리에 규칙을 부여한 것뿐입니다. 따라서 음성학 법칙은 맞는 말이지만 **읽고 넘어갈 뿐 외울 필요는 없습니다.** 말할 때마다 '이 단어는 모음으로 시작하니까 그 전 단어랑 연결해야지…'라고 매번 확인할 수는 없습니다. 법칙은 읽어만 본 후, pick up은 [피껍], check in은 [췌낀], send out은 [샌다웃]이라고 발음한다고 기억해두면 됩니다. 또한, 기존에 알고 있는 발음으로 마음대로 읽는 것이 아니라 발음 교재가 제공하는 원어민 발음 MP3 등 오디오 자료를 적극적으로 활용하여, 같은 단어나 문장을 20번, 30번 크게 따라 읽으면서 연습해야 합니다.

2. 유튜브 채널 이용하기

- 추천 유튜브 채널 1: Rachel's English

  https://www.youtube.com/user/rachelsenglish

- 추천 유튜브 채널 2: 브릿센트 x 영국영어

  https://www.youtube.com/channel/UCq0pVPNYdDWQk1iTS4jTk2w

- 추천 유튜브 채널 3: mmmEnglish

  https://www.youtube.com/channel/UCrRiVfHqBIIvSgKmgnSY66g

발음 교재를 군이 구매하지 않아도 유튜브 채널을 통해 알파벳과 영어 단어, 문장의 발음을 익힐 수 있습니다. 채널을 고를 때는 발음에 따른 입 모양을 잘 보여주는 채널인지, 나와 목소리 톤이 유사한 선생님인지를 기준으로 삼으면 됩니다. 주로 원어민 선생님 채널은 한국이 자막이 지원되지 않는 경우가 많으니 영어를 전혀 알아듣지 못하는 단계라면 한국어 자막이 지원되는 채널로 선택합니다. 위 추천 채널에서 제공하는 영상은 외국인 영어 학습자를 대상으로 하므로 알파벳 학습부터 시작하여 단어의 발음, 다양한 문장과 문맥 속에서 영어 표현을 배워볼 수 있고, 성우나 선생님이 또박또박 발음하여 알아듣기도 쉽고 따라 하기도 수월합니다.

Q. 영어 발음, 어떤 것에 유의해야 하나요?

A. 영어는 한국어와 달리 리듬이 있는 언어입니다.

게다가 강세가 있어서 단어의 특정 부분에 힘을 줘서 발음해야 하는 때도 있습니다. 예를 들어 'August'라는 단어를 살펴봅시다. 이 단어를 /ˈɑː.ɡəst, 어!거스트/라고 읽었을 때와 /ɑːˈɡʌst, 어거!스트/라고 읽을 때의 뜻은 전혀 다릅니다. 첫 번째 강세를 사용한 발음은 명사로 '8월'이라는 뜻이고, 두 번째 발음은 형용사로 '위엄 있는'이라는 뜻입니다.

또 'today'라는 단어를 봅시다. 이 단어를 /təˈdeɪ, 투데!이/라고 읽었을 때와 /투!데이/라고 읽을 때의 뜻은 전혀 다릅니다. 첫 번째 발음은 우리가 알고 있는 '오늘'이라는 뜻이고, 두 번째 발음은 'two day(two days의 틀린 형태)'로 들립니다. 그래서 영어는 강세까지 꼭 기억하고 있어야 합니다.

영어는 철자를 보고 마음대로 발음하면 안 됩니다. 스페인어와 달리 영어는 철자 그대로 발음하지 않습니다. 그러므로 각 단어에 알맞은 발음을 알고 있어야 합니다. reality라는 단어의 철자와 의미를 알고 있다고 해서 이 단어를 안다고 할 수 없습니다. /riˈæl.ə.ti, 뤼엘!리리~/라는 발음까지 알고 있어야 비로소 이 단어를 정확히 안다고 할 수 있습니다. 처음 영어를 배우는 분이라면 '외울 단어도 많은데, 강세까지 어떻게 외워?'라고 생각할 수도 있습니다.

하지만 괜찮습니다. 한국어 역시 영어와 마찬가지로 문자와 그 발음이 서로 차이가 있는 언어입니다. 한국어 단어의 발음은 어떻게 배웠는지 먼저 잘 생각해보세요. 예를 들어 '먼지떨이'라는 단어의 한국어 발음은 [먼지떠리]입니다. 우리는 한국어를 배울 때 "먼지떨이는 '먼지떠리'로 발음한다"라고 외운 적이 없습니다. 다만 저 단어의 발음을 많이 들어보았지요. 그래서 자연스럽게 [먼지떠리]라고 발음할 수 있는 겁니다.

마찬가지로 영어 단어의 발음과 강세, 리듬을 기억하려면 최대한 많이 들어보셔야 합니다. 첫 번째로는 단어의 단독 발음을 많이 들어봐야 하며, 두 번째로는 단어가 문장에 들어가 있을 때 다른 단어와 상호작용하여 발음이 다소 달라지는 현상까지(주로 우리가 '연음'이라고 부르지요) 많이 들어보셔야 합니다. 계속 많이 듣다 보면 의식적으로 외우려고 노력하지 않아도 저절로 기억됩니다. 그러니 스트레스받지 말고 '자주 들어서 익히자'라고 가볍게 생각하는 게 좋습니다.

Q. 발음 기호를 외워야 하나요?

A. 발음 기호는 외우지 않아도 됩니다.

기호는 나열해두고 외우기보다는 한 번씩 보면서 친숙해지면 됩니다. 또 기호를 전혀 읽을 줄 몰라도 영어를 구사하는 데 큰 문제가 없다는 점을 기억해주세요.

Q. 발음 기호는 어떻게 찾을 수 있나요?

A. 네이버 사전에서 발음 기호를 쉽게 찾아볼 수 있습니다.

그 외 공신력 있는 정보를 원하는 경우《옥스퍼드 학습자 사전》이나《캠브리지 사전》 등을 참고해볼 수 있습니다. 한 가지 주의할 점은 사전마다 미국식 발음(US)과 영국식 발음(UK)을 모두 적어둔 경우와 한 가지만 적어둔 경우가 있으니 잘 보고 참고해야 합니다.

• 옥스퍼드 학습자 사전 http://www.oxfordlearnersdictionaries.com

• 캠브리지 영어 사전 https://dictionary.cambridge.org/

Q. 영어 단어 발음을 한글로 적어서 읽어도 될까요? 예를 들어 apple 옆에 /애플/이라고 적고 발음하는 건 어떻게 생각하세요?

A. 네, 그렇게 해도 됩니다.

물론 단어 옆에 한글 발음을 모두 적어두고 한글만 보고 영어 단어나 문장을 읽으면 안 됩니다. 한국어에는 없고 영어에는 있는 F, V, R 등의 발음을 간과하기 쉽기 때문입니다. 하지만 영어 학습을 시작한 지 얼마 되지 않은 초보 학습자라면 영어 발음 기호보다는 한글로 적힌 발음이 더 친근하고 편안한 느낌이 들 겁니다.

특히 단어가 아닌 문장의 발음을 한글로 하나씩 옮기다 보면 연음이 어떻게 처리되는지까지 직접 볼 수 있습니다. 예를 들어 apple이라는 단어는 단독으로는 /애플/이라고 발음하지만, 문장 속에서는 다른 발음으로 둔갑할 수 있습니다. 'I saw an apple on the pavement.'라는 문장에서 apple은 정확히 /애플/이 아니라 앞의 an과 합쳐져서 /어내플/이라고 발음됩니다. 또 'Do you want some apples?'라는 문장에서 apples는 앞의 some과 합쳐져서 /써매플스/라고 발음됩니다.

어려운 단어나 긴 문장은 이렇게 한글로 바꿔서 발음해본 후 어느 정도 익숙해지면 반드시 원어민 발음을 그대로 따라 하는 연습에 초점을 맞춰야 합니다. 혹시 지금 이미 한글로 단어 발음을 적고 있다면 추천해드리고 싶은 좋은 앱이 있습니다. apple과 같은 짧고 단순한 단어는 한글로 발음을 적기 편하지만, 간혹 단어의 음절이 길어지면 한국어로 옮기기 번거로워질 수 있고, 내가 옮긴 발음이 정확한지 헷갈릴 때가 있습니다. 그럴 때는 '아하 영어' 앱을 이용하여 참고하면 됩니다.

- 아하영어-단어장, 영어사전, 영한사전

  https://play.google.com/store/apps/details?id=com.candysoft.ahadic2&hl=en_US

Q. 발음 연습, 꼭 해야 하나요?

A. 네, 꼭 해야 합니다.

발음 연습은 반드시 해야 하는 부분으로 만약 그냥 지나치면 향후 말하기와 듣기 실력 향상에 큰 악영향을 끼치게 됩니다. 분명히 외운 단어인데도 들리지 않고, 분명히 아는 단어인데도 내가 발음했더니 외국인이 전혀 알아듣지 못하는 상황이 벌어집니다. 그런 상황이 발생한 후에야 발음 훈련을 시작한다면 어떨까요? 결국은 지쳐서 발음 연습을 포기하고, 영어도 포기하는 상황이 옵니다. 그러니 첫 단추부터 잘 끼우도록 합시다. 발음이 이렇게 중요한데 왜 우리는 학교에서 발음 연습을 전혀 하지 않았을까요?

약 100년 전 역사를 보면 답을 알 수 있습니다. 1900년대 초반 일제식 영어 교육이 시작되면서 '영어 발음을 할 줄 모르는 일본인 교사'가 한국인의 영어 수업을 맡기 시작했습니다. 그래서 영어 수업은 발음이나 대화보다는 '읽기'에 초점이 맞춰졌습니다. 그 후 각종 시험에 영어가 필수과목으로 들어가게 되고, 영어 시험에서는 '읽기' 위주로 문제가 출제되었습니다. 또한, 일본에서는 문서 번역 작업을 시키기 위해 한국인들에게 영어 교육을 시행했습니다. 그러니 더더욱 영어 발음은 중요성을 잃었습니다.

그때의 교육이 지금까지 이어져서 학교 수업에서는 '영어로 대화하는 것'보다는 '문서를 읽고 번역하는 것'에 초점이 맞추어져 있고, 수업 시간에 입 한 번 뻥끗하지 않고 10년 동안 영어 수업 시간이 그냥 지나갔던 겁니다. 요즘은 영어유치원이나 학원 등에서 영어 회화 수업을 시행하고 있고 공교육 커리큘럼도 많이 변해서 어린아이들이 영어 발음으로 고생하는 경우는 극히 드문 일입니다. 그러나 현재 20~30대 이상 연령대의 학습자는 영어 발음 때문에 스트레스를 겪는 분들이 아주 많이 있습니다. 그러니 처음부터 제대로 공부하도록 합시다.

Q. 필리핀 영어 발음이나 표현은 표준어가 아니라서 배우기 꺼려집
니다. 미국식 발음을 배우는 게 좋겠죠?

A. 어떤 발음을 배울지는 직접 결정하면 됩니다.

많은 학생들이 국내에서 미국 발음, 영국 발음, 호주 발음 등 다양한 발음
으로 학습하고 있습니다. 미국식 발음이 귀에 좋게 들리면 미국식 발음으
로, 영국식 발음이 편하게 들리면 영국식 발음으로 배우면 됩니다.

다만 '표준어가 아니라 배우기 꺼려진다'라는 말은 한번 짚고 넘어가야겠
네요. 21세기 현존하는 언어 중 가장 활발하게 살아 꿈틀거리는 언어가 영
어가 아닐까 생각합니다. 언어는 많은 사람이 사용해야만 명을 유지할 수
있고 더 풍성해질 수 있습니다.

영어라는 언어는 많은 민족이 사용하기 때문에 더 다양성이 인정되고, 또
인정되어야만 하는 언어입니다. 필리핀에서 사용하는 영어도 엄연히 영어
입니다. 영어가 태어난 영국, 그리고 그 방언이 깊게 자리 잡은 미국의 영
어만 표준어라고 드높일 것이 아니라 영어의 다양한 방언 형태를 경험해
보셨으면 합니다.

M

영어 문법

●

영어 문법을 공부하는 방법에 관해 이야기합니다. 문법 학습은 적어도 어린이용 동화(Roald Dahl의 작품이나 Lois Lowry의 작품 수준)를 충분히 읽어낼 수 있는 학생들에게 권합니다. 문법 내용과 고급 어휘에만 집착하는 '귀족 영어'의 틀에서 벗어나 자유롭게 학습할 수 있길 바랍니다.

**Don't memorize
the grammatical facts.
Read an hour before sleep.
It will set you free.**

문법 규칙에 집착하지 마세요.
잠들기 전 한 시간 독서.
그거면 됩니다.

언어 학습에 문법을 제일로 둔다면?

외국어는 문법 학습을 통해 먼저 접근해야 한다고 생각하는 분들이 많습니다. 특히 성인이 새로운 언어를 배울 때는 다독이나 충분한 노출보다는 문법 법칙을 외워서 적용하는 게 더 효율적이라고 주장하기도 합니다. 그렇다면 문법으로 언어를 배운다는 건 어떤 걸까요? 영어가 아닌 한국어로 문제를 하나 내보려고 합니다.

매우 충격적 결말 vs. 매우 충격적인 결말

문장에 들어갔을 때 위 두 표현 중 어떤 것이 더 자연스러워 보이나요? '**그 것은 매우 충격적 결말이었다.**' '**그것은 매우 충격적인 결말이었다.**' 바로 답을 확인하지 말고 소리 내어 위 두 표현을 읽어보세요. 분명 하나는 조금 어색한 느낌이 들 겁니다.

전자는 문법적으로 틀린 표현이고, 후자가 문법적으로 올바른 표현입니다. 품사별로 하나씩 살펴보도록 합시다. '매우 충격적 결말'에서 '매우'는 '부사'입니다. 그리고 '충격적'은 '관형사'지요. 한국어에서는 부사가 관형사를 수식하면 문장이 어색해집니다. 부사는 다른 부사나 용언(활용하는 말)을 수식합니다. 그리고 관형사는 부사도, 용언도 아닙니다. 반면 '매우 충격적인 결말'은 어떨까요? '충격적인'은 명사와 서술적 조사가 합쳐진 활용하는 말에 해당합니다. 그래서 부사가 수식할 수 있으며, 문법적으로 올바르고 어색하지 않은 표현입니다. 하지만 우리는 한국어로 쓰인 글을 볼 때 이렇게 문법적인 내용을 파고들어 공식처럼 암기하고 해부하지 않습니다. 우리는 한국어라는 언어에 직관이 있기 때문입니다. 많이 듣고, 읽고, 또 말하고 쓰면서 생긴 겁니다.

언어 학습자에게 문법 학습의 역할은 과연 무엇일까요? 문법은 문법 학자가 모여 자연어의 규칙을 정리해둔 것입니다. 사람이 먼저 말을 하면, 그다음 그것을 법칙으로 정리합니다. 그리고 사람들이 다르게 말하기 시작하면, 법칙이 아예 사라지거나 뒤집히기도 합니다. 그런 게 바로 문법입니다.

문법을 공부하면서 흔히 하는 착각 4가지

영어 문법을 공부하면 어떤 능력을 얻을 수 있을까요? 오류 없이 말하고 글을 쓰는 능력을 얻을 수 있을까요? 말하고 글을 쓸 때 문법 규칙을 어기면 큰일 날까요? 문법을 공부하면서 학생들이 흔히 하게 되는 착각 4가지에 관해 이야기해보려고 합니다.

첫 번째, 문법을 배우면 오류 없이 말하고 글을 쓸 수 있다?

그렇지 않습니다. 우리는 말을 하고 빠르게 글을 써 내려갈 때 의식보다는 무의식을 더 많이 사용합니다. 의식적으로 해야 할 말을 정돈하기도 하지만, 무의식적으로 평소의 말투나 문법 등을 사용하게 됩니다. 우리가 흔히 **문법책으로 학습하는 문법 지식은 의식 상태의 지식**입니다. 무의식이 마음대로 꺼내 갈 수가 없습니다. 하지만 말과 글은 대부분 무의식의 영향을 많이 받습니다. 의식적으로 배운 지식으로 말과 글을 항상 검열하고 수정한다면 나중에는 아예 말을 할 수 없거나 글을 쓸 수 없는 지경에 이를 수도 있습니다. 결과적으로 영어 문법을 배운다고 해서 오류 없이 말하고 글을 쓸 수 있는 건 아닙니다.

두 번째, 문법을 배우면 내가 쓴 글의 오류를 다 알아낼 수 있다?

문법책을 열심히 봤다고 가정했을 때 상식적으로 내가 쓴 글을 모두 첨삭할 수 있어야 합니다. 하지만 현실은 그렇지 않습니다. 문법 내용을 안다고 해서 스스로 모든 오류를 첨삭할 수 있는 건 절대 아닙니다. 한국어로 바꾸어 생각해보면 쉽게 알 수 있습니다. 한국에서 태어나서, 고등교육까지 받았다면 우리는 직접 쓴 글을 스스로 첨삭할 수 있는 능력이 분명 갖춰져야 합니다. 하지만 현실은 어떤가요? 내가 알고 있는 지식이 틀리거나 부족한 때도 있고, 혹은 내가 쓴 글이기 때문에 새로운 관점a fresh set of eyes이 필요한 때도 있습니다. 또한, 분명히 배운 문법적 사실이지만 글을 쓸 때, 혹은 말을 할 때 생각이 나지 않을 수도 있습니다. 예를 문법책에는 'suggest'라는 단어의 용법으로 'suggest to do는 쓸 수 없는 표현이다.'라는 사실이 나옵니다.

The government suggested **to construct** another railway link to the city. (X)

The government suggested **constructing** another railway link to the city. (O)

문법책에 나온 용법을 보면서 '아, suggest to do는 쓰면 안 되는구나.'라고 외웠다고 가정합시다. 그러면 앞으로 우리는 말을 하고 글을 쓸 때 'suggest to do'라는 표현을 절대 쓰지 않을까요? 그렇지 않습니다. 쓰게 됩니다. 실제로 많은 학생이 'suggest to do는 쓸 수 없는 표현이다.'를 배운 후에도 저 표현을 많이 사용합니다. 명시적인 문법 사실은 **의식**에 저장되고, 즉흥적으로 말하고 글을 쓸 때는 **무의식** 또는 **잠재의식**에 저장된 규칙이 문장을 지배하게 됩니다. 그래서 'suggest to do'라는 엉뚱한 표현을 쓰지 않으려면 의식이 아니라 우리의 무의식이 저 규칙을 알고 있어야 합니다.

우리 무의식이 문법 규칙을 알게 하려면 어떻게 해야 할까요? 무의식에 문법 규칙을 기록하려면 올바른 문장을 많이 보기만 하면 됩니다. 어떤 학생이 한 번도 'suggest to do'의 형태를 본 적이 없고, 'suggest -ing' 혹은 'suggest+ something'과 같은 정상적인 구조만 봐왔다면 말을 하고 글을 쓸 때 당연히 더 자주 봤던 표현을 따라가며, 본 적이 없는 틀린 표현은 잘 쓰지 않게 됩니다. 그리고 틀리게 쓰인 문장을 보더라도 '뭔가 부자연스럽다'라는 느낌이 들게 됩니다. 우리가 '자연스럽게 들린다' 혹은 '자연스러워 보인다'라고 판단할 때는 의식보다는 무의식의 영역이 끼어듭니다. 정확히 어디가 자연스러운지, 어떤 면 때문인지 설명할 수 없지만, 일종의 느낌이 있다는 겁니다.

그렇다고 해서 문법책을 이용하여 문장 구조나 단어의 용법을 배우는 게 완전히 쓸모없는 일은 아닙니다. 학교 수업 때 제출하게 될 에세이는 짧게는 일주일, 길게는 한 달 이상 내용을 수정할 시간이 주어집니다. 시간이 확보된 상황이라면 글을 써두고 고칠 시간이 넉넉하므로 미리 배워둔 문법을 기준으로 글을 수정할 수 있습니다. 만약 문법을 아예 배운 적이 없다면 감sense을 제외하고는 어떤 기준도 없어서 글을 수정할 수가 없어집니다.

세 번째, 문법 규칙은 절대적이다?

그렇지 않습니다. 일단 구어체와 문어체에 문법이 다르게 적용되기도 합니다. '좋아하다'라는 뜻을 가진 단어 'like'는 진행형인 'be liking'으로 쓰지 않는다고 단편적으로 배우지만 원어민 입장에서 'How are you liking your new job?'이라는 문장은 전혀 어색하게 들리지 않습니다. 게다가 문법 규칙은 세월에 따라 변합니다. 표준 문법이나 단어의 종류, 단어의 용법도 세월에 따라 계속 변합니다.

예를 들어 요즘에는 shall, ought와 같은 단어는 잘 쓰지 않고, will, can, should, might를 대신 많이 사용합니다. 게다가 상황에 따라 다른 용법을 사용해야 할 때도 있습니다. 예를 들어 'recommend someone to do something'이라는 표현을 받아들이는 진영이 있는가 하면, 공식적인 문서에는 'rec-ommend (that) someone do something'이라는 용법만 허용된다고 주장하는 진영도 있습니다. 그렇다면 왜 이렇게 문법 규칙이 변하고, 또 같은 단어의 쓰임도 사람마다 다른 법칙을 고수할까요?

　이 문제를 자세히 들여다보려면 '문법 규칙이 먼저인지, 아니면 말이 먼저인지'에 대해 생각해볼 필요가 있습니다. 문법 규칙이 먼저라면, 인간은 태초부터 규칙에 따라 말을 했다는 의미입니다. 반대로 말이 먼저라면, 말을 한 후에 그 말 속에서 찾아낸 법칙을 후에 정리했다는 뜻이 됩니다.
　잘 생각해보세요. 규칙이 먼저일까요, 아니면 말이 먼저일까요? 말이 먼저겠지요? 규칙에 관심이 있는 사람들(문법학자)은 인간이 발화한 말과 기록한 글을 기준으로 후에 법칙을 만들었습니다. 언어의 법칙은 그 언어를 사용하는 사람들이 직접 결정합니다. 그러니 말이 바뀌면, 문법이 바뀔 수도 있는 겁니다. 세월에 따라 말과 글이 점점 바뀌고, 또 쓰이는 지역에 따라 영어가 조금 다른 문법 구조를 가지는 게 전혀 이상한 일이 아닌 거지요.

네 번째, 문법 규칙에 따라서만 말하고 써야 한다?
영어라는 언어를 문법책으로 먼저 접했다면 아주 당연한 말이라고 생각할 겁니다. 문법 규칙에 어긋나는 문장은 좋지 않은 문장이고, 절대 그렇게 쓰면 안 된다고까지 생각합니다. 하지만 정작 모국어를 쓸 때는 비문을 자주 쓰거나 맞춤법을 파괴하는 때도 많습니다. 예를 들어 다음 두 문장을 한번 살펴봅시다.

(1) 경색 정국에 대화의 물꼬를 튼 장본인이 대표이다.
(2) 인화 물질 휴대 여부를 점검합니다.

출처 : 국립국어원 학술 저널 《새국어생활》 제9권 제4호('99년 겨울)

혹시 두 문장에서 어색한 단어 사용을 찾으셨나요? 아니면 두 문장 모두 올바른 문장으로 보이시나요? 먼저 첫 번째 문장에서는 '장본인'이라는 단어를 '주인공'으로 바꿔야 합니다. 부정적인 뉘앙스를 가진 문장에서는 '장본인'이 쓰이지만, 이 문장에서는 그렇지 않으므로 '주인공'이라는 단어를 써야 합니다. 또, '점검합니다'라는 표현은 '검사합니다'라고 바꿔 표현해야 합니다.

이렇게 한국어 단어의 용법이나 뉘앙스 등을 배웠으니 앞으로는 규칙에 따라서만 말하고 글을 쓰게 될 수 있을까요? 그렇지 않습니다. 또 틀릴 수 있고, 실수할 수 있습니다. 하지만 모국어도 아닌 영어 문법을 조금 틀리면 과민반응하여 '영어를 할 줄 모른다'라고 말하거나 '영어 실력이 엉망이다'라고 평가하는 사람도 있습니다. 문법 법칙을 하나도 틀리지 않고, 모든 법칙을 준수해가면서 말을 하고 글을 쓰는 사람은 세상에 존재하지 않습니다.

그래도 문법은 중요하다

저는 영어 문법 학습에 큰 비중을 두라고 말하는 선생님이 아닙니다. 이 말은 영어 문법을 위주로 가르치는 분들에게는 아주 파격적이고, 또 도발적으로 들릴 수 있다는 걸 알고 있습니다. 특히나 모국어도 아니고 외국어를 학습하는데 **문법이라는 뼈대가 없다면 어떻게 집을 짓겠냐**고 하시는 분들도 있습니다.

하지만 제가 이렇게 주장하는 이유는 문법이라는 뼈대가 중요하지 않기 때문이 아니라 한국 교육과정에서 가르치고 있는 문법 내용이 너무 군더더기가 많기 때문입니다. 한마디로 **몰라도 될 걸 너무 많이 가르친다**고 해야 할까요. 예를 들어 특정 단어가 '관계 부사'인지 '관계대명사'인지, 어떤 품사인지 정확히 몰라도 의사소통에는 전혀 장애가 없습니다. 오히려 문법 용어에 너무 집착해서 메시지는 전달받지 못한 채로 '이 문장이 문장 성분을 모두 갖췄는지' 혹은 '이 표현이 저 표현을 수식하는 것인지' 등을 따지느라 골머리를 앓는 경우를 많이 봤습니다.

위에서 한 이야기를 보면 마치 문법을 전혀 배울 필요가 없는 것처럼 보이지만, 그래도 문법 학습은 굉장히 중요합니다. 한마디도 할 줄 모르는 사람에게 문법만 가르쳐서 말을 할 수 있게 하겠다는 것은 어불성설이지만, 기본적인 글도 읽을 수 있고, 말도 어느 정도 하는 사람이 문법을 배우면 더 정돈된 방식으로 의사소통을 할 수 있게 됩니다.

언어의 제1 목적은 의사 전달을 위함입니다. 서로의 의사를 전달하기 위해선 문법이 크게 중요하지 않습니다. 적절한 바디 랭귀지와 기초적인 단어 몇 개의 조합으로도 충분히 의사를 전달할 수 있습니다. 억양과 철자가 틀려도 말이 통하기도 합니다.

그리고 언어의 제2 목적은 교양인으로서 소통하기 위함입니다. 이때는 문법이 중요한 역할을 합니다. 평소 한국어 맞춤법을 많이 틀리거나 비문을 많이 쓰는 사람을 교양인이라고 하기는 힘듭니다. 그래서 단순한 의사 전달이 아닌 교양인으로서 소통하려면 문법을 배우는 게 좋습니다. 이렇게 말씀드리면 제2의 목적부터 달성하고 싶어 하는 분들이 많습니다. 아직 영어를 잘 못하지만 교양인이 되고 싶다고 말하는 분들도 있습니다. 아쉽지만 곧바로 교양인으로 거듭나는 방법은 없습니다. 손짓, 발짓 섞어가며, 일명 '문법 파괴자'로 살다가 점차 교양인으로 거듭나는 방법은 있지만, 문법부터 공부해서 곧바로 교양인으로 성장할 수 있는 건 아닙니다.

추천 문법 교재

2020년 2월을 기준으로 지금까지 학생들에게 추천했던 교재 리스트는 다음과 같습니다.

1. 해커스 그래머 게이트웨이 베이직
저자 David Cho | 해커스어학연구소
| ISBN 9788965422921

2. 해커스 그래머 게이트웨이 인터미디엇
저자 해커스 어학연구소 | 해커스어학연구소
| ISBN 9788965420774

3. Grammar 절대 매뉴얼 입문편
저자 유원호 | 넥서스 | ISBN 9791157524471

4. GRAMMAR 절대 매뉴얼
저자 유원호 | 넥서스 | ISBN 9788967909116

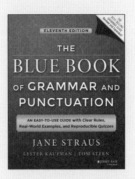

5. Grammar In Context (6th Edition) 1A
저자 Sandra N. Elbaum | Cengage Learning
| ISBN 9781337758147

6. The Blue Book of Grammar and Punctuation
저자 John Wiley & Sons | John Wiley & Sons
| ISBN 9781118785560

7. 미국 영어 회화 문법 1, 2권
저자 김아영 | 사람in
ISBN 9788960497498 (1권), 9788960497504 (2권)

위 책은 모두 좋은 책이지만 모든 독자에게 좋은 책이라고 할 수는 없습니다. 따라서 다음 기준에 따라 알맞은 책을 골라봅시다.

1. 구매하기 전 책을 **직접 펼쳐서** 살펴봅니다. 그리고 책에 나오는 내용을 이해할 수 있는지 파악합니다. 지금 나의 실력에 맞는지 직접 읽어보고, 디자인도 마음에 드는지 봅니다. 자주 꺼내 보고 싶은 책일수록 더 자주 공부하게 됩니다. 책을 펼쳐서 구성도 꼼꼼히 살펴보고, 내가 평소에 궁

금해했던 내용이 잘 설명되어 있는지 (예를 들면 가정법이나 관사) 꼭 확인하고 구매합니다.

2. 책을 구매한 이후에는 처음부터 끝까지 맹목적으로 따라가기보다는 알고 싶은 챕터를 먼저 학습하는 게 좋습니다. 하지만 이렇게 '알고 싶은 챕터'가 있으려면 평소에 의문을 가질 계기가 필요합니다. 평소에 영어로 쓰인 글이나 미디어를 전혀 접하지 않는데 갑자기 질문이 생길 리가 없습니다. 그러니 평소 영어로 된 콘텐츠를 가까이하고, 그 콘텐츠에서 이해되지 않는 문장 구조를 직접 문법 도서를 뒤져서 해결하는 능동적 학습을 취하시면 배운 내용이 훨씬 더 머리에 오래 남습니다.

3. 문법책은 가볍게 여러 번 보는 게 좋습니다. 법칙을 정리해둔 부분이 많으므로 한 번에 모두 암기하려고 하기보다는 여러 번 자주 보면서 머리가 스스로 정보를 기억하도록 합니다.

원래 언어를 배우는 과정은 자연스러워야 합니다. 숟가락과 젓가락을 쓰고, 공을 발로 차고, 크레파스를 쥐고 색칠하는 것처럼, 처음 해볼 때는 어색하고 잘 안 되더라도 **계속하다 보면 되는 게 언어 학습입니다.** 건강한 사람의 두뇌는 저절로 언어를 학습할 수 있습니다. 애초에 다른 지식 체계처럼 머리에 직접 입력하려고 애를 쓰지 않아도 됩니다. 문법은 입말과 글이 존재한 이후 체계화된 법칙입니다. 문법이 먼저 있고 그를 바탕으로 언어가 생긴 것이 아니라, 언어가 있고 문법이 생겨났습니다. 그러니 문법을 배우는 이유, 그리고 문법을 배우면서 얻을 수 있는 것과 얻을 수 없는 것을 정확히 구별해야 합니다. 잘 읽고, 듣고, 말하고, 쓰기 위해서는 많이 읽고, 듣고, 말해보고, 써야 합니다. 위 네 가지는 문법 학습만으로 얻을 수 있는 능력이 아님을 잘 기억하세요.

Q. 공부하다가 문법을 질문할 만한 사이트 있을까요? 이미 문법책을 몇 번 봐서 수업까지는 필요 없을 것 같아서요.

 A. 네, 아래 다섯 개 사이트를 이용해보세요.

이미 문법 공부를 충분히 했고, 질문과 답변 방식으로 문법 학습을 이어나 가고 싶다면 아래 사이트를 추천해드립니다.

1. Quora https://www.quora.com/topic/English-Grammar

페이스북 출신 엔지니어가 만든 웹사이트입니다. 네이버 지식in의 영어판으로 질문을 올 리면 사용자들이 답변해줍니다. 영어 문법에 대한 질문은 토픽 'English Grammar'에서 다루고 있습니다.

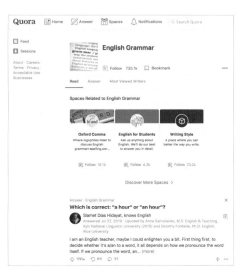

2. Wordreference 영어 포럼

https://forum.wordreference.com/forums/english-only.6/

무료 온라인 사전 Wordreference가 제공하는 언어 포럼으로 영어 포럼 중 가장 활발한 포럼입니다. 기존 언어 포럼은 영어뿐 아니라 프랑스어, 스페인어, 이탈리아어 등 다양한 언어와 관련된 주제를 다룹니다.

3. italki https://www.italki.com/questions

화상 채팅 수업 사이트 italki에서 제공하는 무료 Q&A 게시판입니다. 혼자 해결하지 못한 질문에 대한 답을 받아볼 수 있습니다.

4. Stackexchange 포럼 https://english.stackexchange.com/

Quora와 비슷한 질문 및 답변 사이트로 English 포럼이 별도로 개설되어 있습니다.

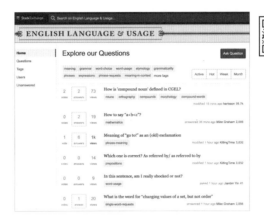

5. HiNative https://hinative.com/ko

언어를 배우는 사람들이 질문하고 원어민과 고급 언어 사용자가 답변하는 질

문&답변 사이트로 다양한 질문에 대한 답변을 받아볼 수 있습니다.

단어와 문장에 관한 질문, 발음에 관한 질문, 자유로운 질문 등 질문 양식을 다양하게 고를

수 있습니다.

Q. 문법 공부는 언제부터 하면 좋을까요?

A. 하고 싶을 때 하면 됩니다.

추천 시기는 동화(옥스퍼드 북웜 레벨 4 이상, 로알드 달 시리즈 등)를 50% 이상 이
해하며 읽을 수 있는 단계입니다. 현재 실력이 그보다 낮다면 문법 공부에
시간을 많이 쏟기보다는 여러 콘텐츠를 이용하여 많이 읽고 들을 수 있도
록 신경 써 주세요.

Q. 구동사는 어떻게 배워야 할까요?

A. 이야기 속에서 자연스럽게 자주 마주치는 게 좋습니다.

구동사(phrasal verb)는 동사+전치사, 동사+부사 등 동사에 다른 단어가 달
라붙어서 본래 동사의 의미가 아닌 다른 의미로 변하는 구를 말합니다. 구
동사는 단어 한두 개의 차이로 의미가 아예 바뀌어 버리므로 상황, 문맥
속에 배워야 가장 기억에 오래 남습니다. 예를 들어 take something up
with someone(이야기를 꺼내다)과 take up with someone(~와 어울리다)이
라는 두 표현은 'something'이라는 한 부분만 다르지만, 전혀 다른 의미를
담고 있습니다. 사전이나 단어장에서 임의로 암기할 경우 두 개의 의미를
혼동할 가능성이 크며, 이야기 속에서 문장으로 만나야만 헷갈릴 염려가
줄어듭니다.

Q. 관사와 전치사는 공부해도 자꾸 헷갈리고 어려워요. 어떻게 공부
하면 좋을까요?

A. 관사와 전치사를 연습하는 방법을 알려드릴게요.

관사나 전치사는 한국어 문법에 아예 존재하지 않거나, 우리가 알고 있는 개념
과는 다른 내용이므로 알면 알수록 알쏭달쏭한 품사들입니다. 따라서 관사와

전치사는 이론을 배운 후 자주 실습해보는 방식으로 학습해야 합니다.

실습 예제

1. 재미있게 읽은 책이나 기사를 인쇄합니다. 긴 소설보다는 짧은 기사로 연습하도록 합니다. 이번 실습 예제에서는 Psychology Today에서 기사를 발췌하였습니다.

It May Not Be Your Fault that You Can't Lose Weight. Here's Why.

If you're like most people, you took the optimism and opportunities that come with a new year and thought about improving your eating and exercise habits with the aim of weight loss and improved health. Perhaps, you even made a firm commitment to "get in shape" or "lose X amount of weight" in 2020. But now, as January slips away, you may find yourself grappling with the familiar realization that this new year's resolution feels less than resolute.

It's not your fault that you can't lose weight.

In fact, there are scientific explanations for why weight loss is incredibly difficult — in fact, nearly impossible, for some. The bottom line is that you are essentially fighting your own body when you try to lose weight; both your psychology and your physiology are working against you. We'll explain — but our point is not to induce despair; be sure to read to the end for ideas regarding how to reexamine your relationship with food, your body, and health to feel your best in 2020. …(중략)

출처 : "It May Not Be Your Fault that You Can't Lose Weight. Here's Why," Psychology Today,

2. 기사의 전문을 읽은 후 전치사와 관사를 네임펜이나 매직펜으로 지웁니다. 지운 후에 직접 칸을 채워 넣어보면서 답을 확인할 예정이니 원본은 두 장 인쇄해두도록 합니다.

It May Not Be Your Fault that You Can't Lose Weight. Here's Why.

If you're like most people, you took the optimism and opportunities that come with ▌ new year and thought ▊ improving your eating and exercise habits ▊ the aim ▊ weight loss and improved health. Perhaps, you even made ▌ firm commitment to "get in shape" or "lose X amount of weight" ▊ 2020. But now, as January slips away, you may find yourself grappling ▊ ▊ familiar realization that this new year's resolution feels less than resolute.

It's not your fault that you can't lose weight.

In fact, there are scientific explanations for why weight loss is incredibly difficult — in fact, nearly impossible, ▊ some. The bottom line is that you are essentially fighting your own body when you try to lose weight; both your psychology and your physiology are working ▊ you. We'll explain — but our point is not to induce despair; be sure to read ▊ ▊ end ▊ ideas regarding how to reexamine your relationship with food, your body, and health to feel your best ▊ 2020. …(중략)

3. 지워진 부분을 처음부터 끝까지 채워 넣은 후 원본과 비교해 봅니다.

Q. 자동사와 타동사를 따로 나눠 두고 외워야 할까요?

A. 전혀 그럴 필요 없습니다.

자연 언어는 대부분 하나의 동사가 자동사와 타동사를 겸하는 경우가 많습니다. 특정 동사가 자동사로 쓰이는지, 타동사로 쓰이는지를 암기하기보다는 동사의 의미가 정확히 무엇인지, 그리고 그 의미를 완성하기 위해서 다른 단어를 동원해야 하는지 알아야 합니다. 예를 들어 단어 'introduce'는 '~을 소개하다'라는 뜻입니다. 의미 자체에 '~을'이 들어있기 때문에 당연히 물결 표시에 해당하는 사람이나 사물이 함께 와야 말이 됩니다. 따라서 'I introduced'가 아니라 'I introduced myself'라고 해야 말이 됩니다. 반면 'go'는 '~에 가다'라는 뜻이 아니라 그냥 '가다'라는 뜻입니다. 따라서 목적어 없이 'I go', 'She goes.'라고 말해도 됩니다.

이렇게 알려주면 학생들이 동사의 뜻을 외울 때 일일이 '~을', '~에'를 신경 써야 하는지 궁금해합니다. 하지만 그럴 필요 또한 없습니다. 문장을 자주 보면, 즉 다독하게 되면 동사의 쓰임을 다방면으로 접하게 되고, 우리가 의식하지 않은 사이에 특정 단어 뒤에 목적어가 와야 자연스러운지, 혹은 목적어가 필요 없는지 머리가 스스로 정리하게 됩니다. 영어로 적힌 글을 자주 읽고, 듣고, 말하다 보면 언어에 감이 생기면서 이 부분이 저절로 해결됩니다.

Q. 문장만 보면 문법적으로 분석하게 돼요. 그래서 의미를 받아들이는 것보다 문법 용어에 더 집착하게 되는데… 어떻게 해야 할까요?

A. 단기간에 억지로 고치려고 할 필요는 없습니다.

주로 30대 이상 연령대 학생들이 이 고민을 많이 합니다. 하지만 단기간에 억지로 고치려고 하기보다는 지금까지 용어 중심으로 문법을 배워왔기 때문에 생긴 습관이니, 앞으로 글을 읽을 때는 용어가 중요하지 않다는 걸 의식적으로 자각해야 합니다. 재미있는 콘텐츠를 골라서 집중력을 올리고, 단어나 표현의 품사보다는 문장의 의미와 이야기에 집중하는 방식으로 학습하면 문법 용어에 집착하는 습관이 점차 사라지게 됩니다.

Q. 명사절, 형용사절, 분사구문 등 문법 용어를 반드시 알아야 해석이 잘 된다는 말도 있던데… 선생님 생각은 어떠신지 궁금합니다.

A. 문장 해석 능력은 문법 용어에 관한 지식과 전혀 관계가 없습니다. 모국어인 한국어로 바꿔서 생각해보면 금방 이해할 수 있습니다.

• '모국어인 한국어로 바꿔서 생각해보면 금방 이해할 수 있습니다.' 과연 이 문장의 주어와 서술어, 각종 문장 성분을 다 구분할 수 있어야만 이 문장을 읽고 이해할 수 있을까요?

N

영한사전, 영영사전

•

영어 사전 (한영사전과 영영사전)의 종류와 사전을 이용하는 방법에 대해 알아봅니다.

Who knew?
There are so many of them.

———————

사전이 이렇게도 많았군요!

영어 사전

언어를 배우고 있다면 항상 사전을 가까이 해야 합니다. 모르는 단어를 마주했을 때 곧바로 사전을 들여다보는 습관을 들여놓으면 힘들이지 않고 많은 단어를 만나고, 또 기억할 수 있게 됩니다. 영어 사전을 볼 때는 한국어 뜻만 봐도 되지만, 예문을 꼼꼼히 살펴보는 게 좋습니다. 단어가 어떤 상황에서 어떤 용법으로 쓰이는지는 예문을 통해서만 알 수 있습니다.

영어를 배우고 있는 분들은 대부분 네이버나 다음 검색 엔진이 제공하는 영어 사전을 쓰고 있을 거라 생각합니다. 위와 같은 검색 엔진은 엔진 특성을 살려 여러 사전에서 많은 정보를 한데 모아, 보다 편리하게 단어를 찾아볼 수 있도록 해줍니다. 하지만 영한사전은 번역 과정에서 필연적으로 따라올 수밖에 없는 오역, 또는 새로운 정보가 업데이트되기까지 걸리는 긴 시간, 말뭉치(언어 연구를 목적으로 텍스트를 컴퓨터가 읽을 수 있는 형태로 모아 둔 언어의 집합)를 반영한 예문의 부족 등 여러 문제를 안고 있습니다. 따라서 영어 실력이 중급 이상인 학생들은 영한사전보다는 영영사전을 참고하면 더 많은 예문과 용법 등을 배울 수 있습니다.

초급 학습자를 위한 영어 사전

아직 영어로 적힌 문장을 읽는데 익숙하지 않은 초급 학습자는 영영사전보다는 네이버 사전, 다음 사전 등 한영, 영한사전을 사용하는 게 좋습니다. 초급자가 찾는 단어는 단순한 의미의 단어인 경우가 많고, 영영사전에 나오는 의미를 해석하기 힘들 수 있으니 영한사전에 의지해도 됩니다. 다만 네이버 사전에 나온 예문이나 설명이 의심스러운 경우 참고해볼 만한 쉬운 영영사전 두 가지를 추천해드립니다.

1. Learner's Dictionary http://www.learnersdictionary.com/

메리엄 웹스터에서 만든 학습자용 사전입니다. 사전 웹사이트에 접속한 후 단어 'take'를 검색해보았습니다.

출처: http://www.learnersdictionary.com/definition/take

단어 옆에 발음 기호가 표기되어 있고 스피커 버튼을 누르면 발음을 들어볼 수 있습니다. 'take'는 동사이므로 단어 아래에 동사의 과거형, 과거 분사형과 현재 분사형이 적혀 있고, 각 형태의 발음을 들어볼 수 있습니다. 바로 아래로 내려가면 1번부터 'take'의 의미와 예문을 볼 수 있습니다. 1번 옆에 적힌 [+object]는 '목적어가 있어야 함'이라는 뜻입니다.

이 단어 뒤에는 사람이나 사물이 꼭 와야 '말이 된다'라는 뜻으로, 이 학습자용 사전은 타동사나 자동사라는 말보다는 목적어가 있어야 한다 [+object], 또는 목적어 없이 사용한다 [no object]라고 표기합니다. 이 부분은 사전마다 표기법이 다릅니다. 메리엄 학습자 사전이나 옥스퍼드 사전은 자동사, 타동사가 아니라 [object] [no object]로 표기하고 맥밀란이나 롱맨은 자동사, 타동사로 표기합니다.

예문을 좀 살펴볼까요? 사전은 의미도 중요하지만, 예문이 생명입니다.

- She took her things to her room.
- It looks like rain. You had better take an umbrella with you.

초보 학습자도 어느 정도 해석하면서 읽을 수 있는 난이도입니다. 예문은 아주 짧은 편이고 예문 수는 많은 편입니다. 파란색 글씨로 적힌 [+] more examples 을 누르면 더 많은 예문을 볼 수 있습니다.

> **Usage** The verbs *bring* and *take* are sometimes used in a way that shows that they have opposite meanings. When this is true, *bring* suggests that something is moving toward someone or something, and *take* suggests that something is moving away.
>
> - Here, I *brought* you some flowers.
> - May I *take* your luggage to your room for you?
>
> **2** [+ object] : to begin to hold (someone or something) with your fingers, arms, etc.
>
> - I *took* the pen and signed my name.
> - *Take* the pan by the handle.
> - He *took* her by the hand.
>
> [+] more examples

메리엄 웹스터 학습자용 사전은 단어마다 예문 이외에 용법이나 관용어구도 설명해줍니다. **Usage** 부분은 이 단어의 용법 설명입니다.

> **take aback** [phrasal verb]
>
> **take (someone) aback**
> : to surprise or shock (someone) — usually used as *(be) taken aback*
>
> - When I told him my answer, he seemed *taken aback*. [=*shocked*]
>
> — often + *by*
>
> - He *was taken aback* by her answer.
>
> **take action**
>
> : to do something : to act in order to get a particular result
>
> - The committee is ready to *take action*.
> - If we fail to *take action* [=fail to act], many innocent people could be hurt.
> - She is threatening to *take* legal *action* against the company. [=threatening to sue the company]
>
> **take after** [phrasal verb]
>
> **take after (someone)**
> : to be like (someone, such as a parent) : to resemble (someone)
>
> - He *takes after* his father in height and build.
> - "She's such a sweet child." "Yes. She *takes after* her mother."
>
> **take against** [phrasal verb]
>
> **take against (someone or something)** *British, somewhat old-fashioned*
> : to begin to dislike (someone or something)
>
> - They *took against* her for no apparent reason.
>
> **take a lot out of you**
>
> ◇ If something *takes a lot out of you* or (*Brit*) **takes it out of you**, it requires a lot of work or energy and causes you to feel physically or emotionally tired.
>
> - That interview really *took a lot out of me*.

단어 의미를 모두 다룬 후에는 'take'가 사용된 관용어구, 구동사 리스트가 나옵니다.

2. Oxford Learners Dictionaries

https://www.oxfordlearnersdictionaries.com/

옥스퍼드 대학교 출판부에서 만든 학습자용 사전입니다.

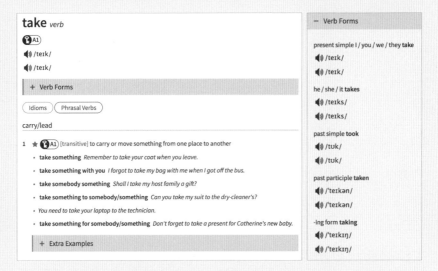

출처: https://www.oxfordlearnersdictionaries.com/definition/english/take_1?q=take

단어 옆에는 품사가, 아래에는 발음 기호가 적혀 있습니다. 스피커 아이콘을 누르면 각각 여자 성우와 남자 성우의 발음을 들어볼 수 있습니다.

➕ Verb Forms 이라고 되어있는 부분을 누르면 동사의 변화형을 볼 수 있습니다. 1번부터 'take'의 의미를 볼 수 있고, 동사의 활용법을 기준으로 예문이 적혀 있습니다.

중급 학습자를 위한 영어 사전

현재 중급 학습자라면 영영사전에 나오는 영어 문장은 대부분 해석할 수 있을 겁니다. 중급 정도로 단계가 올라가면 말하고자 하는 욕구와 글을 쓰고자 하는 욕구가 높아지기 때문에 숙어나 관용어구를 검색해보는 빈도가 훨씬 높아집니다. 초급 학습자가 자주 찾는 '사과'라던지 '달리다'라는 단순한 단어가 아니라 '양보하다', '섭섭해하다', '~에게 잘 보이다'와 같은 더 복잡한 구문을 찾는 경우가 많습니다. 따라서 용도에 따라 적절한 사전을 이용하도록 합니다.

1. 단순히 영어 단어를 검색해서 한국어 뜻을 알고 싶은 경우

(1) 네이버 영어 사전 https://endic.naver.com/?sLn=kr

(2) 다음 어학 사전 https://dic.daum.net/

단어의 자세한 용법이나 문법, 숙어가 아닌 단어의 의미 정도만 파악하고 싶다면 네이버 영어사전 등을 이용하는 게 가장 시간을 절약하는 방법입니다.

2. 명사의 가산성 확인

작문하다 보면 특정 명사가 셀 수 있는 명사인지, 셀 수 없는 명사인지 구분해야 할 때가 있습니다. 명사 단어의 countability(셀 수 있는지 여부)를 알고 싶은 경우에는 다음과 같이 두 개 사전을 이용해보세요.

(1) 메리엄 웹스터 학습자용 사전

http://www.learnersdictionary.com/

이 사전은 단어의 의미와 예문이 간결하게 잘 나와 있을 뿐 아니라 countability 도 명확히 표시되어 있습니다. 예를 들어 메리엄 웹스터 학습자용 사전에 'conscience'라는 단어를 검색해봅시다.

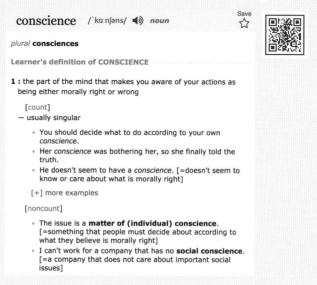

출처: http://www.learnersdictionary.com/definition/conscience

1번 뜻 아래에 적혀 있는 [count]는 '셀 수 있는 명사'라는 뜻이고, 'usually singular'는 주로 단수명사로 사용한다는 의미입니다. 조금 더 내려가면 '셀 수 없는 명사'를 나타내는 [noncount] 표시도 되어있습니다. 따라서 이 단어는 의미에 따라 셀 수 있기도 하고 없기도 합니다. 가산성을 확인하기 위해서는 메리엄 웹스터 학습자용 사전으로도 충분한 경우가 많습니다. 하지만 현재 실력이 중고급에 가깝다면 위 사전이 조금 부족하다고 느낄 수 있습니다.

(2) 옥스퍼드 LEXICO 사전

https://www.lexico.com/

메리엄 웹스터 학습자용 사전에 'cheese'라는 단어를 검색했을 때는 간단한 정보만 얻을 수 있는 반면 옥스퍼드 LEXICO 사전에 검색하면 훨씬 더 포괄적인 정보를 얻을 수 있습니다. 따라서 명사의 가산성을 알고 싶다면 메리엄 웹스터 학습자용 사전에 먼저 검색해본 후 더 자세한 정보를 얻고 싶다면 옥스퍼드 LEXICO 사전을 이용하면 됩니다.

메리엄 웹스터 학습자용 사전
출처: http://www.learnersdictionary.com/
definition/cheese

옥스퍼드 LEXICO 사전
출처: https://www.lexico.com/definition/cheese

3. 동의어 검색

동의어를 찾고 싶다면 Thesaurus 사전을 이용하면 됩니다. 아래 그림은 각 동의어 사전에 단어 'congratulate'를 검색한 결과입니다.

• 옥스퍼드 동의어 사전 https://www.lexico.com/synonym/

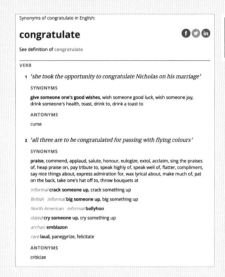

출처: https://www.lexico.com/synonym/congratulate

• 콜린스 동의어 사전

https://www.collinsdictionary.com/dictionary/english–thesaurus

출처: https://www.collinsdictionary.com/dictionary/english–thesaurus/congratulate

• 메리엄 웹스터 동의어 사전　https://www.merriam–webster.com/thesaurus

Thesaurus

congratulate verb

🔖 Save Word

Synonyms & Antonyms of *congratulate*

to express to (someone) admiration for his or her success or good fortune

// let me be the first to *congratulate* you on winning the award

Synonyms for *congratulate*

compliment, felicitate, hug

Words Related to *congratulate*

applaud, cheer, commend, hail, salute

extol (*also* extoll), glorify, laud, praise

Near Antonyms for *congratulate*

bad-mouth, belittle, cry down, decry, deprecate, depreciate, diminish, discount, disparage, minimize, put down, write off

jeer, mock, ridicule, taunt, tease

출처: https://www.merriam–webster.com/thesaurus/congratulate

• Dictionary.com 동의어 사전　https://www.thesaurus.com/

출출처: https://www.thesaurus.com/browse/congratulate?s=t

4. 동사 단어의 활용법

동사의 용법이 궁금할 때, 예를 들어 '관심을 끌다'라는 말을 적고 싶은데 'appeal someone'이라고 해야 하는지 'appeal to someone'이라고 해야 하는지 헷갈리거나, '무언가를 제안하다'라는 말을 적고 싶은데 'suggest to do something'이라고 해야 하는지 'suggest doing something'인지 잘 모르겠다면 옥스퍼드 학습자용 사전과 맥밀란 사전을 추천합니다.

• 옥스퍼드 학습자용 사전 https://www.oxfordlearnersdictionaries.com/

• 맥밀란 사전 https://www.macmillandictionary.com/

맥밀란 사전에 appeal을 검색했을 때
출처: https://www.macmillandictionary.com/dictionary/british/appeal_2

옥스퍼드 학습자용 사전에 appeal을 검색했을 때
출처: https://www.oxfordlearnersdictionaries.com/definition/english/appeal_2

5. 구동사 찾기

구동사를 검색할 때는 어떤 사전을 써도 좋습니다. 사전마다 구동사가 정리된 구간이 다르니 옥스퍼드 사전을 비롯한 총 여섯 개 사전에서 단어 'take'를 검색한 후 구동사가 정리된 부분을 찾아봅시다.

• 옥스퍼드 사전에서 검색한 'take'

옥스퍼드 사전은 단어 검색 결과 하단부에 구동사가 정리되어 있습니다. 뜻이 간결하게

나와 있고 예문이 길고 많아서 중급 이상의 학습자들이 사용하기 좋습니다.

• 메리엄 웹스터 학습자 사전에서 검색한 'take'

역시 제일 아래로 내려가면 구동사가 정리되어 있습니다. 뜻과 예문이 모두 간결하고, 예

문 난이도도 낮은 편이라 초보 학습자도 이용할 수 있는 사전입니다.

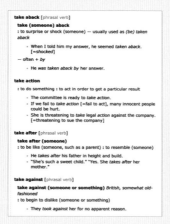

출처: http://www.learnersdictionary.com/definition/take

• 맥밀란 사전에서 검색한 'take'

PHRASAL VERBS
take after
take against
take apart
take aside
take away from
take back
take down
take for
take in
take off
take on
take out
take over
take through
take to
take up
take up on
take up with
take upon

맥밀란 사전도 제일 아래를 보면 구동사가 정리되어 있습니다. 하지만 구동사의 의미와 예문이 한 페이지에 정리된 것이 아니라 별도 페이지로 이동해야 볼 수 있으므로 사용하기에 조금 불편할 수 있습니다.

출처: https://www.macmillandictionary.com/dictionary/british/take_1

• 캠브리지 사전에서 검색한 'take'

캠브리지 사전도 제일 아래로 내려가면 구동사 부분이 있습니다. 맥밀란 사전과 같이 한 페이지에 구동사의 의미와 예문이 정리되어 있지 않고 다른 페이지로 연결됩니다.

Phrasal verbs	
take sb aback	take after sb
take against sb	take sth apart
take sb apart	take sth away
take sth back	take sb back
take sb down	take sth down
+ More phrasal verbs	

출처: https://dictionary.cambridge.org/dictionary/english/take

6. 단어의 용법이나 문법 확인

단어와 관련된 용법이나 문법에 대해 알고 싶을 때는 롱맨 사전 또는 맥밀란 사전을 이용하면 됩니다. 롱맨 사전에 'recommend'를 검색하면 단어의 품사, 의미가 먼저 나오고 조금 아래로 내려가면 GRAMMAR 섹션이 있습니다. 이 섹션에는 검색한 단어와 관련하여 문법적으로 허용되는 표현과 허용되지 않는 표현에 대해서 자세히 설명되어 있습니다.

GRAMMAR: Choosing the right tense

• You use the simple present tense with **until**:
   I will wait until I hear from you.
• Don't use 'will' in the clause after **until**. ✗ Don't say: I will wait until I will hear from you.
• You can also use the present perfect tense with **until**:
   I will wait until I have heard from you.
   Stir until the sugar has dissolved.
✗ Don't say: until I will have heard from you | until the sugar will have dissolved
• You can also use the past perfect tense with **until**:
   I waited until the train had left the station.

출처: https://www.ldoceonline.com/dictionary/until

롱맨 사전에는 단어마다 용법이 자세하게 설명되어 있습니다.

빨간색으로 표시된 'Don't say:' 문장은 단어의 잘못된 활용법을 담고 있습니다.

Grammar
Patterns with recommend (meaning 1)
• In everyday English, you **recommend that** someone **does** something:
   I recommend that she speaks to a lawyer.
'That' can be omitted:
   I recommend she speaks to a lawyer.

• In more formal English, you **recommend that** someone **do** something, using the base form of the verb (=the infinitive without 'to'):
   I recommend that she speak to a lawyer.
✗ Don't say: I recommend her to speak to a lawyer.
• In more formal English, you also use the base form of the verb when talking about the past:
   I recommended that she speak to a lawyer.
• You **recommend** that someone **should do** something:
   I recommended that they should get insurance.
• You can say **it is recommended that** someone **(should) do** something:
   It is recommended that everyone (should) take the test.
Patterns with recommend (meaning 2)
• You **recommend** something **to** someone:
   I recommended a book to her.
✗ Don't say: I recommended her a book.

출처: https://www.macmillandictionary.com/dictionary/british/knowledge

맥밀란 사전에도 'recommend'를 검색해보았습니다. 롱맨 사전과 유사하게 단어 검색 결과 하단부의 GET IT RIGHT! 섹션에서 단어의 용법을 자세히 설명합니다.

7. 예문을 많이 보고 싶다면, 양질의 예문이 많이 필요하다면 아래 사전 리스트를 참고하세요.

- 옥스퍼드 학습자용 사전 https://www.oxfordlearnersdictionaries.com/

- 메리엄 웹스터 학습자용 사전 http://www.learnersdictionary.com/

- 캠브리지 영영사전 https://dictionary.cambridge.org/

- 캠브리지 문법 사전 https://dictionary.cambridge.org/grammar/british-grammar/

- 맥밀란 영영사전 http://www.macmillandictionary.com/

- 옥스퍼드 LEXICO 사전 https://www.lexico.com/

- 옥스퍼드 문법 사전 https://www.lexico.com/grammar

- 롱맨 영영사전 https://www.ldoceonline.com/

8. 구글 검색창에 따옴표 사용하여 검색하기

따옴표를 포함하여 단어나 문장을 검색하면 사전뿐 아니라 웹사이트 전체, 뉴스, 도서 등에서 특정 구문이 사용된 사례를 볼 수 있습니다. 예를 들어 구글 검색창에 "come as no surprise"를 입력하면 정확히 해당 표현이 들어간 문서가 검색됩니다. 만약 영어 작문을 연습하다가 '이 표현이 과연 맞는 걸까?'라는 의문이 들면 역시 따옴표를 붙여 검색해보세요. 다만 구글 검색의 '전체' 탭에는 잘못된 표현도 많이 등장하니 항상 예문의 출처를 잘 확인하도록 합니다. 기타 '뉴스' 탭이나 '도서' 탭을 위주로 사용하면 잘못된 표현을 일차적으로 거를 수 있습니다.

구글 검색 결과 (카테고리: 전체)

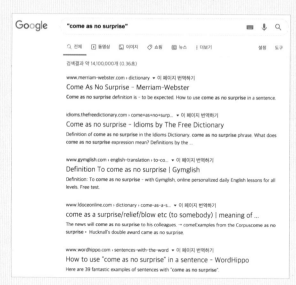

구글 검색 결과 (카테고리: 뉴스)

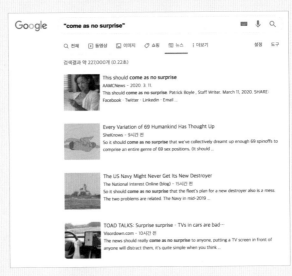

구글 검색 결과 (카테고리: 도서)

Q. 영어는 대체 왜 이렇게 동의어가 많나요? aim(목표), goal(목표), objective(목표), target(목표), object(목표)…

A. 영어는 동의어가 참 많습니다.

위에서 예로 든 단어뿐 아니라 대부분 단어가 많게는 20개가 넘는 동의어를 가집니다. 그 이유는 영어의 역사를 보면 금방 이해할 수 있습니다. 영어의 고장인 영국은 외세의 침략을 거치면서 독일어와 로망스어(프랑스어)의 영향을 많이 받았습니다. 문법이나 발음에 영향을 받기도 했지만, 단어가 가장 많은 영향을 받아서 영어에는 외국어에서 빌린 단어가 정말 많습니다.

또한, 독일어와 프랑스어뿐 아니라 영국이 지배했던 국가에서 아랍어나 인도어, 중국어의 영향을 받아 영어 단어는 더욱 다양해졌습니다. 그래서 같은 의미를 가진 단어인데 기원이 완전히 다른 경우도 많이 있습니다. 예를 들면 '증가하다'라는 의미를 가진 'increase', 'augment', 'grow'라는 세 개의 단어는 각각 기원이 다릅니다. 'increase'는 고대 프랑스어에서, 'augment'는 라틴어, 그리고 'grow'는 고대 게르만어에서 왔습니다.

영어는 동의어가 많을 뿐 아니라 하나의 단어가 여러 의미를 나타내기도 합니다. 'ear'는 신체 부위인 '귀'를 뜻하기도 하지만 'an ear of corn'에서는 '옥수수의 머리 부분'을 뜻합니다. '귀'를 뜻하는 'ear'는 라틴어에서, '옥수수의 머리 부분'을 나타내는 'ear'는 독일어에서 와서 'ear'라는 단어의 의미를 더 풍부하게 해줍니다. 그리고 또 영어는 소리가 비슷한 단어도 참 많습니다. 예를 들면 'right(옳은)'와 'write(글 등을 쓰다)' 두 단어는 소리가 같습니다. 하지만 'right'는 라틴어에서, 'write'는 독일어에서 왔습니다. 따라서 영어는 여러 나라말에서 단어와 소리, 뜻을 빌린 언어이므로 동의어도 많고, 하나의 단어 안에 여러 가지 뜻이 포함되어 있습니다.

Q. 사전에서 찾은 동의어는 모두 상호 교환하여 사용할 수 있나요?

A. 동의어라고 해도 대부분 상호 교환하여 사용할 수 없습니다.

세상에 정확히 모든 뜻이 겹치는 동의어 관계는 없습니다. 우리가 보통 동의어라고 말하는 단어는 실제로 유의어에 불과합니다. 동의어를 상호 교환하여 사용할 수 없는 이유를 간단한 예시를 통해 살펴봅시다.

출처 : https://www.thesaurus.com/browse/change?s=t

1) 먼저 영어 동의어 사전(http://www.thesaurus.com/)에서 'change(동사)'를 검색해보았습니다. 위에서 첨부한 영어 동의어 사전에는 품사별로 동의어로 사용할 수 있는 단어들이 정리되어 있습니다. 사이트에 직접 들어가서 아무 단어나 검색해보세요. 제가 앞서 검색한 'change'를 검색해보는 것도 좋습니다. 검색 결과를 보면 제일 처음으로 'change'가 명사로 쓰일 때의 동의어가 나옵니다. 그리고 아래에는 관련성(Relevance)의 순서, 그리고 알파벳 순서로 정리되어 있습니다. 더 관련도가 높은 단어는 진한 주황색으

로, 관련도가 낮은 동의어는 연한 주황색으로 하이라이트되어 있습니다.

2) 명사가 아닌 동사 탭 'verb make or become different'로 넘어가서 'change'의 '동사 동의어'를 살펴봅시다. 알파벳 순서에 따라 관련도가 높은 단어가 차례로 나옵니다.

adjust(조절하다)   alter(변경하다)   diminish(감소하다)

evolve(발전하다)   fluctuate(동요하다)   modify(수정하다) …

이제 이 단어들이 'change'라는 단어와 항상 상호 교환하여 사용할 수 있는지 살펴봅시다.

먼저 동사 'change'는 다음과 같은 표현에 자주 사용합니다.

I am going to change. (옷을 갈아입을 거야)

Her mood changes every hour. (그녀의 기분은 매시간 바뀐다, 변덕스럽다)

You can't change human nature. (인간의 본성은 바꿀 수 없다)

She changed her last name when she got married. (그녀는 결혼했을 때 성을 바꾸었다)

I wouldn't change places with him. (나는 그와 입장(현재 처한 상황)을 바꾸고 싶지 않다)

위 문장에서 'change'를 동의어인 'adjust, alter, diminish, evolve,

fluctuate, modify…'로 바꾸면 표현이 굉장히 어색해집니다. 만약 'I am going to change.(옷을 갈아입을 거야)'를 'I am going to alter something.(나는 ~를 바꿀 거야)'이라고 한다면 전혀 다른 의미가 되기도 합니다. 영어뿐 아니라 모든 자연어는 단순한 단어의 조합이 아닙니다. 단어마다 함께 쓰는 표현이나, 어울리는 상황이 정해져 있으니 공식화하여 생각하지 않도록 유의해야 합니다.

3) 마지막으로 우리가 자주 사용하는 네이버 영어사전에서 'change(동사)'의 의미인 '바꾸다'를 검색해보았습니다.

출처: https://bit.ly/2pQI5mo

영작을 공부할 때는 영어를 검색해서 뜻을 찾기보다 한국어를 검색한 다음에 적절한 영어 표현을 가져다 쓰는 경우가 더 많습니다. 그렇다면 'change'를 뜻하는 '바꾸다'를 사전에 검색해보면 어떤 단어들을 볼 수 있을까요? 제 검색 결과에서는 아래와 같은 단어가 나왔습니다.

change, switch, turn, alter, exchange, trade, replace …

유의어 사전을 통해 찾은 단어와 비슷하죠? 그러나 전에 말한 바와 같이 이 단어들도 마음대로 상호 교환해서 사용하면 안 됩니다. 네이버 영어사전에서 찾은 한국어 의미에 따른 영어 단어는 참고용으로만 사용해야 합니다.

Q. 영작할 때 한영사전에 한국어로 검색한 결과를 사용해도 되나요?

A. 네, 하지만 검색 결과를 잘 살펴보고 사용해야 합니다.

예를 들어 '물꼬를 트다'를 사전에 검색해봅시다.

출처: 네이버 영어 사전, https://en.dict.naver.com/#/search?query=%EB%AC%BC%EA%BC%AC%EB%A5%BC%20%ED%8A%B8%EB%8B%A4

검색창 아래에는 '물꼬를 트다', 'sluice water out of paddy'라는 결과가 가장 먼저 나옵니다. 하지만 내가 의미한 '물꼬'가 논바닥이 아니라 '대화의 물꼬를 트다' 또는 '대화를 시작하다'였다면 이 표현은 올바르지 않습니다. 따라서 단어 · 숙어 섹션이 아닌 예문을 살펴보도록 합니다.

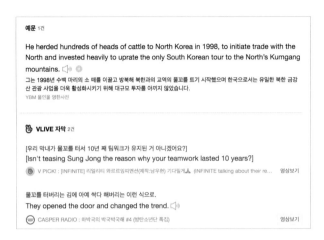

첫 예문에는 '교역의 물꼬를 트다'로 'initiate trade'라는 표현을 썼습니다.
VLIVE 자막 섹션의 첫 예문은 아예 '물꼬를 트다'라는 표현이 직접 포함
되어 있지 않으며, 두 번째 예문에서는 'opened the door'라는 표현을 썼
습니다.

이제 '양보하다'를 검색해서 살펴볼까요?

출처: 네이버 영어 사전, https://en.dict.naver.com/#/search?query=%EC%96%91%EB%B3
%B4%ED%95%98%EB%8B%A4

마찬가지로 검색창 아래에는 '양보하다', 'offer, yield, give way to'라는 짤막한 검색 결과가 먼저 나옵니다. 하지만 이 표현을 아무렇게나 사용해 서는 안 되겠지요.

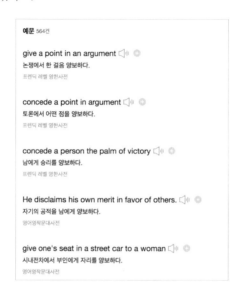

예문 섹션을 살펴보면서 내가 의도한 '양보하다'를 가장 적절히 나타낸 예 문을 골라냅니다. '물꼬를 트다'라는 표현과 달리 '양보하다'는 예문만 약 600건에 달하니 이 표현이 얼마나 다양하게 사용되는지 짐작할 수 있습 니다.

한영사전에서 검색한 단어나 숙어는 문맥이나 상황, 뉘앙스를 고려하지 않은 모든 결과를 보여주므로 마음대로 골라 사용했을 때 문장이 굉장히 어색해질 수 있습니다. 따라서 항상 예문에서 알맞은 표현을 선택하여 사 용하도록 합니다.

Q. '연어'라는 걸 혹시 따로 외워야 하나요? 예를 들어 동사 'go'와 자주 함께 다니는 다른 단어를 외워두는 게 좋을까요?

A. 따로 외울 필요는 없습니다.

연어Collocation는 어떤 언어 내에서 보편적으로 함께 쓰이는 단어들의 결합을 말합니다. 한국어의 연어를 예를 들면 '알리다'라는 단어는 '미리~', '사전에~', '친절하게~' 등의 단어와 자주 함께 다닙니다. 영어의 연어를 예를 들면 'torrential'이라는 단어와 'rain'이 자주 함께 다니고, 'deep'은 'feeling', 'sleep'과 같은 단어와 자주 다닙니다. 또 'give a lecture', 'make a decision'과 같은 표현도 연어라고 볼 수 있습니다. 이런 단어들의 결합은 암기가 아닌 다독을 통해 해결할 수 있습니다. 많이 읽고 많이 들으면 어떤 단어가 서로 자주 짝지어 나오는지 알 수 있습니다. 연어 사전이나 구동사 사전 등으로 암기하는 것보다 책이나 미디어를 통해 만나게 되는 문장에서 암기하고 싶은 표현을 따로 정리해서 학습하는 방식을 권장합니다.

Q. 요즘에는 파파고나 구글 번역 등 기계 번역기가 성능이 좋다고 하던데… 영작할 때 사용해도 되나요?

A. 어떤 목적으로 사용하느냐에 따라 다릅니다.

번역본이 없는 원서를 읽고 있어서 해석되지 않는 문장만 찾아보는 등 보조 역할로 사용한다면 괜찮습니다. 하지만 에세이를 대신 쓰게 하는 등의 주 용도로 사용하면 안 됩니다. 기계 번역기가 알려주는 문장은 내가 쓴 문장이 아닙니다. 글을 잘 쓰려면 자꾸 써봐야 하는데, 영어로 글을 쓰는 연습을 남에게 맡겨두고 내가 썼다고 착각하면 안 되겠지요.

0

영어 말하기

영어로 말하려면 어떻게 해야 할까요?

Speaking skills can only
be acquired
through speaking.

말을 잘하려면
당연히
말을 많이 해봐야지요.

외국어를 학습하는 4단계

영어 말하기를 배우는 방법은 아주 다양합니다.

첫 번째로는 **문장을 외우거나 따라 하는 방법**이 있습니다. 원어민들이 자주 사용하는 짧은 표현을 암기하거나 여러 번 큰 소리로 따라 하는 방식으로 말하기 연습을 할 수 있습니다. 이때는 문맥이 있는 이야기보다는 의사소통을 위한 표현 위주(예를 들어 '~는 얼마인가요?,' '~를 다른 색상으로 볼 수 있을까요?')로 암기하게 됩니다.

두 번째는 **사설 기관이나 학교에서 영어 회화 수업**을 듣는 방법이 있습니다. 영어 회화용 교재를 사용하여 여러 활동을 해보고, 수업 중 그룹 내 대화 및 발표를 하는 방식으로 진행됩니다.

세 번째 방법은 **외국인 친구**를 만드는 겁니다. 동아리나 동호회 활동 등 여러 외부 활동을 통해 영어를 모국어로 사용하는 친구들을 만나 영어 말하기를 연습할 수 있습니다.

네 번째로는 **워킹홀리데이, 어학연수, 교환 학생, 해외 인턴** 등 해외에서 1~2년 거주하면서 영어 말하기를 훈련하기도 합니다.

마지막으로는 토플이나 아이엘츠 등 **말하기 영역 시험**을 대비하여 기초적인 영어 회화뿐 아니라 조금 더 수준 높은 말하기까지 연습할 수 있습니다.

위 다섯 가지 방법 중 가장 좋은 방법은 뭘까요? 영어 말하기를 연습하는 방법에 대해 본격적으로 이야기하기 전, 외국어를 학습하는 4단계에 대해 먼저 이야기해보려고 합니다. 어느 단계가 되어야 말하기가 비로소 가능한지 함께 가늠해보기 위함입니다.

언어를 배우는 가장 첫 단계에서 학습자는 해당 언어에 대한 문법, 단어 지식이 전혀 없습니다. 이 단계에서는 알파벳과 기본적인 단어를 암기하고 단순한 문장 법칙을 배우게 됩니다. 여행, 날씨, 교통, 안전 등 토픽별로 단어를 배우거나 학년별로 분류된 단어를 배우기도 합니다. 이 단계의 학습자는 주로 단어 서너 개로 구성된 짧은 문장 정도를 발화할 수 있습니다. 대화 시 단어가 아무렇게나 연결된 문장을 구사하고, 언어의 문법을 고려하지 못합니다.

두 번째 단계에서는 단어 데이터베이스가 점점 쌓이고, 단어 5개~10개 이상으로 구성되는 기본적인 문장을 읽고 듣는 능력을 갖추게 됩니다. 주로 만화나 3세~10세를 위한 어린이 동화를 차례로 읽고 이해할 수 있습니다. 아직 뉴스나 신문, 드라마, 잡지 등에 나오는 표현은 읽어내기 힘들고 단어로 유추하는 정도의 실력입니다. 이 단계의 학습자는 중요한 영어 문법을 일부 고려할 수 있지만, 여전히 단어 몇 개로 구성된 짧은 문장으로 말하고, 길고 복잡한 문장으로 말하지는 못합니다.

세 번째 단계에서는 의사소통을 위한 단어 데이터베이스는 거의 완성된 상태로, 주니어 소설을 읽을 수 있습니다. 해리포터나 반지의 제왕, 헝거 게임 같은 청소년용 판타지 소설이 여기에 해당합니다. 이외에 단순한 뉴스 기사나 잡지, 비문학 도서도 많이 접하게 됩니다. 이 단계에서는 사전의 도움 없이도 이야기에 공감할 수 있고, 감정적인 반응을 보이거나, 이야기를 요약하거나 감상을 적는 등 글쓰기도 가능해집니다. 자막의 도움 없이 드라마를 보는 것도 가능해집니다. 세 번째 단계에서는 긴 문장도 구사할 수 있게 됩니다. 정식으로 문법 교육이나 수업을 듣지 않더라도 학습한 언어로 자기 생각을 명확히 표현할 수 있습니다.

마지막 네 번째 단계에서는 단어 암기가 별도로 많이 필요하지 않을 정도로 많은 단어를 알게 됩니다. 어려운 신문 기사도 읽고 이해할 수 있으며, 대학 강의를 이해하는데도 문제가 없습니다. 성인을 위한 인문도서 사피엔스Sapiens나 넛지Nudge, 팩트풀니스Factfulness와 같은 책도 원서로 읽을 수 있습니다. 새로 만나게 되는 단어의 의미도 비교적 정확히 유추할 수 있게 되고, 모르는 단어가 있더라도 이야기의 핵심을 파악하는 데 큰 문제가 없습니다. 이 단계에 도달한 학습자는 자기 의견을 해당 언어로 말하고 쓰는 데 불편이 없고, 자유롭게 대화하고, 자기주장을 펼칠 수 있습니다.

자, 이제 위 네 단계를 다시 한번 잘 봅시다. 지금의 나의 실력은 어디에 해당하나요? 첫 번째 단계에 해당하나요? 아니면 두 번째 단계? 아니면 읽기 능력과 말하기 능력이 각각 다른 단계에 해당하나요? 해외 유학 경험이 전혀 없다면 아마도 읽기 능력과 말하기, 쓰기 능력이 서로 상응하지 않는 분들이 많을 겁니다. 국내에서 영어 교과서나 시험 대비를 위한 영어 문제집만 봤다면 더욱 그럴 확률이 높습니다. 10년 이상 영어를 공부했다고 해도, 그 공부가 읽기 혹은 듣기에만 집중된 훈련이었다면 당연히 말하거나 쓰기 능력이 떨어질 수밖에 없습니다.

위와 같은 불균형은 한국 학생들이 영어를 배울 때 겪는 흔한 문제입니다. 혼자 겪고 있는 '나만의 특이한 문제'가 아니니 안심하셔도 됩니다. 지금 가장 중요한 것은 문제를 인식하는 겁니다. 그리고 그 문제를 공략하여 영어를 학습하는 방법을 완전히 바꿔야 합니다.

말하기와 항아리

글쓰기와 더불어 말하기의 과정을 아주 단순화하자면 항아리에 물이 차고, 넘치는 것에 비유할 수 있습니다. 큰 독에 가득 차게 물을 붓는 과정을 '읽기'와 '듣기'라고 생각한다면 독에 물이 가득 차서 물이 흘러나오는 결과물을 '말하기'와 '쓰기'에 비유할 수 있습니다. 독에 물이 차면 저절로 물이 흘러나오지만, 그 시간을 기다리지 못해 항아리에서 억지로 물을 퍼 올리려는 학생들이 있습니다. 하지만 물이 미처 절반도 차지 않았는데 자꾸 퍼서 올리면 영원히 그 독은 채울 수 없게 됩니다. 항아리에 물을 채울 방법은 아주 간단합니다. 많이 읽고 많이 듣기만 하면 됩니다. 독이 다 차면 저절로 흘러나오게 됩니다. 너무 급하게 마음먹지 않아도 됩니다.

말하기는 말하기를 통해서만

말하기 학습과 말하기 **연습**은 본질적으로 다릅니다. 말하기 학습은 위에서 언급한 항아리를 채우는 과정에 해당하고, 말하기 연습은 직접 입을 열어 여러 단어를 발화하고, 상대와 대화하는 과정을 말합니다. 따라서 혼자서 속삭이거나 머릿속에 되뇌는 건 말하기 연습이 아닙니다. 반드시 성대를 사용해서 목소리를 내야 하며, 최대한 많이, 그리고 자주 말해야 합니다. 다음은 말하기 연습을 도와주는 다섯 가지 방법입니다.

1. 쉐도잉

쉐도잉은 입, 입술, 혀를 움직이게 하고 발음이나 억양을 훈련하게 해줍니다. 문장을 따라 읽고, 표현을 암기하면서 영어에 더 친숙해질 수 있습니다. 말하기 상대가 아직 없거나, 전혀 말해본 경험이 없어서 자신감이나 기대감보다 두려움이 더 크다면 쉐도잉으로 말하기 연습을 시작해보세요.

2. 음성 일기

쉐도잉은 내가 하고 싶은 말이 아닌 타인이 적어둔 스크립트를 기본으로 합니다. 따라서 영어 발음에 맞게 입을 훈련하고 영어 단어와 표현을 배운다는 장점이 있지만 내 생각과 감정을 표현해보는 기회를 마련해주지는 않습니다. 음성 일기를 쓰면 직접 목소리를 내어 내가 하고 싶은 말을 적어볼 수 있습니다. 음성 인식 기술이 탑재되어 있는 아이폰, 아이패드, 갤럭시 등 스마트 기기를 이용하면 언제든 쓸 수 있습니다. 내가 직접 적는 것이 아닌 기기가 대신 적어주므로 일기를 '적고' 있지만 동시에 말하기 연습도 할 수 있습니다.

- 음성 일기에 대한 자세한 정보는 본 도서 실험 D를 참고해주세요.

3. 전화 영어

영어 말하기를 위해서는 외국인 친구와 자주 대화하는 게 가장 좋은 방법이지만 국내에 거주하고 있다면 쉽게 접할 수 있는 기회는 아닙니다. 대신 전화 영어 프로그램을 이용하면 외국인 친구와 대화하는 것 같은 효과를 얻을 수 있습니다. 여러 선생님과 다양한 주제로 소통하면서 내가 생각한 바를 말과 글로 옮기는 연습을 해보세요. 다만 전화 영어는 강제성이 없으므로 일주일에 2~3번 계획을 세워두고 스스로 지켜야 합니다.

4. 언어 교환 프로그램

대화하기 위해서는 파트너가 필요합니다. 만약 현재 재학 중인 학교에서 외국인 학생들과 언어 교환 프로그램이 있다면 참여해보세요. 직장에 외국인 동료가 있다면 다가가 보세요. 상대의 이야기에 귀를 기울이고, 내 이야기도 공유해보면서 영어로 대화해보세요. 이 과정에서 상대를 영어 연습을 위한 도구라고 생각하면 안 됩니다. 영어 공부를 목적으로 외국인 친구를 사귀는 많은 학생이 외국인 친구를 인격체로 대하기보다는 공부할 때만 잠시 연락하는 도구로 여기는 경우가 많습니다. 입장을 바꿔 외국인 친구가 한국어를 배울 목적으로만 나에게 말을 걸고, 연락한다고 생각해보세요. 아주 몹쓸 짓입니다. 그러니 목적 자체는 영어를 배우는 것이라도 한국인 친구들을 대하듯 진심으로 대해야 합니다.

5. 워킹홀리데이, 교환 학생, 해외 인턴 프로그램 참여

워킹홀리데이나 교환 학생 프로그램, 해외 인턴 프로그램은 단순히 영어 실력만 높여주는 게 아니라 새로운 문화를 경험해보고, 다양한 문화권의 사람을 만나게 해주는 등 소중한 경험을 많이 안겨줍니다.

영어 말하기, 마지막 조언

영어 말하기와 관련해서는 다음 두 가지를 꼭 기억하셨으면 좋겠습니다. 첫 번째로, 만약 평소 삶이 영어로 가득 차 있지 않다면 영어 실력은 점점 낮아질 겁니다. 읽기, 듣기, 말하기 등 분야에 상관없이 특정 기술을 매일 사용하지 않으면 당연히 그 능력은 점점 쇠퇴합니다. 10년 동안 영어권 국가에 거주했던 경험이 있다고 해도, 2~30년 전의 경험이라면, 그리고 그 후로 영어를 전혀 사용하지 않았다면 절대 예전과 같은 영어 실력을 유지할 수 없습니다. 한국에 거주하고 있는 미국, 영국 원어민들이 영어 단어나 표현을 잊어가는 걸 보면 쉽게 알 수 있습니다. 만약 비슷한 능력을 오랫동안 유지하고 싶거나 능력을 향상하고 싶다면 시간과 노력을 정말 많이 투자해야 합니다.

두 번째로, 말하기 연습을 할 때 엉뚱한 것에 집중하지 않았으면 좋겠습니다. 영어 발음이라는 게 참 중요합니다. 그런데 가장 중요한 건 아닙니다. 영어 문법도 참 중요합니다. 그런데 이것도 가장 중요한 건 아닙니다. 저는 영어가 모국어가 아닌 외국인들을 참 많이 만나는데, 그분들은 영어로 소통하면서 일도 하고 농담도 합니다. 그들이 사용하는 영어가 완벽한 건 절대 아닙니다. 가끔은 평균 이하일 때도 있고요. 그렇다면 말을 할 때 가장 중요한 건 뭘까요? 완벽한 문법? 유창한 발음?

전 세계에 영어를 모국어로 쓰는 곳은 너무나도 많습니다. '표준 영어'라는 말 자체기 의미를 잃은 지 오래됐습니다. 요즘과 같은 세상에 우리가 신경 써야 할 건 바로 '메시지'라고 생각합니다. 모든 문장이 문법적으로 완벽할 필요도, 발음이 원어민과 같을 필요도 없습니다. 하지만 자신만의 생각을 가지고 그걸 최선을 다해 표현할 수 있어야 합니다.

Q. 책에서 본 괜찮은 문장을 좀 외웠는데… 말을 할 때는 도통 안 나와요. 어떻게 해야 하나요?

A. 책을 통해 외운 문장을 말하기에 사용하는 건 거의 불가능합니다.

외운 문장을 말하기보다는 연습이나 잦은 대화를 통해 한 번에 말할 수 있는 문장의 길이를 점점 늘리는데 집중하셔야 합니다. 소위 '있어 보이는 표현'은 말하기보다는 글쓰기에 사용하기 더 적합합니다.

Q. 전화 영어 프로그램이 정말 많은데… 어떤 걸 골라야 할까요?

A. 직접 체험해보세요.

전화 영어 프로그램은 대부분 진단 고사를 비롯한 첫 수업을 무료로 제공하고 있습니다. 성향에 따라 선호하는 프로그램이 다를 수 있으니 추천받기보다는 직접 이용해보고 결정하도록 합니다.

• 튜터링 https://tutoring.co.kr/
• 민병철 유폰 https://www.uphone.co.kr/

Q. 전화 영어를 하고 있습니다. 그런데 매일 같은 패턴의 대화라 지루한데… 어떻게 해야 할까요?

A. 다양한 주제를 선택해 보세요.

매일 같은 패턴의 대화가 지루하다면 주제를 정하지 않고 진행하는 프리 토킹 수업보다는 특정 토픽(각종 시험이나 드라마, 비즈니스 영어 등)을 정해서 이야기를 나눠보도록 합니다. 예를 들어 튜터링 앱을 사용하면 매주 업데이트되는 9000장의 다양한 토픽으로 수업할 수 있습니다.

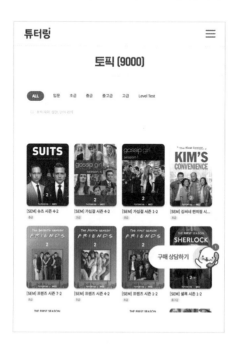

**One day or day one,
you decide.**

앞으로 3년

영어 학습이 습관이 되고, 내 삶의 일부로 깊숙이 자리 잡기 위한 최소한의 시간을 3년으로 가정합니다. 작고 단순한 일은 더 빨리 습관으로 자리 잡을 수 있지만 많은 분에게 영어 공부는 여전히 숙원 사업으로 남아 있습니다. 지금까지 실패했던 기억 때문에 새로운 방법을 시도하거나, 새로운 프로그램 패키지를 결제해 두고 희망에 부푼 시간은 아주 잠시일 뿐, 다시 실패를 떠올리는 분들이 많을 겁니다. 하지만 지금까지 실패해온 것과 앞으로의 길은 전혀 관계가 없습니다. 오히려 실패해본 기억이 있으니 그를 발판 삼아 더 나은 선택을 할 수 있습니다. 목적지에 도달하는 길은 하나로 정해져 있지 않습니다. 각자 현재 상황과 조건에 따라 다른 방법을 선택해야 하고, 소중한 시간과 돈이 헛되이 사용되지 않도록 신중하게 판단해야 합니다.

계획 세우기 Know Thyself

10개 이상의 실험을 살펴보며 영어를 학습할 수 있는 다양한 방법에 대해 모두 알아보았습니다. 하지만 방법을 아는 것과 일일 계획, 장기 계획을 세우는 건 또 다른 일이지요. 여러 학생의 무리한 계획과 실패를 반면교사 삼을 수 있도록 다음 여섯 가지 사항을 고려하여 계획을 세워보세요.

1. 영어를 배우려는 이유를 알아야 합니다.

계획을 세우기 전에 반드시 생각해 봐야 할 것은 바로 내가 영어를 공부하는 이유입니다. 목적지가 없는 노질은 표류에 불과합니다. 영어 공부의 목적은 여행, 교환 학생 참여, 해외 인턴 지원, 학교 졸업, 유학 등 아주 다양합니다. 목적에 맞게 적절한 학습 방법을 선택하고, 계획을 세우는 게 좋습니다. 예를 들어 당장 수능 영어 시험을 쳐야 하는데 영어 기사를 번역하는 연습을 하고 있으면 곤란합니다. 또 예를 들어 당장 원서가 읽고 싶은데 단어장을 외우는 계획을 세우고 있으면 안 되겠지요.

2. 지금 나의 위치를 정확히 알아야 합니다.

목표 점수나 목표로 하는 실력이 아닌 '현재 실력'을 기준으로 교재를 고르고 계획을 세워야 합니다. 예를 들어 영어 알파벳과 알파벳 발음을 모른다면 알파벳과 발음부터 배울 수 있는 아주 쉬운 책을 먼저 학습해야 하며, 토익 900점을 목표로 공부하더라도 현재 나의 점수가 400점이라면 600점으로 먼저 올릴 수 있도록 도와주는 교재를 선정해야 합니다. 소문이나 유행에 이끌려 아무 책이나 구매하지 않도록 유의하세요.

3. 계획은 단순하게 세워야 합니다.

영어 학습에 실패하는 가장 큰 원인은 목표를 너무 많이, 계획을 너무 거창하게 세우기 때문입니다. 한 번에 많은 것을 바꾸려고 하지 말고 하나씩 천천히 나아가도록 합니다. 수영을 배울 때 모두 박태환이 되는 것을 목표로 삼지 않듯 어떤 상황에서든 계획을 세울 때는 너무 거창하게 시작하지 않도록 합니다. 다른 친구들과 실력을 비교하거나, 인터넷에 올라온 수기를 보고 과한 계획을 세운 후, 실패와 실망을 거듭하는 등 자신을 학대하지 않도록 합니다.

무리한 계획은 기본적인 학습 습관이 체화된 후 힘을 충분히 기른 후에 실천해도 늦지 않습니다. 학생들은 자주 계획만 복잡하게 세워둔 후 시작조차 제대로 하지 못합니다. 중등 단어장 3권을 본 후 고등 단어장을 보고, 문법책을 중간에 한 권 보고, 토플 보카를 보고…라는 식으로 2년 치 계획을 미리 세워두고 중등 단어장 한 권도 제대로 끝내지 못하는 경우를 많이 봤습니다. 일단 시작해서 하나를 다 끝내면 저절로 다음 단계가 보입니다. 미리 조사해서 복잡한 계획에 스트레스받기보다는 일단 작은 계획을 세워 시작해보세요.

4. 30일 단위로 챌린지를 해봅니다.

30일 챌린지는 새로운 습관을 들일 때 아주 효과적인 방법입니다. 원서 읽기에 도전하거나 쉐도잉, 문법 공부 등 새로운 습관을 기르고 싶다면 30일 동안 내내 꾸준히 실천할 수 있는 계획을 세워보세요. 먼저 한 가지 습관을 정한 후 매일 얼마나 시간을 투자할지, 어떤 활동을 할지 상세하게 써나갑니다. 예를 들어 원서 읽기에 도전한다면 책 한 권을 골라 매일 10~20쪽씩 읽는다는 목표를 세웁니다.

계획을 세운 후에는 혼자만 알고 있기보다 주변 사람들에게 알리는 게 좋습니다. 혼자만 알고 있는 계획은 포기하기 쉽지만, 주변 사람들이 다 알고 있으면 그 자체로 동기부여가 됩니다. 만약 특별히 알리고 싶지 않거나 몰래 하고 싶은데 동기부여까지 받고 싶다면 바른독학영어 유튜브나 블로그에 와서 살짝 출석하셔도 됩니다. 이미 2017년부터 수백 명의 학생이 30일 원서 읽기 챌린지에 꾸준히 참여하고 있습니다. 블로그에서 진행하는 책과 다른 책을 골라도 좋습니다. 혼자 하기 두렵거나, 자꾸 포기하게 된다면 계획을 세워서 30일 챌린지 어떤 게시글이든 좋으니 댓글로 알려주세요!

글 제목	작성일
패자부활전 + 우와! 웅 드디어 마지막! - 작은 아씨들 (Little Women) 5주차 - 바른독학영어 30일 원서 함께 읽기 챌린지 (12)	2020. 5. 31.
■ 댓글 출석 안 받아요! - 작은 아씨들 (Little Women) 4주차 - 바른독학영어 30일 원서 함께 읽기 챌린지	2020. 5. 24.
■ 생존 신고만 하고 가세요! - 작은 아씨들 (Little Women) 3주차 - 바른독학영어 30일 원서 함께 읽기 챌린지 (16)	2020. 5. 18.
■ 다 못 읽어도 오세요! - 작은 아씨들 (Little Women) 2주차 - 바른독학영어 30일 원서 챌린지 (8)	2020. 5. 10.
■ 작은 아씨들 (Little Women) 1주차 - 바른독학영어 30일 원서 함께 읽기 챌린지	2020. 5. 3.
작은 아씨들 원서 함께 읽기 - 공지	2020. 4. 19.
153명 완독! 3월 챌린지 Son by Lois Lowry 끝 :) (28)	2020. 4. 8.
30일 원서 읽기 챌린지 투표 (5, 7월) (71)	2020. 4. 1.
▨ 3월 원서 읽기 챌린지 4주차 라이브 (Son by Lois Lowry) (60)	2020. 3. 29.
▨ 3월 원서 읽기 챌린지 3주차 라이브 (Son by Lois Lowry) (15)	2020. 3. 22.
3월 원서 읽기 챌린지 2주차 라이브 :) (바른독학영어 | 바독영) (31)	2020. 3. 15.
3월 원서 읽기 챌린지 1주차 라이브 :) (28)	2020. 3. 7.
드디어 3월 챌린지가 시작되었습니다! (93)	2020. 3. 2.
▨ 2020년 3월 원서 읽기 30일 챌린지 - 공지 (We support EACH OTHER) (60)	2020. 2. 23.
Who's up for another 30 day challenge? :) 30일 원서 읽기 챌린지 2020년 공지 (1,089)	2020. 1. 13.
완독 소식을 전해주세요 ▨	원서읽기 챌린지	호모데우스	마지막 출석 (42)	2019. 8. 16.
바른독학영어 원서읽기 챌린지	호모데우스 Homo Deus	6회차 출석 (35)	2019. 8. 10.
30일 원서읽기 챌린지	호모데우스	5회차 출석 (49)	2019. 7. 27.
바른독학영어 원서읽기 챌린지	호모데우스	4회차 출석 (48)	2019. 7. 20.
원서읽기 챌린지	호모데우스	3회차 출석 (69)	2019. 7. 13.
바독영 7월 챌린지 2회차 출석 / 호모데우스 (챕터 1, 2) (72)	2019. 7. 6.
바독영 7월 챌린지 시작 - 호모데우스 Homo Deus (72)	2019. 7. 1

6	🎙 잡담 + 완독 체크 5주차 라이브 (Son by Lois Lowry)
	바른독학영어 - 바독영
7	📖 원서 함께 읽기 (Little Women 작은 아씨들) 챌린지 신청 & 공지
	바른독학영어 - 바독영
8	📖 작은 아씨들 (Little Women) 1주차 - 바른독학영어 30일 원서 함께 읽기 챌린지
	바른독학영어 - 바독영
9	📖 다 못 읽어도 오세요! - 작은 아씨들 (Little Women) 2주차 - 바른독학영어 30일 원서 함께 읽기 챌린지
	바른독학영어 - 바독영
10	📖 생존 신고만 하고 가세요! - 작은 아씨들 (Little Women) 3주차 - 바른독학영어 30일 원서 함께 읽기 챌린지
	바른독학영어 - 바독영
11	📖 댓글 출석 안 받아요! - 작은 아씨들 (Little Women) 4주차 - 바른독학영어 30일 원서 함께 읽기 챌린지
	바른독학영어 - 바독영
12	📖 우오ㅏ옹 드디어 마지막! - 작은 아씨들 (Little Women) 5주차 - 바른독학영어 30일 원서 함께 읽기 챌린지
	바른독학영어 - 바독영

5. 결과형 목표보다는 실천 목표 위주로 정합니다.

몇 년 안에 원어민과 대화하기, 영어 작문 유창하게 하기 등의 결과형 목표에 집중하기보다는 매일, 매주 실천할 수 있는 실천 목표 위주의 계획을 세우도록 합니다.

6. 계획은 원시안, 실천은 근시안

막상 계획을 세우고 나서 보면 '이걸 언제 다하나'라는 생각이 듭니다. 1개월 계획이 아니라 6개월, 1년 치의 계획을 미리 세워놓았다면 부담감은 배가 됩니다. 계획은 멀리 보고 세우되, 실천은 오늘 하루에만 집중합니다. 내일, 내일모레의 계획을 미리 들춰보며 낙담하지 마세요. 매일 오늘, 지금 당장에만 집중하면 내일, 내일모레, 내년을 위해 세워둔 계획까지 저절로 해결됩니다.

혹시나 궁금할까 봐, 유진쌤의 영어 공부법

마지막으로 제가 영어 공부를 했던 방법에 대해 짧게 써보려 합니다. 거의 20년이 지난 일이라 어떻게 이야기를 꺼내는 게 좋을지 모르겠지만 일단 가장 수월한 연대기순이라는 방법을 택해봅니다. 저는 부산에 있는 작은 동네에서 태어났습니다. 제가 살던 작은 마을에는 눈이 파란 사람도, 피부가 까만 사람도 없었습니다. 초등학교 저학년 시절 즐겨보던 디즈니 만화를 비롯한 텔레비전 프로그램은 대부분 더빙이 되어있었고 한국이 아닌 다른 나라에 대해 생각해볼 기회가 없었습니다. 그렇게 저는 이 세상에서 단 하나뿐인 나라, 대한민국의 작은 마을에 살고 있었습니다.

텔레비전

초등학교 고학년 겨울 방학 때로 기억합니다. 여느 때처럼 어머니가 거실에서 빨래를 개는 걸 돕고 있었는데 텔레비전에서 처음으로 듣는 음악과도 같은 말소리가 흘러나왔습니다. 화면에서 파란 눈에 하얀 피부, 너무나도 낯선 사람들이 말을 타고 칼을 휘두르는 장면이 연신 흘러나왔습니다. 손에 빨래를 든 채로 멍하니 텔레비전을 응시했습니다. 텔레비전에서 흘러나오는 소리가 너무 좋았습니다.

한참을 그렇게 보다가 옆에 앉아 계신 어머니께 여쭤봤습니다. 그리고 그날 저는 '영어'라는 언어가 있다는 것, 이 세상에는 아주 많은 나라와 인종이 있다는 걸 알게 되었습니다. 그다음 주 서점 나들이에서 저는 커다란 세계 지도를 사서 집으로 돌아왔습니다.

어머니는 제가 어릴 적에 자주 서점에 데려가 주시곤 했습니다. 저에게는 10분에서 20분 정도의 짧은 시간이 주어졌고, 저는 그동안 마음에 드는 책을 골라왔습니다. 매번 골라오는 책은 종류도, 그 이유도 달랐습니다. 어떤 날은 표지가 마음에 들어서, 어떤 날은 흥미로운 내용이라 고르게 되었습니다.

하지만 이번에는 책 대신 지도를 사 와서 우드락 위에 부착했습니다. 그리고 방 가운데 지도를 크게 펼쳐 두고 언니, 동생과 함께 국기가 그려진 작은 핀을 지도 위에 꽂으며 각 나라의 수도가 어디인지 함께 배우기 시작했습니다. 세 자매가 방에 앉아 '네팔은 만두를 잘라먹어서 수도는 카트만두'라는 말도 안 되는 연상 기법으로 온 나라의 수도를 다 외며 깔깔거렸던 기억이 아직도 생생합니다. 100개가 넘는 핀을 올바른 자리에 꽂으며 뭔가 모를 쾌감을 느꼈습니다. 세상은 이렇게 넓구나. 이렇게 가볼 수 있는 곳이 많네. 라는 생각을 했지요. 또 영어도 배우기로 했습니다. 물론 영어 공부를 시작하게 된 과정은 생각보다 순탄치 않았지만요.

학습지 선생님

처음 어머니에게 영어를 배우고 싶다고 호기롭게 말했던 날, 저는 예상과 달리 단호한 어머니의 모습을 보게 되었습니다. 수영도, 한자도, 수학도 배울 수 있지만, 영어는 아직 안 된다고 말씀하셨습니다. '빨리 배우면 질리게 될지도 모른다'라고 우려하셨지요. 그래서 전 어떻게든 어머니를 설득해야 했습니다. 하루는 아파트 앞에 전단을 돌리고 계시던 윤선생 학습지 판매원을 집까지 모셔온 적이 있습니다. 제 손에 이끌려 판매원 아저씨는 영문도 모르고 현관에서 저와 함께 어머니를 마주했습니다. 그리고 저는 본격적으로 영어 공부를 시작할 수 있었습니다.

초등학교 5학년이 되어 정식으로 처음 영어를 배우게 되었는데, 아마도 다른 친구들은 일찌감치 영어 공부를 시작한 모양이었습니다. 윤선생 첫 수업에 저를 담당하는 선생님이 (아직도 성함이 기억납니다, 윤덕희 선생님! 감사합니다!) 이렇게 말씀하셨습니다. '늦게 시작하는 거라 다른 친구들처럼 잘하지는 못할 수도 있어요.' 하지만 저도, 어머니도 크게 개의치 않았습니다. 선생님과 함께 하는 수업 일분일초가 즐거웠고 매일 아침 7시에 아침밥을 먹기도 전에 걸려오는 전화 영어 10분을 기다리며 매일 밤잠을 설쳤습니다.

윤선생 학습지 수업은 평범하게 진도를 나가면 한 달에 1권을 풀게 됩니다. 하지만 저는 꼬마 시절에 굉장히 열정적이었던 모양입니다. 한 달에 서너 권을 풀어서 1년 만에 진도를 거의 마무리할 수 있었습니다. 게다가 한창 해리포터 시리즈를 읽고 있어서 더 즐겁게 영어 공부를 했습니다. 책을 읽다가 모르는 부분은 한두 개 정도 골라서 선생님께 여쭤보기도 했지요. 아쉽지만 진도가 거의 마무리되자 학습지는 그만두었습니다.

어느덧 중학교에 진학하게 되었고 동네에 작은 영어학원에 다니기 시작했습니다. 학원에서는 주로 영어 문법을 배웠습니다. 지금도 수업 장면이 눈에 선합니다. 즐거웠던 기억이 아니라 다소 진절머리나는 기억으로 제 뇌리에 박혀있습니다. 수업 내내 법칙과 틀에 맞춰진 영어 문장과 설명이 난무했습니다. 그나마 그 법칙을 재미있게 만든다고 그림도 그리고 연상 기법도 사용해서 수업을 진행했지만 제가 감당하기에는 역부족이었습니다.

'to 부정사의 to는 뒤에 동사가 온다, 전치사 to는 뒤에 명사가 온다, 외워라.'

학원에 가면 수업은 법칙으로 시작해 법칙으로 끝났습니다. 영어를 구사하기 위해 알아야 하는 법칙은 적어도 천 개가 넘어 보였습니다. '언어를 구사하기 위해 이렇게 많은 법칙을 외워야 한다고?' 이해할 수 없었습니다. 한국어 법칙에 대한 지식이 거의 없는 상태에서 한국어로 글도 읽고, 말도 할 수 있는데, 어째서 영어는 법칙을 외워서 해야 하는 걸까요?

학원 수업을 빼먹을 용기도, 선생님에게 새로운 교습법을 제안할 수도 없어서 전 수업에 들어가면 제일 뒷자리에 앉아 마음대로 공부했습니다. 예를 들어 'to 부정사의 to는 뒤에 동사가 온다'라고 가르쳐주면 법칙은 본체만체 예문만 눈여겨봤습니다. 그리고 사전에 'to'를 검색해서 나오는 모든 문장을 하나씩 읽어보고, 마음에 드는 예문은 문법책에 적어두었습니다. 한 해 동안 예문을 너무 많이 적어놔서 문법책이 포스트잇에 압도당해 누더기 꼴이었습니다.

저는 그렇게 몇 년 동안 천천히 정말 많은 문장을 읽게 되었습니다. 당시에도 네이버 사전이 꽤 잘되어 있어서 덕을 많이 봤습니다. 이렇게 학원 수업은 듣는 둥 마는 둥 마음대로 공부하면서 두 가지 공부를 더 병행했습니다. 원서 읽기와 미국 드라마 보기. 사실은 지나고 보니 영어 공부에 해당하는 것일 뿐, 당시에는 저만의 소소한 일탈이었습니다. 한창 해리포터 시리즈가 나와 남녀노소를 열광시키고 있던 당시, 저 역시 해리포터 시리즈 덕후였습니다. 번역본이 나오기 전에 원서를 먼저 구해서 읽었는데, 무슨 말인지 모두 알아듣지는 못해도 절반, 아니 절반의 절반만 이해해도 아주 즐거웠습니다.

요즘처럼 넷플릭스나 왓챠와 같은 스트리밍 서비스가 없어서 드라마는 주로 해외 사이트에서 파일을 다운로드해서 봤습니다. 그러다 보니 거의 한국어 자막이 없었지요. 드라마 100개를 구하면 그중 자막이 있는 파일이 2개는 되었을까요? 당시에 19금 딱지가 붙어 나왔던 '위기의 주부들'을 비롯해 '프렌즈,' '고스트 위스퍼러', '하우스 MD'등 수많은 드라마를 보기 시작했습니다.

지금 원서나 영어로 적힌 글을 읽으면서 한 문장이라도 제대로 해석이 안 되면 답답해하시는 분들 있지요? 또 드라마를 자막 없이 보다가 대사가 안 들리면 속상해하시는 분들도 있을 겁니다. 그런데 괜찮습니다. 영어는 읽으면 읽을수록, 들으면 들을수록 점점 더 잘 읽히고, 점점 더 잘 들리게 됩니다. 당시에 저는 안 들리면 안 들리는 대로, 안 읽히면 안 읽히는 대로, 닥치는 대로 수많은 문장을 보고 들었고, 예문을 너무 많이 적어놔서 포스트잇으로 도배된 누더기 문법책을 보물처럼 끌어안고 다녔습니다.

예고도 없이 들이닥친 아웃풋

고등학생이 되자 제 안에 쌓여있던 영어가 봇물 터지듯 터져 나오기 시작했습니다. 학교에서 영어 말하기, 영어 글쓰기 대회 상을 휩쓸기 시작했고 실제로 원어민과 대화를 해보기도 했습니다. 하루는 스카이프로 친구를 사귈 수 있다는 인터넷 기사를 보고 스카이프를 설치했습니다. 요즘엔 SNS 사이트가 워낙 활발하고, 또 그런 사이트를 이용해서 범죄도 자주 일어나지만, 당시엔 나름 청정 지역이었습니다. 아무 이름이나 검색해서 채팅으로 건전한 이야기를 나눌 수 있었던 시절이었습니다.

저는 영어 이름 중에 가장 흔한 이름 'Tom'을 스카이프 친구 추가 창에 검색해보았습니다. 수백 명의 Tom이 나왔고, 온라인 표시가 되어있는 첫 번째

Tom에게 'Hi'라는 메시지를 보냈습니다. 정말 두근두근, 긴장되는 순간이었습니다. 그전까지 전 외국인과 이야기를 해본 적이 없었거든요. 1분도 안 되어 답장이 왔습니다. Tom은 미국에 사는 고등학생 신분임을 밝히며 자기도 스카이프를 처음 써본다고 말했습니다. 그래서 전 들뜬 마음으로 한 자, 한 자 타이핑하며 말을 걸었습니다. 처음에는 단순한 이야기였죠. '미국의 학교는 어떤데?'와 같은. 하지만 몇 달이 지나자 우리는 새로 나온 '해리포터 시리즈'에 대한 활발한 토론을 하게 되었습니다.

언어를 배운다는 것

그 후로 제 영어 공부가 계속해서 순항만 겪은 건 아닙니다. 학원 선생님이 무서워서 학원 계단에서 앉아서 시간을 때우던 때, 대학 입시를 위해 토플을 준비하던 때, 교환 학생 프로그램에 지원하기 위해 영어 공부를 하던 때, 첫 번역 일을 잡으려고 고군분투하던 때. 지나고 보면 좋은 경험이었지만 당시 시험이나 업무의 형태로 다가온 영어는 제게 적지 않은 스트레스를 줬습니다.

하지만 언어를 배운다는 건 생각보다 훨씬 더 가치 있는 일입니다. 영어를 구사할 수 있게 되면 단순히 미국에 있는 식료품 상점에서 편하게 장을 보는 것, 케이블 설치 기사와 이야기를 나누는 것 이상으로 여러 문화 배경을 가진 다양한 사람들과 이야기를 나누고 함께 일할 수 있게 됩니다.

게다가 언어는 평생 해야 하는 공부이기도 하지요. 언어 학습은 평생 괴롭게 짊어지고 가는 고된 숙제가 아니라 평생 나를 보살펴주고, 또 내가 보살펴야 할 중요한 재산입니다. 그래서 아마도 제가 이렇게 블로그와 유튜브로, 이제는 책으로 열심히 '영어 공부하세요.'라고 외치고 있는 건지도 모르겠습니다.

알고 보니 영어 실력 향상에 도움이 되었던 일탈

- 에미넴 노래 따라부르기(아직도 가사를 달달 외는 곡들이 있어요.)

- 팝송 즐겨듣기(가사를 인쇄해서 자주 따라불렀지요. 덕분에 동방신기 이후 한국 아이돌에 대한 정보가 전혀 업데이트되지 않고 있습니다.)

- 드라마 감상(자막은 없어서 못 달고, 영어 자막 겨우 달아서 쉐도잉)

- 원서 읽기(로알드 달 시리즈, 해리포터, 반지의 제왕, 헝거 게임 등 판타지 소설, American Essays 등 산문집)

- 해리포터 굿즈 구매를 위해 Amazon.com에서 무수한 쇼핑

- 게임 공략집이 필요해서 구글링하며 찾은 수많은 온라인 자료(영어)

- 웹 프로그래밍을 독학해보겠다며 구글링하며 찾은 수많은 온라인 자료(제가 어릴 때는 한국어로 된 자료가 거의 없었어요. Stack Overflow(개발자 커뮤니티)에 서툰 영어로 얼마나 많은 질문을 남겼는지 모릅니다.)

- 대학교 수업을 미리 들을 수 있다고 해서 자주 수강했던 OCW 강의들(예전에는 MIT 강의뿐이었는데 요즘은 정말 많은 대학교에서 오픈 코스웨어를 만들어 강의를 공개합니다.)

아직도 망설이고 있다면

10년 이상 수업을 진행하는 동안, 그리고 최근 5년간 블로그를 운영하면서 정말 많은 질문을 받았지만, 그중 단연 1위로 꼽히는 질문은 바로 이 질문입니다. "선생님. 선생님이 쓴 글을 보고 원서 읽기랑 미국 드라마 쉐도잉이랑, TED로 영어를 공부하려고 마음먹었습니다. 이제 어떻게 시작해야 할까요?"

저에게 오는 수많은 질문 중 '어떻게 시작해야 하느냐?'는 질문, '어디서 시작해야 할지 막막하다'라는 질문이 대부분을 차지합니다. 아예 공부 방법을 모르는 경우도 있지만, 방법을 모두 알고 난 다음에도 시작하는 방법을 또 물어봅니다. 방법을 모두 알려주었는데도 왜 시작하지 않을까요? 왜 또다시 시작하는 방법을 물을까요?

망설임이 계속되는 이유는 바로 실수가 두렵기 때문입니다. 실수했을 때의 부끄러움도 있겠지만 시간 낭비를 하게 될까 두렵다고 답하는 학생들이 많았습니다. 혹시나 틀린 방법으로 시작했다가 시간만 낭비하게 되면 어떻게 하나 걱정하는 거지요. 그래서 공부 방법을 알면서도 저에게 재차 확인을 받으려고 합니다. 하지만 공부는 원래 시간 낭비의 연속입니다. 스스로 맞는 방법을 찾는 과정부터, 그 방법을 일상에 녹여내는 것까지, 처음부터 끝까지 시간을 쓰지 않고는 도저히 해낼 수 없습니다.

각자 특성이 다르니 일률적으로 하루에 몇 시간 동안 어떤 방식으로 공부하라고 할 수도 없습니다. 나에게 맞는 공부 방법을 찾아가는 시간을 아깝다고 생각하지 마세요. 그 시간이 있어야만 진정으로 홀로 설 수 있게 됩니다. 모든 공부 과정에서 나를 알아가는 시간은 필연적으로 투자해야 하는 시간이며, 아주 소중한 시간이기도 합니다.

어떤 걸 하면 영어 실력을 키울 수 있을까 고민하는 건 밥상에 찬을 가득 차려놓고 뭘 먹으면 맛있을지 고민하는 것과 같습니다. 입에 넣어보면 알겠지요. 마찬가지로 공부 방법도 이것저것 해보면 됩니다. 전혀 생각지도 못한 방법이 의외로 재미있을 수 있고, 사람들이 극찬하며 추천하는 방법이 의외로 별로일 수 있습니다. 정해진 시간에 정해진 양의 영어만 읽고 듣는다는 생각보다는 최대한 다양하고 많은 말과 글에 오랜 시간 노출되세요. 공부한다는 생각에 사로잡히면 안 됩니다. 영어를 즐겁게 배울지, 괴로워하며 배울지는 전적으로 우리에게 달려있습니다.

Memo

오늘 하루도 걱정 없이, 영어

초판 1쇄 발행 2020년 7월 27일
초판 2쇄 발행 2021년 2월 5일

지은이 피유진
펴낸이 장선희

펴낸곳 서사원
출판등록 제2018-000296호
주소 서울시 마포구 월드컵북로400 문화콘텐츠센터 5층 22호
전화 02-898-8778
팩스 02-6008-1673
전자우편 seosawon@naver.com
블로그 blog.naver.com/seosawon
페이스북 @seosawon **인스타그램** @seosawon

총괄 이영철 **편집** 이소정, 정시아 **마케팅** 권태환, 강주영, 이정태 **디자인** 최아영 **외주 디자인** 이창욱

ⓒ 피유진, 2020

ISBN 979-11-90179-33-1 03740

이 도서의 국립중앙도서관 출판예정도서목록(CIP)은 서지정보유통지원시스템 홈페이지
(http://seoji.nl.go.kr)와 국가자료종합목록시스템(http://www.nl.go.kr/kolisnet)에서
이용하실 수 있습니다.(CIP제어번호 : CIP2020028885)